本书受教育部人文社会科学研究项目（17YJC630066）、重庆市社会科学规划项目（2014QNGL46）、重庆市教委人文社会科学研究项目（17SKG138）及重庆理工大学优秀学术著作出版基金（201602）资助

中国制造型企业商业模式创新研究

李巍 著

中国社会科学出版社

图书在版编目（CIP）数据

中国制造型企业商业模式创新研究/李巍著. —北京：中国社会科学出版社，2018.2
ISBN 978-7-5203-2098-6

Ⅰ.①中… Ⅱ.①李… Ⅲ.①制造工业—工业企业管理—商业模式—研究—中国 Ⅳ.①F426.4

中国版本图书馆 CIP 数据核字（2018）第 033700 号

出 版 人	赵剑英
责任编辑	李庆红
责任校对	周　昊
责任印制	王　超

出　　版	中国社会科学出版社
社　　址	北京鼓楼西大街甲 158 号
邮　　编	100720
网　　址	http://www.csspw.cn
发 行 部	010-84083685
门 市 部	010-84029450
经　　销	新华书店及其他书店
印　　刷	北京明恒达印务有限公司
装　　订	廊坊市广阳区广增装订厂
版　　次	2018 年 2 月第 1 版
印　　次	2018 年 2 月第 1 次印刷
开　　本	710×1000　1/16
印　　张	17
插　　页	2
字　　数	253 千字
定　　价	69.00 元

凡购买中国社会科学出版社图书，如有质量问题请与本社营销中心联系调换
电话：010-84083683
版权所有　侵权必究

序　言

在经济全球化和时代转换的大背景下，以新一代信息技术的普及和应用为核心的第三次工业革命，推动着"新经济"向纵深发展，由此带来人类生产方式和生活方式的深刻变革。事实上，人类已经深陷席卷全球的第三次工业革命大潮之中。信息技术、新能源、新材料、生物技术等重要领域和前沿方向层出不穷的革命性突破和交叉融合，正在引发一轮又一轮产业变革，并逐渐改变产业生态，进而改变全球制造方式和制造业发展格局。特别是新一代信息技术与自动化技术深度融合所缔造的人工智能，正在以似乎无限的想象力推动着制造业产业形态、生产方式和组织方式的革命性转变。这些呈加速趋势、令人眼花缭乱的重大变革，无不在挑战人们对产业以及制造业的传统认知。

对中国这个全球规模最大的制造业大国而言，一方面，工业发达国家重塑或加强制造业优势的策略和行动不断加快；另一方面，发展中国家制造业借助比较优势得到快速发展。中国制造业面临巨大的双重、双向发展挤压，转型升级成为关乎未来命运的战略性举措和行动。然而，充分考虑上述发展趋势，就意味着中国制造业不仅要立足于推进从关注数量比例关系的"结构优化"，向聚焦产业技术和组织复杂性的"能力提升"转变，从重视低成本同质化大规模的"平面扩张"，向强调高价值差异化、多样性的"立体递进"转变，还要致力于探索从追求制造业自身不断高级化、智能化的"转型升级"，向创造、引领产业间跨界渗透与整合的"融合成长"转变。其中，传统制造企业利用新经济、新技术和新政策进行商业模式变革，既是企业自身适应全球产业变动趋势的必然之举，更是中国制造业实现战略腾飞的微观基础。

在"创新驱动发展"的时代要求下，商业模式创新是企业创新的重要表现形式，是中国制造企业在应对挑战和把握机遇时的重要路径选择。《中国制造型企业商业模式创新研究》这本专著以"中国制造2025"国家战略和相关行动纲领为背景，探讨中国制造企业如何以"工业4.0"及智能制造为契机，通过商业模式创新实现"创新驱动发展"这一关键议题。专著从理论与实证两大基本层面展开研究，有助于深化人们对中国制造型企业商业模式创新的认识和理解，对具体企业的创新实践也有着重要的指导价值。

本专著从商业生态系统视角对中国制造型企业商业模式创新进行研究，既符合制造业兼具复杂性和系统性的产业特征，也体现制造型企业在新政策、经济和技术环境下亟待转型升级的现实需求。总体来看，本专著所进行的研究至少表现出以下三个重要特点：

第一，基于商业生态系统及其演化视角，对中国制造型企业商业模式创新进行系统研究。现有有关商业模式创新的研究大多基于战略、技术或营销等理论视角，且研究对象大多为互联网企业、服务型企业等。从商业生态系统视角探究制造型企业商业模式创新议题，不仅拓展商业模式研究的理论基础，更契合制造业所具有的多重复杂性特征，有别于现有商业模式创新研究的基本范式。

第二，基于实证研究方法，从组织与企业家双重视角，探查中国制造型企业商业模式创新的驱动机制。本专著的研究运用实证方法实现对商业模式创新的科学测量，并在此基础上，从组织与企业家双重视角探究商业模式创新的形成机制，为商业模式创新前置因素的研究提供比较完整的理论框架，并有效地整合两类因素驱动商业模式创新的基本效应，进一步丰富对组织和企业家因素驱动商业模式创新机制的理解。

第三，在强调关键组织能力基础上，探讨制造型企业商业模式创新的效用机制。本专著的研究从市场效能和经营绩效两类结果变量检测商业模式创新的效用，同时引入营销动态能力和双元能力因素，深化对商业模式创新效用机制的理解。对动态能力观和组织双元性两大理论工具的创造性运用，增强研究框架的理论深度；而对非线性效用机制的探查，有别于以往商业模式创新驱动经营绩效的线性关系理解，非常贴合企业经营实践且更加深刻地阐释商业模式效用机制。

李巍博士自2014年9月起进入中国社会科学院工业经济研究所从事在职博士后研究，于2017年1月顺利通过出站答辩。本专著是李巍博士从事博士后研究的重要成果之一，其后在前往加拿大从事学术访问期间进行了修改和完善，体现从商业模式创新视角对中国制造型企业发展的持续性思考。

作为李巍博士的博士后研究合作导师，其勇于突破的专业精神，严谨务实的专业态度，以及卓有成效的专业表现都给我留下深刻印象。本专著所进行的研究非常契合当前中国经济社会热点议题，也具有较高的学术洞察和理论深度，体现出年轻研究者应具备的社会责任感与使命感，以及理论联系实际的治学能力。希望李巍博士再接再厉，在专业研究的道路上披荆斩棘、突破日新，为中国企业研究及实践继续奉献自己的智慧力量。

罗仲伟

中国社会科学院工业经济研究所研究员

中国社会科学院中小企业研究中心主任

中国社会科学院研究生院教授、博士生导师

前　言

在"互联网+"和"中国制造2025"发展战略背景下,中国制造型企业面临着新的机遇与挑战。智能制造与大规模定制使制造业的商业生态发生革命性变革,传统制造型企业如何重塑商业模式成为亟待解决的问题。同时,在新经济环境下,商业模式创新已成为中国调整产业结构的根本出路之一,更是企业实施创新驱动发展战略的重要着力点,因而商业模式及创新研究得到国内外研究的广泛关注。但是,现有商业模式创新研究大多聚焦于新兴企业形态,如互联网企业、高新技术企业等,对传统行业企业,如制造型企业关注较少;同时对商业模式创新的理解基于战略、技术以及营销等不同理论视角;大量研究聚焦于理论阐释和逻辑推演,或者典型个案分析,商业模式创新的大样本实证研究还比较缺乏。

本书试图整合并深化商业生态系统与商业模式创新研究,借鉴演化理论和配置理论框架,从商业生态系统演化视角探究中国制造型企业商业模式创新议题,旨在回答"中国制造型企业基于商业生态系统演化视角,商业模式创新的基本内涵和方式有哪些?制造型企业如何通过组织和企业家因素推动商业模式创新?制造型商业模式创新如何帮助企业优化绩效和构建优势"三大关键问题。本书聚焦中国制造型企业商业模式创新议题,从商业生态系统视角对商业模式创新内涵及类型进行理解,并开发商业模式创新的测量工具,然后运用实证研究方法对商业模式创新的前置因素及绩效结果进行系统研究。本书试图构建对中国制造型企业商业模式创新研究的系统理论认知,丰富中国制造型企业转型升级以及商业模式创新等领域研究成果。本书从理论与实证两大基本层面深化对中国制造型企业商业模式创新的理论探索和实践阐释。

理论篇。本部分以理论研究和文献分析为主，主要探讨在新的政策背景（"中国制造2025"行动纲领）及技术条件下（工业4.0和智能制造），制造型企业商业模式创新的现实价值与理论内涵。本部分内容包括：（1）企业经营中的"模式力量"。主要涵盖企业经营实践中商业模式的价值、商业模式的基本含义、商业模式的关键要素等实践与理论分析。（2）商业模式创新的理论阐释。主要包括：商业模式创新研究的理论维度、商业模式创新的基本内涵、商业模式创新的方式与路径等理论问题。（3）中国制造型企业商业模式创新分析。包括中国制造业的历史机遇与挑战、制造型企业的"创新突围"路径、制造型企业商业模式创新的理论阐释等现实和理论议题的分析。

本部分研究强调从商业生态系统及其演化视角，对中国制造型企业商业模式创新的内涵与路径进行理论构建，拓展商业模式创新研究的理论框架与分析范式，以及商业模式创新研究的产业背景与企业特征。

实证篇。本部分运用问卷调查法开展实证研究。研究构建制造型企业商业模式创新的测度、前置因素和绩效结果的研究框架，并运用192家制造型企业的调研数据，对相关理论框架进行实证检验，对中国制造型企业商业模式创新相关议题进行量化研究。主要研究内容包括：

（1）制造型企业商业模式创新的内涵及测度研究。研究从商业生态视角指出商业模式创新的本质是"企业对商业生态系统内现有的资源条件和交易网络进行创造性优化重组，是商业生态系统演化在组织模式层面的具体表现"；并从效率型和新颖型两种维度对商业模式创新的类型进行解构：效率型商业模式创新是指企业在商业生态系统中实施的能够提高交易效率、降低交易成本的创造性活动；新颖型商业模式创新是指企业在商业生态系统中开发全新价值主张、构建新型交易方式和拓展交易网络的创造性活动。在对商业模式创新的内涵和类型进行界定和分析的基础上，研究借鉴现有研究成果，并结合制造型企业的特征，开发商业模式创新测量工具，为后续实证研究提供工具基础，也为商业模式创新的量化研究提供方法借鉴。

（2）制造型企业商业模式创新的前置因素研究。研究从组织因素和企业家因素两个方面，探究驱动制造型企业商业模式创新的前置因素，并引入外部环境变量作为调节因素，以深化对制造型企业商业模式创新前置因素驱动机制的理解，本部分包括两项研究：①组织因素驱动商业模式创新的机制研究。研究区分战略导向（技术与市场导向）与组织学习（开发式和探索式组织学习）两项关键组织因素，以探讨组织因素驱动制造型企业商业模式创新的机理；同时，引入环境动荡性作为调节变量，考察市场和技术方面环境因素对组织因素与商业模式创新关系的调节效应。②企业家因素驱动商业模式创新的机制研究。研究从企业家精神（创新与冒险精神）与企业家社会资本（商业社会资本与政治社会资本）两方面着手，探讨企业家因素驱动制造型企业商业模式创新的基本逻辑；同时引入市场和技术环境动荡性作为调节变量，以深化对企业家因素驱动商业模式创新机制的理解。

（3）制造型企业商业模式创新的绩效结果研究。研究聚焦于市场效能和经营绩效，引入组织能力因素，探讨制造型企业商业模式创新绩效结果，包含两项研究：①商业模式创新与市场效能。分析商业模式创新与市场效能（竞争优势和顾客资产）之间的逻辑关系，并引入营销动态能力作为调节变量，深化对商业模式创新与市场效能关系的理解。②商业模式创新与经营绩效。研究探讨商业模式创新与经营绩效（市场绩效和财务绩效）的逻辑关联，引入双元能力作为平衡企业探索与开发活动的重要能力因素，总结和归纳商业模式创新驱动经营绩效的机制。

制造业是国民经济的主体，是立国之本、兴国之器、强国之基。在"中国制造2025"与"工业4.0"的政策和技术背景下，探讨制造型企业商业模式创新，对推动中国制造业转型升级具有重要的理论与现实意义。同时，商业模式创新已经成为当下时髦的管理术语，但对于"如何进行创新"却知之甚少。出现此类现象的根本原因在于：不同类型企业因自身资源与能力条件，以及所处产业链位势与产业环境不同，商业模式创新路径便千差万别。目前的商业模式创新研究还停留在普遍性探讨阶段，并没有针对特定企业类型展开深入研究，因而在商业创新路径策略方面缺乏指导性。

本书不仅从商业生态系统视角，拓展商业模式创新内涵及测度的理解；更是从组织因素和企业家因素两方面构建制造型企业商业模式创新的影响因素及作用机制，丰富对商业模式创新前置因素的研究；同时，基于关键组织能力角色及非线性关系的实证检验，深化商业模式创新绩效输出机制的研究。研究立足于中国制造型企业自身发展特点，基于产业生态系统演化视角，从驱动机制与作用条件两方面，构建符合制造型企业特色的商业模式创新实现路径。相关研究结论对中国制造型企业"以创新驱动发展、以模式创新实现转型升级"提供了理论借鉴和管理启示。有助于在转型经济环境下，激发制造型企业的组织活力、应对"双变"+"双强"经营挑战，优化产业结构、推动国民经济从规模速度型粗放增长转向质量效率型集约增长。

目　录

理论篇

第一章　企业经营中的"模式力量" ………………………… 3

第一节　商业模式的实践与理论 ……………………………… 3
第二节　商业模式的内涵 ……………………………………… 8
第三节　商业模式的关键要素 ………………………………… 16

第二章　商业模式创新的理论阐释 …………………………… 26

第一节　商业模式创新的基本视域 …………………………… 26
第二节　商业模式创新的基本内涵 …………………………… 28
第三节　商业模式创新的路径与方式 ………………………… 32

第三章　商业生态系统与制造型企业商业模式 ……………… 38

第一节　商业生态系统的内涵与价值 ………………………… 38
第二节　商业生态系统与制造型企业成长 …………………… 41
第三节　商业生态系统视域下的商业模式创新 ……………… 47

实证篇

第四章　制造型企业商业模式创新测度研究 ………………… 55

第一节　商业模式创新的内涵界定 …………………………… 55

第二节　商业模式创新测度的研究设计 …………………… 58
　　第三节　商业模式创新的量表开发 …………………………… 68
　　第四节　研究小结 …………………………………………… 76

第五章　组织因素与制造型企业商业模式创新 …………………… 78
　　第一节　组织因素的驱动效应 ……………………………… 78
　　第二节　变量测量与问卷开发 ……………………………… 96
　　第三节　实证分析 …………………………………………… 118
　　第四节　研究小结 …………………………………………… 125

第六章　企业家因素与制造型企业商业模式创新 ………………… 129
　　第一节　企业家因素的驱动效应 …………………………… 129
　　第二节　变量测量与问卷开发 ……………………………… 144
　　第三节　实证分析 …………………………………………… 159
　　第四节　研究小结 …………………………………………… 165

第七章　商业模式创新与市场效能 ………………………………… 169
　　第一节　商业模式创新驱动市场效能 ……………………… 169
　　第二节　变量测量与问卷开发 ……………………………… 178
　　第三节　实证分析 …………………………………………… 190
　　第四节　研究小结 …………………………………………… 196

第八章　商业模式创新与经营绩效 ………………………………… 198
　　第一节　商业模式创新驱动经营绩效 ……………………… 198
　　第二节　变量测量与问卷开发 ……………………………… 205
　　第三节　实证分析 …………………………………………… 216
　　第四节　研究小结 …………………………………………… 221

结　语 ……………………………………………………………… 224

附　录	240
参考文献	250
后　记	259

理论篇

第一章　企业经营中的"模式力量"

在"创新驱动发展"的国家战略思路下，企业通过创新实现生存和成长已经成为激烈竞争环境下的必然选择。特别是在"中国制造2025"和"工业4.0"及智能制造的背景下，商业模式创新是企业创新的重要内容，也是企业竞争优势的重要来源之一。

第一节　商业模式的实践与理论

"模式之争"已经成为当前市场竞争的重要方面，商业模式已经与产品技术、管理制度等具有同等重要的商业价值。商业模式创新是新政策和经济环境下，企业实现创新驱动发展战略的重要着力点；传统制造型企业能够通过业务模式的升级转型，焕发新的生机与活力。因此，商业模式创新已经成为理论界和实践界所共同关注的议题。

一　企业经营中的模式创新

随着市场需求多元化，以及科学技术进步速率加快，企业面临日益激烈的竞争环境。"管理学家德鲁克曾经说过，当今企业之间的竞争，不是产品之间的竞争，而是商业模式之间的竞争。"中国发展战略学研究会副会长、著名战略学家管益忻说，商业模式是企业发展战略的"顶层设计"，后金融危机时代国际国内复杂的经济情势，需要企业系统地进行战略选择和模式设计。[1]

---

[1] 张肇南:《商业模式创新是企业转型升级的突破口》，《证券日报》2011年11月17日。

党的十八大报告也明确提出"实施创新驱动发展战略,加强商业模式创新"的发展思路,中央经济工作会议将商业模式创新视为"调整产业结构、化解产能过剩的根本出路之一"。这意味着,积极推动包含商业模式创新在内的企业创新活动,实现企业转型升级和持续发展已成为国家意识和政策方略。

在商业模式创新理念的推动下,海尔很早就开始从传统制造企业,向互联网制造企业的转型和升级。如今海尔再也不是一家传统的产品制造型企业,而是一家具有互联网素质的新型时代企业。自2007年以来,长达八年的"人单合一双赢"模式创新,让海尔全面跨入互联网时代,在商业模式转型的强力推动下,海尔整体管理体系不断优化,而智能制造也由此不断升级,形成了从模式到体系再到技术领域的立体化"创新矩阵"。[①] 正是这种商业模式的创新转型,让海尔迅速适应竞争更加激烈的市场,迅速适应和满足更加个性化的用户需求,同样也迅速升级自己的创新群体。企业员工的有效调整和效率的有效提高,是我们所能看到的海尔商业模式创新的必然结果。

当前,中国制造业面临着在经营成本上升、环境管制加强、政策红利衰减等方面的多重冲击,更面临来自互联网和智能制造的时代挑战,转型升级已经成为制造型企业在经济新常态环境下生存和发展的必由之路。商业模式创新,作为企业创新驱动发展的重要突破点,是企业实现转型升级的重要内容,对制造型企业持续成长具有重要意义。

二 "中国制造2025"与制造型企业转型升级

作为"制造大国",制造业在中国国民经济与社会发展中扮演着举足轻重的角色。制造业的现代化,是国家现代化的重要前提和基础;制造业发展为综合国力提升,以及社会经济条件改善提供了强大动力。但是,由于中国工业基础落后,大多数制造业企业缺乏核心技术,自主创新能力和核心竞争力差,导致制造业产业层次不高;工业

---

① 青岛日报记者:《效率跃升下的海尔商业模式创新》,《青岛日报》2014年6月19日。

增加值和劳动生产率较低；在国际产业分工体系中，很多产品附加值相对比较低，企业也处于产业链低端；代表制造业技术水平的装备制造业发展水平严重落后于发达国家，一些重大、关键装备和高端产品，主要是外国品牌的，获得大部分利润。总之，目前中国制造业在全球制造业的生产链上处于中低端位置。

从20世纪90年代起，发达国家开始向发展中国家转移制造业。据统计，在20世纪90年代中期，中国逐渐成为世界最大的投资接收国，其中84%的投资流向制造业。[①] 可见，中国制造业发展在发达国家制造业转移中获益匪浅。但是，2008年全球性金融危机后，世界主要发达国家重新认识到以制造业为主体的实体经济的战略意义，纷纷推出重振制造业的国家战略和计划。例如，美国的"再工业化"、法国的"新工业法国"、日本的"再兴战略"、德国的"工业4.0"等。中国也在2015年制定《中国制造2025》发展规划，提出实施制造强国战略。无论是"工业4.0"，还是"中国制造2025"，本质上都是瞄准新一轮制造业革命，将信息技术和传统工业深刻融合。

虽然从产业发展的历史过程来看，中国制造业整体实力已经极大提升，但大量制造型企业当前仍普遍存在人才缺乏、资金不足、科技落后等问题。在新的技术与政策环境下，政策规划和科技进步为广大制造型企业的发展带来了新的挑战，也提供了新的发展契机。制造型企业在这场新的工业革命中挑战与机遇共存，在"中国制造2025"实施过程中，何去何从？

其中，"互联网+"和智能制造，为制造型企业革新现有业务模式，在推动技术创新、管理创新后，模式创新已经成为中国制造型企业在"工业4.0"和"中国制造2025"的技术和政策背景下，实现发展转型和经营升级的重要突破点。

三　商业模式的理论研究

商业模式创新是继技术创新和管理创新后，企业践行创新驱动发展战略的又一关键路径；是企业在不确定环境下获取和维持持续竞争

[①] 周德文：《中国制造2025：中小企业何去何从》，《中小企业金融》2015年第4期。

优势，实现持续成长的重要驱动力。① 商业模式创新因其独特的重要性而受到国内外研究者的广泛关注。

目前，来自战略管理（如 Chesbrough，2007，2010；Teece，2012；肖挺和刘华，2015）、创新管理（如 Johnson 和 Christensen，2008；Casadesus - Masanell 和 Ricart，2010）、技术管理（如吴晓波等，2013；易加斌等 2015；曾萍等，2015）、运营管理（如 Hedman 和 Kalling，2003；张向国和吴应良，2005；刘颖琦等，2014），以及市场营销（如 Stewart 等，2000；Olson 等，2005；周飞等，2015）等领域的研究者均从各自的理论视角探讨企业商业模式创新议题，并形成了大量研究成果。

然而，虽然商业模式创新近年来得到国内外研究者的大量关注和探讨，并取得显著的研究成果，但这些研究仍然存在一些不足或缺陷，主要体现在：

（1）在研究内容方面，当前商业模式创新研究议题相对比较集中，研究广泛程度和深度还有待加强。首先，多数研究议题聚焦于商业模式创新的理论基础、概念内涵或作用机理等方面②，对商业模式创新的绩效结果和前置因素的研究不足。目前，高管团队异质性等因素已被证实为商业模式创新的重要驱动因素③，缺乏其他企业家因素的探讨，对企业家在商业模式创新中所扮演的角色探讨还严重不足。

其次，因主客观因素制约（如路径依赖、专有资产等），企业已有商业模式存在一定"刚性"，严重阻碍组织的商业模式创新活动，因而需要有效识别商业模式创新的重要前置因素，以推动组织创新活动开展④。但是，目前商业模式创新研究大多集中于概念分类、构成

---

① Casadesus - Masanell R. & Ricart J., "How to design a winning business model", *Harvard Business Review*, 2011 (1/2): 1 - 9.
② Zott C., Amit R. & Massa L., "The business model: Recent developments and future research", *Journal of Management*, 2011, 37 (1): 1019 - 1042.
③ 肖挺、刘华、叶芃：《高管团队异质性与商业模式创新绩效关系的实证研究：以服务行业上市公司为例》，《中国软科学》2013 年第 8 期。
④ 夏清华、娄汇阳：《商业模式刚性：组成结构及其演化机制》，《中国工业经济》2014 年第 8 期。

要素或作用机制等方面，对商业模式创新组织层面的驱动因素探究稍显不足。

最后，在商业模式创新绩效输出研究中，为数不多的量化研究均将商业模式创新与企业绩效关系假设为单纯线性关系，即认为商业模式创新对企业财务或市场绩效具有正向直线关系。[①] 但是，通过对企业实践的观察可以发现，企业革新商业模式，必然会对现有企业惯例和模式产生冲击，因而企业商业模式创新对企业绩效影响作用可能不是简单的线性关系；同时，企业商业模式创新发生作用还依赖于组织内部因素的良好匹配，如战略导向、组织能力等[②]，以及与外部因素的协调，如环境条件。但上述方面的相关研究还比较缺乏，理论认识还存在不足。

（2）在研究方法方面，当前商业模式及创新研究大多是质化研究方法（理论研究和案例研究），量化研究相对较少。现有商业模式创新研究绝大多数运用概念性或描述性分析方法，或者是案例研究方法，对商业模式的内涵与价值进行了探索，但相关研究结论缺乏实证数据的检验，结论的普适性和有效性并没有得到足够证明。[③]

（3）在研究对象方面，现有商业模式创新研究大多是基于"互联网+"时代背景，以互联网企业、新创企业或高科技业为分析对象[④]，对传统企业，如制造型企业的关注不够。但是，在"中国制造2025"国家战略背景，以及"工业4.0"和智能制造背景下，制造型企业同样迫切需要创新商业模式，实现企业转型升级，但基于新兴企业（互联网企业和新兴企业）类型的商业模式创新研究成果，对中国制造型企业创新商业模式缺乏理论指导。

[①] 蔡俊亚、党兴华：《商业模式创新对财务绩效的影响研究：基于新兴技术企业的实证》，《运筹与管理》2015年第2期。

[②] 崔楠、江彦若：《商业模式设计与战略导向匹配性对业务绩效的影响》，《商业经济与管理》2013年第2期。

[③] Chesbrough H., "Business model innovation: Opportunities and barriers", *Long Range Planning*, 2010, 43 (2/3): 354–363.

[④] 易加斌、谢冬梅、高金微：《高新技术企业商业模式创新影响因素实证研究：基于知识视角》，《科研管理》2015年第2期。

第二节　商业模式的内涵

一　商业模式理论溯源

商业模式（Business model），又称业务模式或商业模型，这一概念最早于 1957 年开始出现。[①] 20 世纪 90 年代，随着互联网时代的来临，特别是大量新兴互联网企业的兴起，商业模式一词逐渐开始流行，并被理论界和实践界所接受。经过短短 20 多年的发展，商业模式的价值已经得到广泛认同，但对于商业模式的理论研究并没有形成较为一致的框架和观点。[②]

商业模式最初被用来描述新兴企业，特别是互联网企业经营和获利的基本商业逻辑。随着互联网对社会经济生活影响程度的不断加深，商业模式的概念逐渐被各行各业，以及不同专业背景的研究者所接受。20 世纪 90 年代末期，商业模式的管理实践和理论研究已经逐渐流行起来，呈现出蓬勃发展的趋势，并在战略管理领域占据重要地位。[③] 国内外研究对商业模式的探讨大致可以分为三个阶段：

（一）思想孕育阶段（2002 年以前）

一些商业期刊（如《哈佛商业评论》《斯隆管理评论》《商业评论》等）开始出现零星商业模式词语，它被视为引导企业转型升级、实施互联网化的重要手段，而得到实践界的广泛认同；但是，此阶段，商业模式还没有成为一种较为普遍的商业语言，对企业深入的理论研究还没有得到经济学、管理学及相关领域研究者的关注。

[①] Sosna M., Trevinyo‐Rodriguez R. & Velamuri S., "Business model innovation through trial‐and‐error learning: The naturhouse case", *Long Rang Planning*, 2010, 43 (2): 383–407.

[②] Ghaziani A. & Ventresca M., "Keywords and cultural change: Frame analysis of busieess model public talk, 1975–2000", *Sociological Forum*, 2005, 29 (4): 523–559.

[③] Zott C., Amit R. & Massa L., "The business model: Recent developments and future research", *Journal of Management*, 2011, 37 (1): 1019–1042.

(二) 概念构建阶段 (2003—2008 年)

在互联网经济环境条件下，国外研究学者对早期互联网企业（如雅虎、搜狐等）探讨引入了有关商业模式的议题。此时，商业模式开始得到经济学和管理学研究领域的关注。但是，此阶段的研究大多聚焦于对商业模式的概念构建阶段，焦点集中于"如何通过商业模式设计实现价值创造"的方法论探讨和理论逻辑阐释。

(三) 关系扩散阶段 (2009 年至今)

从 2009 年至今，特别是在后金融危机时代，模式转变成为社会经济的重要议题。商业模式研究在关注度和数量方面呈"井喷"状态，研究成果得到极大丰富。研究者不仅关注商业模式本身的价值，而且将其应用在更广泛的领域，试图总结出企业如何通过商业模式创新实现持续盈利。此时，商业模式开始获得实践界和理论界的广泛关注，大量商业模式相关研究论文在商业和学术期刊进行发表，商业模式也成为各类商业和学术会议的重要议题。

尽管商业模式理论发展至今还没有哪个领域能够将其作为一门系统科学全面地阐述清楚，也未能建立起对商业模式进行理论研究的具体方法和框架，但与商业模式有关的研究在近 20 年内仍然积累了丰富成果，为后续研究提供了良好的文献支撑。

二 商业模式的内涵界定

尽管商业模式研究热度很高，但由于来自不同领域的研究者普遍会根据各自的研究目的采用不同的商业模式概念，这使得在学术界对商业模式的解释存在显著差异，始终缺乏较为一致性的理解。迄今为止也还未提出一个普遍被广泛接受的界定，以使研究者从不同视角来检测商业模式概念的有效性。[1]

由于理论基础与分析视角的不同，商业模式既被等同于企业盈利

---

[1] Zott C., Amit R. & Massa L., "The business model: Recent developments and future research", *Journal of Management*, 2011, 37 (1): 1019–1042.

模式[1]，又被认为是企业与利益相关方构成的交易模式或交易结构[2]，还被认为是企业构建的综合性价值创造系统。[3] 不同的学者均从各自的视角对商业模式概念进行界定（见表1-1）。

表1-1　　　　　　　国内外学者对商业模式的界定汇总

研究者	概念界定
Timmers（1998）	商业模式是产品、服务和信息流的一个体系架构，包括说明各种不同的参与者以及他们的角色，各种参与者的潜在利益，以及企业收入的来源
Amit 和 Zott（2001）	商业模式描述了交易的内容、结构和规制，用以通过开发商业机会创造价值
Magretta（2002）	商业模式是用以说明企业如何运营的概念，它必须回答管理者关心的一些基本问题：谁是顾客，顾客价值何在，如何在这个领域中获得收入，以及如何以适合的成本为顾客提供价值
Voelpel 等（2004）	商业模式表现为一定的业务领域中的顾客核心价值主张和价值网络配置，包括企业的领导能力和价值网络其他成员（战略联盟及合作者）能力，以及对这些能力的领导和管理，以持续不断地改造自己来满足包括股东在内的各种利益相关者的多重目的
Seddon 和 Lewis（2004）	商业模式是对一组活动在组织单位中的配置，这些单位通过在企业内部和外部的活动在特定的产品——市场上创造价值
翁君奕（2004）	商业模式为各要素形态的一种有意义的组合，其中的要素形态包括顾客界面、内部构造和伙伴界面等核心界面要素
Osterwalder 等（2005）	商业模式是一个概念性工具，它借助一组要素以及要素之间的联系，用以说明一个企业的商业逻辑。它描述了企业向一个或多个顾客群提供的价值，企业为产生持续的营利性收入所建立的架构，以及移交价值所运用的合作网络关系与关系资本

---

[1] Downing S., "The social construction of entrepreneurship: Narrative and dramatic processes in the coproduction of organizations and identities", *Entrepreneurship: Theory & Practice*, 2005, 29（2）: 185-204.

[2] Amit R. & Zott C., "Value creation in e-business", *Strategic Management Journal*, 2001, 22（6/7）: 493-520.

[3] Osterwalder A., Pigneur Y. & Tucci L., "Clarifying business models: Origins, present and future of the concept", *Communications of the Association for Information Science*, 2005, 16（1）: 1-25.

续表

研究者	概念界定
罗珉等（2005）	商业模式视为一个组织在明确外部假设条件、内部能力和资源的前提下，通过整合组织本身、供应链伙伴、员工、顾客、股东或利益相关者，从而获取超额利润的一种战略创新意图、可实现的结构体系以及制度安排的集合
Shafer 等（2005）	商业模式是企业在一个价值网络中创造和获取价值的潜在核心逻辑和战略选择
Zott 和 Amit（2007）	商业模式是以超越核心企业为目的，并跨越其边界的一系列相互依存的运营系统
原磊（2007）	商业模式的本质实际上是一种价值创造逻辑，其中企业价值创造逻辑、顾客价值创造逻辑和伙伴价值创造逻辑是其主要的构成部分
Teece（2010）	商业模式阐述了支撑顾客价值主张、收入结构可行性与价值传递成本的逻辑原因、数据与其他根据。简言之，商业模式即企业如何向顾客传递价值，并从中获取收益
Casadesus-Masanell 和 Ricart（2011）	商业模式是由一系列管理选择和这些选择的结果所构成的一种因果关系
Serrat（2012）	商业模式是使组织通过满足明确或隐性的需求在捕捉、创造、传递顾客价值的同时，获取企业利润的一种设计逻辑
魏江等（2012）	商业模式是描述客户价值主张、价值创造和价值获取等活动连接的架构，该架构涵盖了企业为满足客户价值主张而创造价值，最终获取价值的概念化模式
宋春光和李长云（2013）	商业模式是一个包括多主体参与的从事生产经营活动的复杂的网络，是企业通过协调方式利用分布式的异质资源，实现企业内部、企业与外部利益相关者以及企业与顾客之间利益的相对均衡
王雪冬和董大海（2013）	商业模式应该以顾客为中心，一切经营活动要围绕顾客价值这个中心议题展开，涉及洞察价值、创造价值、传递价值和获取价值四个步骤
Saebi 和 Foss（2015）	商业模式包含公司内部和它的外部合作者之间的内容、结构和交易的治理，支撑着公司创造、传递和捕捉价值

资料来源：本书整理。

目前，国内外研究对商业模式的探讨，大多是基于成熟企业，抑或是新兴互联网或高新技术企业；这些企业大都有相对固定的合作伙伴、成熟的交易方式、系统化的产品或服务组合，以及具备可持续性的盈利手段等。但是，制造型企业具有自身的产业与行业特征，所面临的内外部制度环境也存在一定差异。如何理解制造型企业商业模式，成为制造型企业商业模式创新研究的重要理论前提。

管理学大师德鲁克的"经典五问"不仅为企业管理者带来历久弥新的领导智慧[①]，也为基于企业高层管理者视角理解商业模式内涵提供了方向指引。

1. 我们的使命是什么？

企业高层管理者在思考和设计商业模式时，首先需要考虑"企业使命"，即企业为什么而存在？企业能够创造什么样的经济和社会价值？德鲁克曾言：在做出任何决定之前，一定要从长远考虑，然后反过来问自己，"我们今天要做什么？"记住，最重要的并不是你的使命听起来有多漂亮，而是你的现实表现。对企业高层管理者而言，企业使命是引领行动的精神旗帜，是击退困难的信念铁锤，更是设计商业模式的价值基础和行动原则。

2. 我们的顾客是谁？

绝大多数制造型企业因资源和能力的限制，不可能满足所有市场的全部顾客群体，必须坚持"有所为、有所不为"的行动原则。界定目标顾客群体，是设计商业模式的核心内容，能够帮助企业高层管理者更加聚焦地理解顾客差异化需求、开发具有竞争力的产品或服务，进而形成相对竞争优势。明确顾客群体及其需求与行为特征，是制造型企业设计与创新商业模式时需要考虑的首要问题。

3. 我们的顾客重视什么？

"企业要想取得成功，关键就一句话：只要你能够解决一个问题，那么你的业务就一定会成功"。这里的"问题"，用时髦的商业语言描述为"痛点"；从商业模式角度来讲，就是顾客价值，即顾客重视

---

① ［美］彼得·德鲁克、弗朗西斯·赫塞尔本、琼·库尔：《德鲁克经典五问：历久弥新的领导智慧》，鲍栋、刘寅龙译，机械工业出版社2016年版。

的东西。企业高层管理者对商业模式的开发和革新，均应该是围绕目标顾客群体的"痛点"，寻求系统化解决方案；就本质而言，商业模式需要明确目标顾客的关注点和焦点，并从价值提供的视角对顾客重视的东西进行有效回应。

4. 我们的目标是什么？

对任何企业而言，能否达成定性或定量的目标是衡量经营成败的关键，也是商业模式设计中需要考虑的"最终绩效输出"问题。商业模式设计的目标不仅包括实现的顾客价值，更包括企业社会和经济价值的体现，也包括股东价值的获取。这意味着，商业模式不仅需要考虑如何为顾客创造价值，还要考虑如何为企业创造价值。可持续的商业模式必定是有自我回馈和修复机制的，能够实现利益相关方共同成长、互利共赢的商业模式。

5. 我们的计划是什么？

企业所思考和设计的商业模式，必须回答如何实践使命、实现目标，并为顾客创造价值，即商业活动的关键流程和行动步骤。商业模式不仅需要涵盖商业目的，还需要包括实现这些目的所需的行动方案和评价标准。这意味着，商业模式必须是可以落地实施的，可以被测试和评价的，它既包含实现商业目的的、具体且可量化的若干业务流程和行动步骤，又包含支持上述关键流程与行动的其他附加资源体系。

根据以上分析，本书将制造型企业商业模式界定为"以企业愿景为指引的，旨在实现顾客、企业和投资者或股东等利益相关方共生共赢的价值创造系统"。对商业模式内涵的理解包含如下要点：（1）商业模式反映企业的发展愿景；（2）商业模式聚焦于价值创造；（3）商业模式平衡利益相关方的多方诉求；（4）共生共赢是衡量商业模式生命力的重要标准。

三 商业模式的主导逻辑

价值创造是商业模式的核心，是企业生存和发展的基础。价值创造不仅包括顾客价值创造，也包括企业价值创造。但是，从根本上讲企业价值创造是建立在顾客价值创造之上，或是以实现顾客价值创造为基本前提的。因此，顾客价值创造逻辑是商业模式的主导逻辑，是由顾客价值发掘、顾客价值匹配和顾客价值传递逻辑关联的三方面构成（见图1-1）。

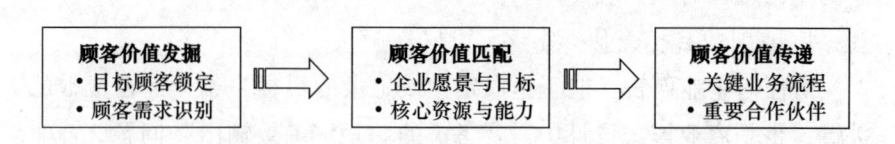

```
┌──────────────┐      ┌──────────────┐      ┌──────────────┐
│ 顾客价值发掘 │      │ 顾客价值匹配 │      │ 顾客价值传递 │
│ •目标顾客锁定│  ⇒  │ •企业愿景与目标│ ⇒  │ •关键业务流程│
│ •顾客需求识别│      │ •核心资源与能力│    │ •重要合作伙伴│
└──────────────┘      └──────────────┘      └──────────────┘
```

图1-1　商业模式的主导逻辑

资料来源：本书设计。

（一）顾客价值发掘

"如果试图让所有顾客满意，最可能的结果是所有的顾客都不满意"。顾客价值的发掘首要的工作是对目标顾客群体进行锁定，这是市场机会识别的进一步延伸。对制造型企业而言，特别是资源与能力有限、市场经验与阅历不足，不具备覆盖大多数目标顾客群体的现实条件；进入细分市场，通过满足差异化需求的产品和服务设计，构建相对竞争优势，是企业实现生存和发展的重要法宝。因此，锁定目标顾客，选择相对狭窄但有利可图的目标顾客群体，是商业模式设计的关键点之一。

锁定特定目标顾客群体的另一益处是：可以集中精力和资源，深度理解顾客行为与需求特征，从而建立对细分市场的深刻认知。从精益管理视角看，"单点突破"是大多数制造型企业在激烈竞争中站稳脚跟，并实现快速扩张的法宝；聚焦特定目标顾客群体，符合企业运用有限资源和能力，集中发力并获取成长的经营逻辑。从市场营销角度看，"需求产生价值"的观点意味着，无论企业拥有怎样创新的技术专利，如何显著的技术优势，这些重要的资源产生价值必须是建立在满足顾客需求的基础上。无论多么优良的产品、多么周到的服务，一旦没有顾客需求，这些都毫无商业价值。因此，通过锁定目标顾客群体，集中资源和精力深度理解顾客需求，实现顾客价值发掘是商业模式思考与设计的逻辑起点。

大量企业经营案例表明，深刻地理解顾客需求，并运用综合手段最大限度地满足这些需求，是企业成功的关键；同样，如果没有准备把握顾客需求，纵然拥有创新型技术优势或特色化产品优势，都可能带来经营上的失败。

（二）顾客价值匹配

随着当前商业竞争的不断加剧，产品市场空前丰富，顾客从以往的"无可选择"到如今的"无从选择"。[①] 不同顾客群体的需求千差万别，即使是相同的顾客群体，其需求也是多种多样的。"如何创造那些企业期望提供，且能够提供的顾客价值"是企业在顾客价值匹配环节需要回答的关键问题。

制造型企业的顾客价值匹配环节涉及两方面问题：一方面，愿景与目标。企业发展愿景（反映发展定位）和行动目标反映企业的基本价值观，决定资源配置与行动方向。当目标顾客群体存在多重需求时，发展愿景与目标将直接决定需求选择和资源配置。另一方面，资源与能力。资源法则是企业经营活动必须遵守的行动准则。企业满足目标顾客群体的需求是建立在自身所具备的资源与能力基础之上，核心资源与能力决定了顾客价值匹配方案的独特性和竞争力。制造型企业的核心资源与能力来源于两方面：一是自身所掌握的资源能力条件，如企业拥有的技术专利、市场经验、高管团队、政策许可等。二是企业通过外部网络获取的资源与能力。

（三）顾客价值传递

顾客价值的最终实现，是由企业的顾客价值传递体系决定。企业发现了有价值的细分市场和顾客需求，也开发了具有竞争力和吸引力的产品，剩下的关键环节就是"如何高效地向目标顾客传递价值"。

顾客价值传递包含内外两方面因素：（1）关键业务流程。企业的业务流程设计围绕顾客价值传递展开，通过企业职能部门和员工的关键业务活动设计，确保顾客价值的最终实现。（2）重要合作伙伴。企

---

① 李巍：《企业营销动态能力研究：模型、机制与开发应用策略》，经济管理出版社2016年版。

业能否最终实现顾客价值传递，除了依赖组织内因素，外部重要合作伙伴同样扮演关键角色。

第三节　商业模式的关键要素

目前，在商业模式的文献研究中，有很大一部分聚焦于商业模式构成要素的识别与辨析研究，来自不同领域的研究者根据不同的划分标准，对组成商业模式的结构要素进行划分（见表1-2）。商业模式各要素相互作用，构成一个有机整体，以更为具体的表现方式形成了企业商业模式的具体形态。这些要素的归纳和总结有助于更好地理解商业模式，以明确各个要素在商业模式理论中的作用及定位。

表1-2　国内外研究者对商业模式构成要素的分类

研究者	概念界定
Horowitz（1996）	价格、产品、分销、组织特征、技术
Markides（1999）	产品创新、客户关系、基础管理、财务因素
Donath（1999）	理解顾客、市场策略、公司治理、内部和外部能力
Linder 和 Cantrell（2000）	定价模式、收入模式、渠道模式、商业流程模式、互联网商业关系、组织结构、价值主张
Afua 和 Tucci（2001）	顾客价值、范围、定价、收入来源、关联活动、实施、能力、持续性
Petrovic 等（2001）	价值模式、资源模式、生产模式、顾客关系模式、收入模式、资本模式、市场模式
Betz（2002）	资源、销售、利润和资金
Chesbrough 和 Rosenbaum（2002）	价值主张、市场分割、价值链结构、成本结构、利润潜力、价值网络、竞争战略
翁君奕（2004）	客户界面、内部结构、伙伴界面
Osterwalder（2004）	产品/服务、顾客关系、基础结构、财务状况
朱武祥和魏炜（2007）	定位、业务系统、资源能力分布、盈利模式、自由现金流结构

续表

研究者	概念界定
Johnson 等（2008）	顾客价值主张、利润公司、关键资源和关键流程
曾涛（2008）	顾客、供货商、股东
王雪冬和董大海（2012）	顾客、企业价值、伙伴价值、顾客价值、价值模式、运营模式、营销模式、盈利模式
Weill 和 Vitale（2013）	战略目标、价值主张、收入来源、成功要素、渠道、核心竞争力、顾客细分、IT结构

资料来源：本书整理。

在国内外学者对商业模式构成维度的大量研究和探讨中，有四种理论观点相对比较主流，得到较为广泛的认可和接受。

一 商业模式立方体的"三维度"观点

Johnson 等（1999）在《商业模式创新白皮书》中指出，任何一个商业模式都是一个由客户价值主张、资源和生产过程、盈利公式构成的三维立体模式。他们强调商业模式是一个由三个重要元素构成的统一体。

（一）顾客价值主张

顾客价值主张，指在一个既定价格上企业向顾客提供产品或服务时所需要完成的任务。顾客价值主张反映企业的初始市场定位，明确地界定了企业的目标顾客是谁？向他们提供什么样的产品和服务？满足他们什么样的需求？

（二）资源和生产过程

资源和生产过程是支持顾客价值主张，并实现盈利的具体经营模式。它反映企业如何利用自身资源优势，并有效整合外部资源，通过组织运营过程实现顾客价值的创造和传递，并在此基础上实现盈利。

（三）盈利公式

盈利公式是企业为股东实现经济价值的过程。实现盈利是企业确保健康和持续发展的必要前提，也是管理者和企业投资人承担各种风险后的必然要求。因此，盈利模式是商业模式中的中心环节，体现企业作为社会商业单元的本质属性。从长远来看，无法带来盈利的商业模式，最终都不会成为成功的商业模式；可以认为盈利公式的可行性是检验商业模式财务效力的终极指标。

二 商业魔盒的"四要素"观点

Johnson（2010）在"三维度"的基础上提出四要素（Four-box）商业模式分析框架。[①] 该框架是上述"三维度"观点的深化，旨在系统地为企业创新、转型成长和革新提供路线图（见图1-2）。

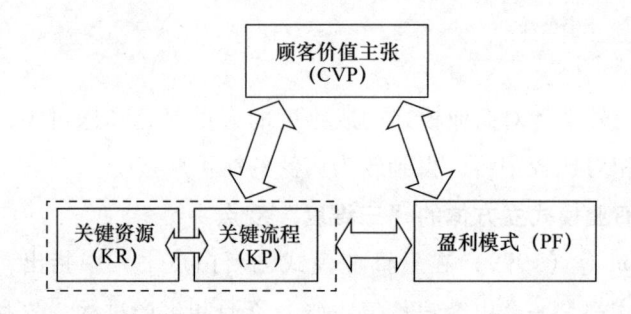

图1-2 四要素商业模式

资料来源：Johnson M., *Seizing The White Space：Business Model Innovation For Growth And Renewal*，Boston：Harvard Business Press，2010，p.24。

（一）顾客价值主张

顾客价值主张是在既定价格条件下，公司帮助顾客更有效、可靠、方便或实惠地解决一项重要问题（或满足一类关键需求）的提供物（产品或服务）。在设计和开发顾客价值主张前，公司必须首先对目标顾客的核心问题和关键需求进行综合理解。

每个优秀的企业都是由一个明确而强烈的顾客价值主张驱动；它可能是一种产品、服务，或者是帮助顾客更有效、方便和实惠地达成目标所需产品/服务的集合。顾客价值主张描述公司如何在既定价格条件下为既定顾客群体创造价值。

[①] Johnson M., *Seizing The White Space：Business Model Innovation For Growth And Renewal*，Boston：Harvard Business Press，2010.

(二) 盈利模式

盈利模式是勾画企业如何为自身和股东创造价值的经济蓝图,它界定企业以利润形式作为获取价值的方式。盈利模式将复杂的财务公式提炼为盈利生成过程中最关键的四大变量:收益模式、成本结构、目标单元盈余和资源周转率。

(三) 关键资源和关键流程

关键资源是用以向顾客传递价值主张的独特的人员、技术、产品、设备、资金或品牌等资源要素。关键流程是企业向顾客传递价值主张的持续稳定、可复制、可扩展和可管控的手段和方式。

从本质上看,关键资源和关键流程是企业为顾客和自身传递价值的手段。它们是企业以可重复、可扩展方式践行顾客价值主张和盈利模式时,所需的关键资产、技能、活动、惯例和工作方式。当这些关键资产和流程恰当地整合在一起,并与顾客价值主张和盈利模式协调一致,便构成了企业竞争优势的实质。每个成功的企业无论自身是否意识到,它都在以一种有效、完美结合的商业模式实施创造顾客价值的关键活动。

三 商业战略的"四要素"观点

Hamel(2000)基于商业战略分析视角,提出商业模式由四个要素构成:核心战略、战略资源、顾客界面和价值网络(见图1-3)。[①]

核心战略	战略资源	顾客界面	价值网络
·企业使命陈述 ·产品/市场范围 ·差异化基础	·核心能力 ·战略资产	·目标市场 ·销售实现与支持 ·定价结构	·供应商 ·合作伙伴 ·其他重要关系

图1-3 商业模式的组成要素

资料来源:本书根据相关内容设计。

---

① Hamel G., *Leading the Revolution: How to thrive in turbulent times by making innovation a way of life*, Boston: Harvard Business School Press, 2000.

（一）核心战略

商业模式的第一个要素是核心战略，它描述了企业如何与竞争对手进行竞争。企业的使命陈述、产品/市场范围、差异化基础是核心战略的基本构成要素。其中，使命陈述描述企业为什么存在，以及其商业模式预期实现的目标。产品/市场范围定义企业集中关注的产品和市场。差异化基础回答企业与竞争对手的主要差异，是价格、品牌、服务，还是其他方面。

（二）战略资源

企业战略资源包括核心能力和战略资产两部分。核心能力是一种资源或能力，是企业超过竞争对手的竞争优势来源；它是超越产品或市场的独特技术或能力，对顾客可感知利益有巨大贡献，并且难以模仿。战略资产是企业拥有的，稀缺且有价值的事物，包括工厂和设备、位置、品牌、专利、顾客数据信息、高素质员工和独特的合作关系等。

（三）顾客界面

顾客界面是指企业如何与顾客相互作用。主要包括目标市场、销售实现与支持和定价结构三方面。目标市场是指企业在某个时点追求或尽力吸引有限的个人或企业群体。销售实现与支持是指企业利用的渠道和它提供的顾客支持水平，描述企业产品或服务进入市场的方式或如何送达顾客的方法。定价结构是指企业定价的模式和方法，反映企业的收入来源渠道和水平。

（四）价值网络

价值网络为企业提供了自身所不具备的资源和条件，包括：供应商，向企业提供零部件或服务的企业；合作伙伴，为企业生产和运营提供外部支持的企业或其他机构，如技术服务商、科研院所等；其他重要关系，是指能够为企业商业模式有效运转提供支撑的其他企业或社会团体、行业协会等。

四　商业画布的"九维度"观点

Osterwalder 和 Pigneur（2011）提出包含九个要素的商业模式框架：顾客细分、顾客价值主张、渠道通路、顾客关系、收入来源、核心资源、关键业务、重要合作伙伴、成本结构,即"商业模式画布"(见图1-4)。①

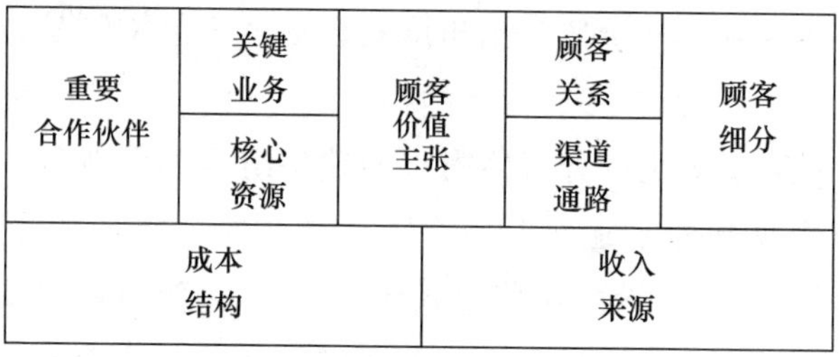

重要 合作伙伴	关键 业务 核心 资源	顾客 价值 主张	顾客 关系 渠道 通路	顾客 细分
成本结构				收入来源

图 1-4 商业模式画布

资料来源:[瑞士]亚历山大·奥斯特瓦德、[比]伊夫·皮尼厄:《商业模式新生代》,王帅等译,机械工业出版社2011年版,第34页。

(一)顾客细分

顾客是构成任何商业模式的核心,没有顾客企业就不可能长久存活。顾客细分用来描绘一个企业想要接触和服务的不同人群或组织。

为了更好地满足顾客,企业可能把顾客分成不同的细分区隔,每个细分区隔中的顾客具有共同需求和共同行为,以及其他共同属性。顾客细分群体存在不同的类型,大致可以分为:(1)大众市场:价值主张、渠道通路和顾客关系全部聚集于一个大范围的顾客群组,客户具有大致相同的需求和问题;(2)利基市场:价值主张、渠道通路和顾客关系都针对某一利基市场的特定市场需求定制,常可在供应商—采购商的关系中找到;(3)区隔化市场:顾客需求略有不同,细分群体之间的市场区隔有所不同,所提供的价值主张也略有不同;(4)多元化市场:经营业务多样化,以完全不同的价值主张迎合完全不同需求的顾客细分群体;(5)多边平台或多边市场:服务于两个或更多的相互依存的顾客细分群体。

---

① [瑞士]亚历山大·奥斯特瓦德、[比]伊夫·皮尼厄:《商业模式新生代》,王帅等译,机械工业出版社2011年版。

（二）顾客价值主张

价值主张用来描绘为特定顾客细分创造价值的系列产品和服务，它是顾客转向一个企业而非另一个企业的原因，它解决了顾客困扰或者满足了顾客需求。从价值输出角度看，顾客价值主张是企业提供给顾客的受益集合或受益系列。

价值主张通过满足细分群体需求的独特组合来创造价值。价值可以是定量的（如价格、服务速度等），也可以是定性的（如顾客体验、品牌形象等），有效的价值主张包括：（1）新颖：产品或服务满足顾客从未感受和体验过的全新需求；（2）性能：改善产品和服务性能是传统意义上创造价值的普遍方法；（3）定制化：以满足个别顾客或顾客细分群体的特定需求来创造价值；（4）把事情做好：可通过帮顾客把某些事情做好而简单地创造价值；（5）设计：产品因优秀的设计脱颖而出；（6）品牌、身份地位：顾客可以通过使用和显示某一特定品牌而发现价值；（7）价格：以更低的价格提供同质化的价值，满足价格敏感顾客细分群体；（8）成本削减：帮助顾客削减成本是创造价值的重要方法；（9）风险抑制：帮助顾客抑制风险也可以创造客户价值；（10）可达性：把产品和服务提供给以前接触不到的顾客；（11）便利性、可用性：使事情更方便或易于使用可以创造顾客所需的价值。

（三）渠道通路

渠道通路用来描绘企业是如何沟通、接触其顾客细分而传递其价值主张。沟通、分销和销售这些渠道构成了企业相对顾客的接口界面。渠道通路是顾客接触点，它在顾客体验中扮演着重要角色。

在把价值主张推向市场期间，发现如何接触顾客的正确渠道组合是至关重要的。企业可以选择通过自有渠道、合作伙伴渠道或两者混合来接触客户。其中，自有渠道可以是直销的（如内部销售团队或网站），也可以是间接的（如零售商店）；合作渠道是间接的（如分销批发、零售等）。

（四）顾客关系

顾客关系用来描绘企业与特定顾客细分群体建立的关系类型。商业模式所要求的顾客关系深刻地影响着顾客体验。一般来说，可以将顾客关系分为以下六种类型：（1）个人助理：基于人与人之间的互动，可以通过呼叫中心、电子邮件与其他销售方式等个人自助手段进行；（2）专用个人助理：企业为单一顾客安排专门的销售代表，它是层次最深、最亲密的关系类型，通常是向高净值个人顾客提供服务；（3）自助服务：企业与顾客不存在直接关系，而是为顾客提供自助服务所需要的所有条件；（4）自助化服务：整合了更加精细的自动化过程，可以识别不同顾客及其特点，并提供与顾客订单或交易相关的服务；（5）社区：利用用户社区或潜在顾客建立更为深入的联系；（6）共同创造：与顾客共同创造价值，鼓励顾客参与企业产品改进和新产品设计。

（五）收入来源

收入来源用来描绘企业从每个顾客群体中获取的现金收入（需要从收入中扣除成本），它决定企业的盈利能力。面对不同的顾客群体，企业收入来源的定价机制有所差异。

一般来说，收入来源可分为七种类型：（1）资产销售：销售实体产品的所有权；（2）使用收费：通过特定的服务收费；（3）订阅收费：销售重复使用的服务；（4）租赁收费：针对某个特定资产在固定时间内的暂时性排他使用权的授权；（5）授权收费：将受保护的知识产权授权给顾客使用，并获得授权费用；（6）经济收费：为双方或多方之间的利益所提供的中介服务而收取的佣金；（7）广告收费：为特定产品、服务或品牌提供广告宣传的服务收入。

（六）核心资源

核心资源用来描绘让商业模式有效运转所必需的最重要因素。每个商业模式都需要核心资源，这些资源使得企业能够创造和提供价值主张、接触市场、与顾客细分群体建立关系并赚取收入。

不同的商业模式所需的核心资源有所不同。核心资源可以分为以下几类：（1）实体资源：包括实体的资产，如生产设备、不动产、机器、销售网点和分销网络等。（2）知识产权：包括品牌、专有知识、专利和版权、合作关系和顾客数据库。（3）人力资源：包括研发团队、销售队伍等，在知识密集产业和创意产业中，人力资源至关重要。（4）金融资产：金融资源或财务担保，如现金、信贷额度或股票期权池。

（七）关键业务

关键业务用来描绘企业为确保其商业模式可行，而必须做的最重要的事情。任何商业模式都需要多种关键业务活动，这些业务是企业得以成功运营所必须实施的重要组织行为，它是企业创造和提供价值主张、接触市场、维系顾客关系并获取收益的基础。

关键业务因商业模式的差异而有所不同，大致包含以下几类：（1）制造产品：涉及生产一定数量或满足一定质量的产品，与设计、制造及交付产品有关，是企业商业模式的核心。（2）问题解决：为个别顾客面临的问题提供新的解决方案，需要知识管理和持续培训等业务。（3）平台/网络：网络服务、交易平台、软件甚至品牌都可看成平台，关键业务与平台管理，服务提供和平台推广相关。

（八）重要合作伙伴

重要合作伙伴用来描述让商业模式有效运作所需的供应商与合作伙伴的网络。企业会基于多种原因打造合作关系，合作关系正日益成为许多商业模式的基础。企业也通过建立联盟来优化其商业模式、降低风险或获取资源。

一般来说，重要合作伙伴可以分为四种类型：（1）在非竞争者之间的战略联盟关系；（2）在竞争者之间的战略合作关系；（3）为开发新业务而构建的合资关系；（4）为确保可靠供应的购买方—供应商关系。

（九）成本结构

成本结构用来描述运营一个商业模式所引发的所有成本。企业在创建价值和提供价值、维系顾客关系，以及实施业务活动过程中都会产生成本。成本水平及结构是评价商业模式有效性的重要指标。

一般来说，商业模式都应该追求成本最小化，但并不是最低成本结构对每个商业模式具有相同的价值。商业模式的差异导致对低成本结构的追求存在不同。商业模式的成本结构可以分为两种类型：

（1）成本驱动：创造和维持最经济的成本结构，采用低价的价值主张，实现最大限度的自动化和广泛外包；（2）价值驱动：专注于创造价值，增值型的价值主张和高度个性化服务通常是以价值驱动型商业模式为特征。

通过以上有关商业模式基本构成的梳理和分析发现，虽不同学者对商业模式构成有不同观点，但这些观点中存在诸多的共同之处：顾客价值主张、核心资源、关键合作伙伴、盈利模式和成本结构五个方面仍然是商业模式构成的核心要素。

第二章　商业模式创新的理论阐释

本章聚焦于商业模式创新的相关理论分析。主要从商业模式创新分析的基本视角出发，总结和归纳商业模式创新的基本内涵与类型。最后提出商业模式创新的实施路径和实施方式。

第一节　商业模式创新的基本视域

"横看成岭侧成峰，远近高低各不同"，说明依据看待问题所处的不同视角，对同一问题必然存在不同理解；国内外研究者对商业模式创新的理解也是如此。对商业模式内涵的不同理解，使商业模式创新成为"众口一词、莫衷一是"的术语[1]；国内外研究者从不同理论视角对商业模式创新进行理解，形成了不同的理论观点。

一　技术创新视角

技术创新视角认为商业模式是企业基于技术革新，对商业范式和市场规则进行重新设定；它强调商业模式创新在技术创新中的独特价值，技术创新必须与商业模式创新有效结合，才能最大化其商业价值。

例如，互联网技术与移动支付技术的革新，使网络购物活动更加便捷化，变革了传统零售业的商业模式；远程数字技术的进步，使"不去医院也能看病"成为可能，推动医疗服务商业模式创新的实现。

---

[1] 王雪冬、董大海：《商业模式创新概念研究述评与展望》，《外国经济与管理》2013年第11期，第29—36页。

在制造业中，近年3D打印技术的发展对产品开发、工业设计、产品工艺优化等方面带来了革命性的影响，对现有精密制造的业务模式产生了重要的影响。

二 战略创新视角

战略创新视角指出商业模式创新本质是企业战略创新，即企业通过颠覆既有规则或改变竞争性质，对企业既有业务模式和管理过程进行重构，在提升顾客价值的同时实现企业高速成长。战略视角的商业模式创新主要表现在两个方面：

第一，企业对原有业务规则和竞争方式进行了变革，创新商业模式。例如，京东作为目前中国最大的自营式电商，开始尝试向平台型电商进行转型。"自营化"向"平台化"转变，京东开始吸纳其他竞争企业入驻京东电商平台，并为其提供金融、物流、顾客分析等支持服务，使京东与其他企业从过去竞争关系转向合作关系，推动企业对现有业务规则的变革。

第二，对企业业务模式与管理过程进行重构，实现商业模式创新。例如，海尔面对新经济带来的时代挑战，进行长达八年的"人单合一双赢"模式创新，使海尔从一家传统的产品制造型企业，转变成为一家具有互联网素质的新型时代企业；企业整体管理体系不断优化，智能制造持续升级，形成从模式，到体系，再到技术领域的立体化创新矩阵。

三 营销创新视角

营销创新视角强调商业模式创新是企业基于既有市场结构，并面向顾客潜在需求，通过设计独特的业务系统、开发新渠道或彻底改变竞争规则，实现顾客价值持续增长的业务创新。

营销创新视角下的商业模式创新，既有可能是技术驱动的，也有可能是市场驱动的：(1) 新技术带来新的产品。新产品的商业化和产业化，为开发新的顾客价值主张提供了基础。(2) 用新的方式进入新的市场。企业调整原有目标顾客群体，进入新的细分市场，运用新的渠道通路接近目标顾客群体等，均可以视为从营销视角对商业模式创新的理解。

第二节 商业模式创新的基本内涵

商业模式创新与技术创新、管理创新和制度创新等一样,都是企业实现"创新驱动发展"的重要方式。对商业模式创新的理解是探究实现商业模式创新的路径和方式的重要基础,也是中国制造型企业推动商业模式创新的基本前提。

一 商业模式创新的基本含义

由于不同专业背景的研究者从各自的理论基础和分析视角对商业模式创新的含义进行理解,使商业模式创新成为一个内涵并未统一,但外延极其丰富的概念。

现有研究从不同角度对商业模式创新进行内涵界定。有的研究指出,商业模式是企业基于技术革新,对商业范式和市场规则进行重新设定;它强调商业模式创新在技术创新中的独特价值,技术创新必须与商业模式创新有效结合,才能最大化其商业价值。[1] 有的研究则强调,商业模式创新本质上是企业战略创新,即企业通过颠覆既有规则或改变竞争性质,对企业既有业务模式和管理过程进行重构,在提升顾客价值的同时实现企业高速成长。[2] 还有的研究认为,商业模式创新是企业基于既有市场结构,并面向顾客潜在需求,通过设计独特的业务系统、开发新渠道或彻底改变竞争规则,实现顾客价值持续增长的业务创新。[3]

综合国内外研究者对商业模式创新的理解,以及对商业模式内涵的界定。本书认为,商业模式创新是针对商业模式关键构成要素及其

---

[1] Chesbrough W., *Open business models*, Boston: Harvard Business School Press, 2006.
[2] Schlegelmilch B., Diamantopoulos A. & Kreuz P., "Strategic innovation: The construct, its drivers and its strategic outcomes", *Journal of Strategic Marketing*, 2003, 11 (2): 117–132.
[3] Aspara J., Hietanen J. & Tikkanen H., "Business model innovation vs replication: Financial performance implications of strategic emphases", *Journal of Strategic Marketing*, 2010, 18 (1): 39–56.

组合，实施的系列渐进性或突破性变革活动。这些变革活动既包括对行业内已有商业模式的革新，也包括对企业现有商业模式的改进。对商业模式创新的这一理解包含如下要点：

（一）商业模式创新的焦点是商业模式关键构成要素的变革

不同的企业具有不同的商业模式，其商业模式构成的关键要素也存在差别。任何在商业模式关键构成要素，如顾客价值主张、目标顾客群体、重要合作伙伴等方面进行的创造性变革活动，都可以视为企业商业模式创新活动。

这意味着商业模式创新，既可以是产品技术革新带来的新的顾客价值主张（例如，新技术带来的新型减肥药物），也可以是进入新的细分市场，锁定新的目标顾客群体（例如，"加班狗"锁定高端外卖市场），还可以是运用新的技术手段变革企业联系顾客的渠道通路（例如，企业将传统实体店渠道转变为依托互联网的网络渠道）。

（二）商业模式创新本质上是具有计划性和系统性的变革活动

任何看似突然或随机的商业模式创新并不是无意的组织行为，都兼具计划性和系统性。商业模式创新虽然表现方式各样，市场反应也各有不同，但企业对现有商业模式实施变革活动要达到预期效果，必须运用特定的管理方法，遵循一定的行动路径。对方法与路径的匹配运用需要事先进行谋划，并坚持综合协调原则。

商业模式创新的计划性意味着变革活动有特定目标，具体行动路径和行动方案，以及对变革活动效果检测的指标体系，变革过程中的各类预警及控制措施。例如，当传统百货企业面临电商竞争需要革新商业模式，那么变革的核心目标可以是降低运营成本，也可以是提高顾客光顾率；然后根据目标围绕网络化、移动化、场景化等方面设计行动方案和路径；最后需要设计相应的指标和措施来控制和检验变革活动的有效性。

商业模式创新的系统性要求企业实施商业模式创新活动，从"点子思维"转向"系统思维"。点子思维实质上是传统经营中的"一招鲜，吃遍天"，即企业追求在技术、产品、品牌、渠道等方面单一亮点来实现企业的生存发展。但是，从传统豪强诺基亚（Nokia）和柯达（Kodak）的陨落，到互联网先锋瀛海威（IHW）和凡客诚品（VANCL）的式微，都表明企业依赖单方面优势很难获得持续竞争力。商业模式本身蕴含着系统思维，它由不同要素构成；而商业模式创新则是在系统思维指导下的系列综合性变革活动，它以系统演化和持续优化的方式提升企业在新经济和技术环境下的竞争力。

（三）商业模式创新兼具渐进性和突破性

一些企业的商业模式创新是具有突破性的，例如，在"互联网+"浪潮下，荣昌"e袋洗"消灭门店形式，以App为顾客联结界面，运用O2O方式革新传统洗衣模式；一些企业的商业模式创新是通过渐进方式展开的，例如，传统家电卖场苏宁电器，在电商冲击下，尝试将线上和线下进行有机结合，充分利用各自优势，逐步革新家电零售行业的商业模式。

总体而言，产品技术进步需要连续量的积累、顾客习惯需要持续教育而得以改变、企业原有模式与新型模式的过渡与融合需要逐步匹配。因此，商业模式创新并不是一蹴而就的，而是需要经过不断试错和迭代。

二 商业模式创新的类型

目前，国内外研究对商业模式创新的分类标准及类别划分还没有达成较为一致的共识，研究者依据不同的分析情景和理论基础对商业模式创新的类型进行探讨，具有代表性的商业模式分类研究包括：

第一，Linder和Cantrell（2000）根据企业固有商业模式改变的程度将商业模式创新分为四种类型[1]：（1）实现模式，是指以不改变企业自身商业模式本质为前提，以实现利润最大化为目的，努力发掘现有商业模式潜力的一种新尝试。（2）更新模式，主要是通过技术基础、成本结构、产品或服务平台以及品牌来调整企业的核心技能。（3）扩张模式，是将企业独有的商业逻辑扩展到新领域的一种模式。（4）旅行模式，指通过采用全新的商业模式来帮助企业引入全新商业逻辑，该模式与上述扩张模式的区别在于不是对企业原有商业模式的

---

[1] Linder J. & Cantrell S.，"Changing business models: Surveying the landscape", *Business*, 2000, 34 (2): 1-15.

补充，而是替代。

第二，Giesen 等（2007）提出了三种商业模式创新分类[①]：（1）产业模式创新，即通过进入新的产业、重新定义已有产业、创造全新产业或者识别及利用独特的资产等方法在产业价值链上进行创新的模式。（2）收入模式创新，即对产生收入的方式进行创新，例如通过对产品—服务价值组合进行重新配置或者采用新的定价模式。（3）企业模式创新，即改变企业在价值链中的角色，通常包括企业边界的扩展及对供应商、员工、顾客和其他利益相关者所在网络的改变，也包括能力/资产的重新配置。该研究进一步指出与其他类型的创新相比，商业模式创新与企业毛利增长的相关性最高。企业模式创新被认为是在所有商业模式创新类型中对企业成功最为重要的，而其他两类之间没有显著的绩效差异。

第三，Lindgardt（2009）将商业模式创新主要分为三类，分别是价值主张、运营模式和商业系统结构，每一种商业模式创新内部会有很多变化。[②] 他们进一步指出，一个商业模式本体中至少两个及以上要素发生了较大变化，才能被视为商业模式创新。

第四，Pigneur 和 Clark（2009）根据创新集中点的不同将商业模式创新分为四种类型[③]：（1）资源驱动型创新，该创新起源于一个组织现有的基础设施，抑或合作关系拓展，抑或转变现有商业模式。（2）产品/服务型创新，它是以建立新的价值主张的方式来影响其他商业模式构造块。（3）顾客驱动型创新，这种类型的创新以顾客需求、降低获取成本和提供便利性为基础，它就像所有从单一集中点所引发的创新一样，影响商业模式的各个结构要素。（4）财务驱动型创新，它是通过创新盈利模式来影响整个商业模式的构造块，从而引发

---

① Giesen E., Berman J., Bell R. & Blitz A., "Three ways to successfully innovate your business model", *Strategy and Leadership*, 2007, 35（1）: 27 – 33.
② Lindgardt Z., Reeves M. & Stalk G., "Business model innovation: When the games get through, change the game", *Strategy and Leadership*, 2009, 35（1）: 27 – 33.
③ Pigneur Y. & Clark T., *Business model generation: A handbook for visionaries, game changers, and challengers*, John Wiley & Sons Inc., 2009.

企业的商业模式创新，具体的驱动要素是企业的定价机制、收入来源和成本结构网。

第三节　商业模式创新的路径与方式

无论是对行业内现有商业模型进行革新，还是对企业原有商业模式进行改进，商业模式的目标主要是：（1）满足被忽视的市场需求或解决顾客"痛点"；（2）将前沿科技转化为新产品或服务并推向市场；（3）运用更好的方式（如新技术）来提升现有市场的商业效率；（4）开创全新的市场。为实现上述目标，企业进行商业模式创新需要遵循科学的实施路径和多元的实现方式。

一　商业模式创新的实施路径

根据 Osterwalder 和 Pigneur（2013）提出的商业模式创新循环理论[①]，本书试图构建包含环境分析、商业模式设计、组织设计和商业模式执行四个阶段的商业模式创新路线图（见图 2-1）。

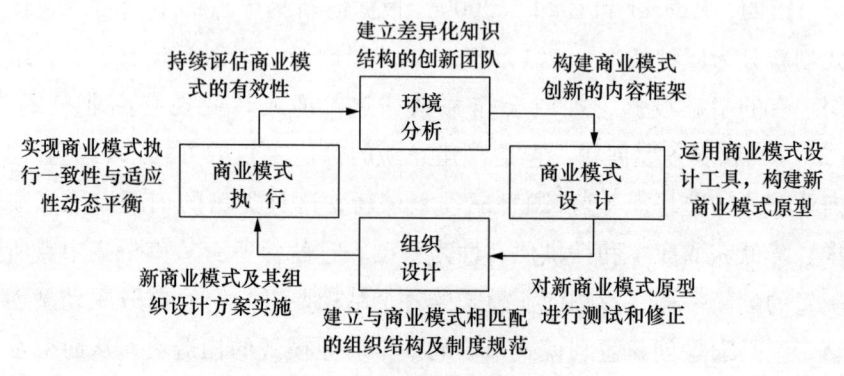

图 2-1　商业模式创新循环

资料来源：根据相关内容设计。

---

① Osterwalder A. & Pigneur Y., "Designing business models and similar strategic objects: The contribution of IS", *Journal of the Association for Information Systems*, 2013, 14 (5): 237 - 224.

（一）环境分析

商业模式创新的首要步骤是建立具有差异化知识结构的创新团队，包含市场营销、财务管理、人力资源管理、研发管理及运营管理等不同知识背景的团队成员，从而确保为商业模式创新构建具有异质性和专业性的组织基础。

团队成员运用环境分析工具，如 PEST 分析框架，对政策、社会经济，以及技术与文化等环境进行分析，建立商业模式创新目标、关键路径、测试指标等基本内容框架，为后续工作勾画基本蓝图。

（二）商业模式设计

在明确商业模式创新的内容框架基础上，运用商业模式设计的基本工具和原则，对商业模式关键要素或要素组合进行重构，建立一个或多个新商业模式原型，并进行小范围测试和修正。

新商业模式的设计，必须着力构建与原有商业模式的关键差异点，以凸显商业模式创新的必要性和价值感。这些差异点需要具备两方面特性：一是显著性，即新旧商业模式在构成要素或要素组合方面存在较为明显的差异，能够被顾客、投资者等利益相关方明确感知。二是重要性，即这些明显的差异对利益相关方而言具有重要价值；特别是让顾客明显感受到新旧商业模式带来的不同价值，是影响商业模式创新成败的关键环节。

（三）组织设计

在完成新商业模式设计后，需要将商业模式分解为具体的业务活动和组织流程，并实现组织内的跨职能部门运行。因此，需要开展组织设计活动，以建立与商业模式相匹配的组织结构及制度规范。

商业模式创新要求组织进行有效的变革，以更好地匹配新商业模式所搭建的价值创造系统。例如，日化企业在"互联网＋"时代尝试O2O的商业模式，必须建立相对独立的电商事业部，甚至是建立独立分支机构，以构建新的、具备互联网基因的组织架构和制度体系。若简单地在原有销售部中增加网络营销职能，很难实现传统日化企业的互联网转型。

（四）商业模式执行

商业模式执行是对商业模式创新的计划方案进行实施，以实现商业模式创新的价值。在商业模式执行过程中需要注意平衡处理一致性和适应性之间的矛盾。商业模式执行一致性强调按照既定计划方案开展工作，在遇到困难和挫折时坚持实施预定路线。同时，商业模式执行适应性关注企业在实施预定方案时应该根据内外部环境变化，有针对性地调整计划方案，以确保商业模式创新达到预期效果。实现商业模式执行一致性与适应性动态平衡，是确保商业模式创新过程与环境变化有效匹配的关键基础，是商业模式执行环节的重要任务。

在激烈竞争的市场环境下，商业模式创新是一件连续循环，没有终点的创造性活动。企业需要根据内外部环境变化，对商业模式的有效性进行持续评估以更新商业模式，保持企业活力和市场竞争力。

二 商业模式创新的实现方式

商业模式创新的实施路径描述企业实现商业模式创新需要经历的行动步骤和关键环节；而商业模式创新的实现方式反映企业设计和构造新商业模式的基本方法或策略。本书综合现有观点和结论，从模仿、竞争和试错三个方面设计商业模式创新的实现方式。

（一）基于模仿的商业模式创新

任何创新都始于模仿，商业模式创新也不例外。企业既可以模仿其他行业企业的商业模式，也可以模仿本行业中那些率先开拓市场的"先驱"企业，甚至包括那些已经失败而消亡的"先烈"企业。一般来说，模仿其他企业商业模式的方法可以归纳为全盘复制和借鉴提升两类。

1. 全盘复制

全盘复制是指企业对行业领导企业或优秀企业的商业模式进行直接复制或略加修正复制。全盘复制适用于同行业企业之间的学习和模仿，特别是同属一个细分市场或拥有相同产品的企业。将已被证明行之有效的商业模式充分利用，能够降低企业经营风险，缩短进入市场时间。

全盘复制行业领导企业或优秀企业的商业模式，需要注意以下两方面：一方面，需要快速掌握商业模式的关键信息，即商业模式有效性的关键要素和支撑体系，快速复制以获取先发优势。另一方面，需要根据企业自身情况和外部环境，如政策、市场等，有针对性地进行细节调整，以发挥商业模式的最大效力。

2. 借鉴提升

借鉴提升是指企业对同行业或跨行业企业商业模式进行学习和提升，以建立适合自身环境条件的商业模式。企业对其他商业模式的借鉴提升，主要从两方面着手：

一方面，借鉴优秀商业模式的亮点，弥补不足。企业系统剖析优秀商业模式，对其具有竞争力和吸引力的创新性充分提炼，对其局限性进行深刻分析。创新性的提炼能够给企业商业模式创新带来启示和借鉴，而对局限性的分析，能够使企业有效地规避现有模式中存在的不足。通过引用创新点来学习优秀商业模式的方法适用范围最广泛，不同行业、不同竞争定位的企业都适用。

另一方面，扩展优秀商业模式的范围，延伸价值。企业将某行业或细分市场成功的商业模式，跨界运用到其他行业或细分市场，使优秀商业模式的价值得以延伸。对成功商业模式的扩展运用，需要注意两方面问题：一方面是发掘具有相似性的行业或细分市场，确保商业模式跨界运用的有效性；另一方面是针对不同细分市场的环境差异性，有效调整商业模式各要素设置，保障商业模式跨界运用的适应性。

(二) 基于竞争的商业模式创新

Casadesus-Masanell 和 Ricart（2011）提出基于竞争实现商业模式创新的观点。[1] 企业在竞争中不断完善和优化商业模式，主要有三种方式：

1. 优化自身

企业在面对持续竞争环境时，可以通过优化商业模式的若干关键

---

[1] Casadesus-Masanell R. & Ricart J., "How to design a winning business model", *Harvard Business Review*, 2011 (1/2): 1-9.

要素或要素组合,打造关键要素之间的良性循环,进而更好地参与竞争。关键商业模式关键要素的良性循环能够强化商业模式其他要素的竞争力,从而实现商业模式创新。例如,在全球商用客机市场,空中客车公司(Airbus)的商业模式最初一直处于竞争下风。因为波音公司(Boeing)的747机型在超大型商用客机领域长期占据垄断地位,并持续将747机型创造的利润进行再投资,不断巩固优势地位。直到2007年,空中客车公司研发出空客380机型,在超大型商用客机市场挑战波音747机型的垄断地位。这一举措不仅帮助空客公司维持了在小型和中型飞机领域的良性循环,而且对波音公司的良性循环形成了有效遏制,改变相对波音的长期劣势。

2. 限制竞争者

企业可以通过削弱竞争对手商业模式的良性循环,来实现自身商业模式的持续优化。在高新技术领域,一项新技术或新产品能否颠覆行业规则不仅取决于该技术的内在优势,也取决于与其他竞争对手之间的互动。例如,理论上讲 Linux 电脑操作系统的价值创造潜力或许比 Windows 系统更大,但是微软公司利用与计算机硬件生产厂商建立的战略合作关系,在个人台式机和手提电脑上预装 Windows 操作系统,从而阻止 Linux 系统拓展市场范围,成功地遏制 Linux 系统的关键良性循环。

3. 资源整合

相互竞争的企业也可以通过合作,甚至是合并的方式,整合各自优势资源,共同发挥商业模式的效力。例如,2016年8月,滴滴出行(DiDi)宣布与优步(Uber)全球达成战略协议,滴滴出行将收购优步中国的品牌、业务、数据等全部资产在中国大陆运营。滴滴出行与优步的合并,既有利于综合利用各自优势资源,减少彼此间的竞争消耗,并利用规模优势遏制主要竞争对手易到用车和神州专车的继续壮大,又有利于合力应对政府颁布的网约车新规,实现市场的共同扩展。

(三)基于试错的商业模式创新

精益管理的观点强调在持续试错过程中实现对商业模式的迭代。

商业模式创新意味着对商业模式核心要素或关键变量进行革新和优化，不可避免地面临风险甚至失败，因此，从错误中进行总结和升华，是创新商业模式的重要方式。

从某种意义上说，商业模式创新过程无非是科学方法在管理上的应用——从一个假设开始，在实施过程中检验，并在必要时加以修订。企业进行商业模式创新，依赖某些关键性假设，会提出一些"如果……会怎么样"的问题。一旦企业开始运作，其商业模式中隐含的那些既与需求有关，又与经济效益有关的种种假设，都需要在市场上不断经受检验。若新的商业模式行不通，或者是因为没有通过指标检验（如利润不足、损益与预期不符），或者是因为没有通过叙述检验（如故事没有意义，或者不符合经济逻辑，业务本身不能为顾客创造价值），那么就应该对原有假设进行修正，重新检验商业模式。

第三章 商业生态系统与制造型企业商业模式

本章从商业生态系统相关概念与理论切入，在分析其产生背景、主要理论观点及价值的基础上，探讨基于商业生态系统演化视角的商业模式创新议题。在分析中国制造型企业发展现状基础上，从商业生态系统视角对制造型企业商业模式创新的理论内涵进行系统阐释。

第一节 商业生态系统的内涵与价值

一 商业生态系统理论的背景

商业生态系统是源于生态系统的比喻，旨在描述商业环境中不同参与者的角色及相互关系。商业生态系统理论是20世纪90年代战略管理研究领域的重大思想革新，有别于传统相对独立的路径与关系探讨，为组织及战略研究开辟了新的方向与路径。随着产业环境动荡性不断加强，竞争日益全球化，顾客需求不断多样化，技术创新水平不断提升，企业之间以及企业与顾客之间的依赖程度空前提高。为强化企业持续竞争能力，不断开拓市场，"跨界"已经成为企业超越传统竞争的新思维。商业生态系统思想为企业建立和打造具有多样化、连通性的竞争优势提供了全新思路。

针对企业如何通过创新超越竞争的议题，战略管理研究者开始新的探索。Moore（1993）尝试从系统层面探究企业战略问题，并首次提出"商业生态系统"概念；将企业所处的竞争环境看作自然界生态世界，以类比的视角来描述市场环境中相互关联、相互作用的企业联结及相互活动。① 商业生态系统的观点，借鉴人类学研究的"共同演化"思想，强调打破现有产业边界和行业逻辑，将企业视为跨产业联结的一部分。企业可以通过在生态系统内建立新的联结而形成全新商业模式，从而实现商业世界的演化，以及系统内企业的协同和共生。②

随着市场竞争的不断加剧，企业间的竞争已经不是单个企业或单一产品的比拼，而是通过特定方式联结起来的企业族群之间的集体较量。Iansiti 和 Levien（2004）开始主张企业建立基于商业生态系统的"群落"，以有效应对日益动态和无限竞争的市场环境。③ 超强竞争环境使得企业间的相互依存变得必然和重要，未来的竞争已经不是企业的技术和产品竞赛，而是不同商业生态系统之间的优胜劣汰。商业生态系统的思想，有别于传统的企业战略思考范式，从更加大局和长远的观点去思考企业竞争优势的获取和维持，为战略管理研究与实践打开了新的思维窗口。

二 商业生态系统的结构

Iansiti 和 Levien（2004）借鉴生态链的分析视角，对商业生态系统中各成员企业的角色进行了划分。④ 依据不同生态位和作用，不同企业在商业生态系统中扮演着不同角色。总体而言，一个商业生态系统中，不同企业扮演的角色包括核心企业、支配企业和缝隙企业三类。

（一）核心企业

核心企业在商业生态系统中具有中心性，处于系统中枢位置，作为系统的构建者或主导者，引导围绕自身业务建立相应的合作和协同

---

① Moore J., "Predators and prey: A new ecology of competition", *Harvard Business Review*, 1993, 71 (3): 75–86.

② Claryssea B., Wright M., Bruneel J. et al., "Creating value in ecosystems: Crossing the chasm between knowledge and business ecosystems", *Research Policy*, 2014, 43 (7): 1164–1176.

③ Iansiti M. & Levien R., "Strategy as ecology", *Harvard Business Review*, 2004, 82 (3): 68–81.

④ Iansiti M. & Levien R., *Key Advantage: What the new dynamics of business ecosystems mean for strategy, innovation and sustainability*, Boston: Harvard Business School Press, 2004.

单位，从而实现商业生态系统的构成和演化。核心企业通过为系统成员提供价值创造与分享平台，提供维持系统价值创造的基本路径，从而实现自身发展诉求和利益。核心企业在创造价值的同时，还需要与其他企业进行价值共享，进而巩固其核心领导地位，促进系统内效率提升、成本降低，以及系统稳健性增强。

驱动整个商业生态系统实现价值创造，是核心企业的关键使命。驱动价值创造的因素包括产品或服务、品牌、客户关系和战略、人力、财务、技术和创新等管理因素。[①] 核心企业实施的价值创造活动，是商业生态系统形成和发展的基础和动力，也是其进一步强化和维持系统内核心地位的重要基础。

（二）支配企业

如果把核心企业比作是商业生态系统的大脑，那么支配企业则是商业生态系统的骨骼，作为支点支撑整个系统的正常运转。支配型企业在商业生态系统中拥有关键位置，占据重要的网络节点，从而对网络中各类资源的流动水平和方向产生重要作用，影响商业生态系统中的各类活动，从而成为商业生态系统中的关键组成部分。

支配企业依据存在方式，可以细分为实物资产支配型和价值支配型两类：实物资产支配型企业在为整个商业生态系统创造价值的同时，还积极地从系统内榨取价值；价值支配型企业则在为系统创造极其有限价值的同时，不断地从系统中拼命榨取价值。从商业生态演化的视角来看，支配企业既可能通过系统内地位的强化转变为核心企业，也可能因为功能与价值的边缘化而成为缝隙企业。

（三）缝隙企业

缝隙型企业在商业生态系统中具有数量大、规模小、功能多样的特点，是商业生态系统构成的主体部分，承担着系统内价值创造活动的实施工作。缝隙企业是系统价值创造的直接参与者和行动实施者，但是缺乏对系统发展方向和趋势的影响能力，它们通过利基价值创造

---

① 尹波、赵军、敖治平等：《商业生态系统构建、治理与创新研究：以泸州老窖商业生态系统战略为例》，《软科学》2015年第6期。

与获取实现成长。

在商业生态系统中，缝隙企业以聚焦专业领域的差异化发展路径，专注于特定细分市场，通过差异化实现自身在系统中的生态定位。缝隙企业并不追求大市场中的小份额，而是寻求小市场中的大份额，积极利用系统整体竞争优势，攫取关键资源开展经营活动。缝隙企业对商业生态系统具有高度的依赖性，但却是整合系统价值创造活动的实际承担者。

综上所述，不同企业在商业生态系统中扮演不同角色、发挥不同作用、具有不同地位。核心企业发挥系统方向引导和方向控制的作用，为系统价值创造提供平台基础或价值链核心。支配企业发挥关键支点作用，构建系统整体架构，是系统价值创造活动的关键驱动力量。缝隙企业以专业化和差异化形态存在，为系统提供了生命力和创造力。在商业生态系统中，三类角色的企业各自发挥作用，相互作用和匹配，共同构建繁荣、健康和持续演化的商业生态圈。

第二节　商业生态系统与制造型企业成长

一　制造型企业经营环境的新特性

随着互联网与信息技术的迅速发展，制造型企业内外部环境发生巨大变化。特别是进入21世纪，移动互联网、云技术及大数据技术的快速普及，为制造型企业的产业环境带来革命性变革。近年来，"互联网+"及"工业4.0"发展浪潮，智能制造与大规模定制不断重塑制造型企业的商业生态，使制造型企业的生存与发展呈现出新的特性。

（一）市场竞争的全球化

经济全球化导致市场竞争的全球化，产业分工与价值链重构极大地改变了市场竞争格局。特别是中国制造型企业在全球产业链中处于制造、组装等价值环节，高度地嵌入国际分工，因而无论是在本土市场，还是在国际市场，都不可避免地与国际知名的大型企业展开直接竞争。

竞争全球化要求中国制造型企业必须深入参与国际分工合作，嵌入全球价值链，必须寻求既可以发挥自身能力优势，又能充分利用和整合外部资源，实现自身发展。面对全球竞争，制造型企业提升自身在研发、营销和运营管理等方面能力异常重要。与此同时，构建具有差异化竞争优势的商业生态系统，是保持持久竞争力的重要网络条件。

（二）企业合作的网络化

专业分工的不断加剧，一方面，可以提升专业化水平，实现规模效率和范围效率的平衡；另一方面，则要求企业之间的协同更加紧密，企业依赖和协作在实现专业化分工方面扮演着重要的角色。

制造型企业需要借助网络化组织，通过虚拟运营、精益生产等新兴组织与管理方式，集合利益相关者的权益，构建具有竞争力的商业生态圈。顾客、竞争者、供应商、经销商，以及其他科研机构等，都应镶嵌于企业构建的商业网络之中，进而建立边界相对模糊的网络型组织，突破传统的对抗性竞争模式，转而形成以网络化为基础的合作性竞争模式。[1]

（三）顾客需求的复合化

顾客已经从过去的"无可选择"到现在的"无从选择"。市场产品与服务的空前丰富，以及消费文化的多样性使顾客需求表现日益离散。需求的多样化、个性化，以及变化频率加快和变化趋势不确定性，使单一企业很难具备满足复合化需求的全部资源。因而，企业之间的合作与协同正成为一种必然。

企业之间跨行业、跨区域的联结，使商业生态系统构建超越传统的产业集群和地域空间限制，形成了跨越时空的新兴组织形式和生产运营方式。对于制造型企业而言，聚焦于顾客需求的跨企业联合将有助于整合和利用多方资源，充分累积和发挥自身优势与特长，满足多样化顾客需求。

---

[1] Best M., *The New Competition*, Massachusetts: Harvard University Press, 1990.

（四）产品研发的系统化

随着科学技术的不断进步，智能化、集成化的产品技术普及程度不断加深，新产品的开发涉及的技术环节和技术水平持续强化。从产品概念化到产品商业化，经历越来越多的环节和流程。无论是产品设计，还是市场开拓，日益成为一个系统化的复杂工程。

产品研发的系统化程度加剧，使任何一个企业在面临市场竞争压力的情境下，独立地完成相应工作。产品复杂性和系统化程度越高的制造业，企业面临的困难尤为显著。因此，利用外部网络，如科研院所、咨询公司等进行产品研发和推广是行之有效的措施。商业生态系统的构建，为企业充分利用外部网络达成组织目标提供了环境基础，无论是核心企业，还是缝隙企业，都可以充分利用系统内资源最大限度地实现组织目标。

二 制造型企业发展的生态学特征

已有研究表明，卓越企业的最佳发展路径，并非是基于复杂且全面的企业战略规划，而是通过多次试错和调整，选择最佳的行动方向。[1] 企业发展路径"迭代过程"就像生物世界中的进化过程，以适应环境为重要着力点，改善自身特性，进而更好地适应环境并实现发展。虽然生物进化具有随机性和非理性特征，而企业发展具有高度理性和主观性的特点，但企业在不断变化环境中的演化过程，与生物进化具有高度相似性。

正如管理大师德鲁克所言："企业之间的生存发展，如同自然界中各类物种之间的生存与发展，它们都是一种'生态关系'。"制造型企业植根于复杂的产业环境中，任何企业都需要大量外部联结以支持其发展目标，因而具有显著的生态学特征。

（一）组织结构的升级

新古典经济学理论认为，企业作为社会经济的基本组织形式，是具备理性特征的"黑箱"，本质上体现的是一种实现利润最大化和成

---

[1] Attour A. & Barbaroux P., "The role of knowledge processes in a business ecosystem's lifecycle", *Journal of the Knowledge Economy*, 2016（2）：1–18.

本最小化的生产函数。而现代企业组织理论却强调企业是一种致力于降低交易成本、提升交易效率的资源配置方式。企业是理性设计的结果，以集中决策、分层管理替代分散决策与自发行动，强调围绕通过计划、领导、控制等组织活动，整合和利用资源实现组织目标。

在现代组织理论框架下，企业不仅追求自身利益或价值的最大化，而是充分考量各类利益相关机构，在满足利益相关方诉求的基础上实现利润最大化目标。基于利益相关者价值共创的管理思想，使制造型企业的组织结构模式从传统的科层制结构与官僚型管理体系，逐渐转向具有新经济特征的"网络关系"与虚拟结构等新兴管理模式。以往工业经济背景下的职能结构和事业部制出现了衰退，并逐步形成包含网络结构的新型管理模式，进而体现出制造型企业组织架构向生态化方向发展的趋势。

（二）企业行为的优化

目前，企业竞争方式已经由单个企业之间的竞争，转向以核心企业为主导的企业族群之间的竞争。对制造业而言，这一趋势尤为明显。处在产业链中心的核心企业，在供应商、经销商和科研机构等关键角色的支持下，构建自身复杂的商业生态系统；商业生态系统由若干子系统构成，子系统之间存在着相互依存、共同演化发展的联系。

在制造型企业的商业生态系统中，不同企业扮演着不同角色，实施不同的组织行为：供应商为企业提供各类原材料与零配件，保障产品的质量与品质，为效率和效益生产提供有效支持；经销商为企业产品的扩散提供路径，构建联结企业与顾客的消费通道，建立并维持顾客关系，确保企业产品的市场地位；银行及科研机构，为企业发展提供资金及技术支撑，帮助企业改善经营水平，提升市场竞争力；政府及行业协会为企业发展提供宏观领导与支持，从产业层面引导企业发展，优化资源配置效率。

（三）企业之间的共生

无论是产业链中的上下游关系，还是同一产业中的直接竞争者，企业之间关系的构建思维已经由原来的"零和"思维转向"竞合"思维。正如苹果公司与三星公司一样，即使是终端市场的直接竞争者，但从商业生态系统层面来讲，它们仍然是"你中有我、我中有你"。

当前，随着产业技术系统化和集成化程度不断加深，企业之间相互依存的水平持续提高，制造型企业已经开始建立一种"相互依赖、相互渗透"的组织生态关系。此时，企业之间的关系，正如生态学所描述的那样，形成了相互包含、相互制约的共生共荣关系。因此，制造型企业的发展不能仅仅局限于自身个体的发展，而应该将企业发展置于商业生态系统的演化过程之中，才能够形成内涵式的持续成长机制。

三 企业网络对制造型企业成长的意义

企业网络是指企业通过交易、合作或联盟等方式构建的虚拟或现实的社会关系。[1] 本质上看，企业网络是由相互独立却又彼此关联的若干企业，依据一定规则进行分工和协作而建立企业的多边合作关系，包括企业与供应商、经销商、竞争对手、顾客，以及外部金融组织、科研院所等机构。[2] 外部网络能够为企业发展提供机遇，对制造型企业成长具有重要意义，具体表现为：

（一）获取外部资源

制造型企业因其行业特点及"重资产"经营方式，对资源的需求远超于一般企业，如互联网企业、服务型企业等。包括资金、技术、厂房、设备、人员等资源类型都是制造型企业发展所需的组织资源。然而，很少有企业能够在一定时期内有效地掌握发展所需的全部资源；而仅仅通过内部积累的方式获取发展资源，不仅效率低下，更可能让企业失去发展机会。因此，获取外部资源则是确保制造型企业组织目标实现的重要方式。

企业建立和掌握的社会网络能够为企业提供发展所需的互补资源，即企业当前不掌握，但急需的生产要素。这些生产要素既包括实

---

[1] Laudmann M., Galaskiewicz D. & Marsden C., "Community struture as inter – organizational linkages", *Annual Review of Sociology*, 1978（4）：455–484.

[2] 陈守明：《现代企业网络》，上海人民出版社 2002 年版。

物型的资源，如厂房、设备等；也包括非实物型资源，如技术、品牌、融资担保等。例如，当制造型企业需要进行产品升级时，技术和资金资源则是重要的组织资源；通过外部融资、科研院所技术合作等方式，就能够有效地解决产品创新问题，为企业发展赢得市场机会。通过外部资源获取方式，不仅可以保证制造型企业组织目标的实现，还能够有效节约成本、提高效率，降低各类管理和市场风险。

（二）构建核心能力

核心竞争力是企业掌握的具有关键价值的资源和能力集合，是企业竞争优势的重要来源。制造型企业的竞争优势既可以表现为技术研发与产品创新方面的优势，也可以表现为系统集成和整合方面的优势，还可以表现为渠道管理与顾客关系方面的优势。但是，无论何种优势，都需要关键资源和能力进行支撑。

事实上，任何企业都不可能拥有实现组织目标的全部资源和能力，都需要整合和利用外部资源为企业所用。企业网络突破了企业组织边界限制，使企业能够参与更大范围的资源集聚与分享，帮助企业最大限度地运用外部资源优势，实现企业在产品开发、市场拓展等方面的目标。[1] 同时，企业可以把关键资源投入核心能力的构建，专注于核心业务开发以获取市场竞争优势，使企业能够进入良性循环。当企业拥有异质性网络，同时确保嵌入的社会网络难以进行转移，便能够为企业核心能力的构建提供较为持续的资源基础。[2]

（三）优化经营绩效

市场知识是企业感知与响应市场环境变化的重要基础，也是企业经营绩效优化的关键资源。当前，市场竞争环境瞬息万变，竞争行为、顾客需求和技术趋势的变化程度与日俱增，并为企业经营绩效带来潜在影响。因此，及时获取市场知识并快速进行反应是企业改善绩效水平的关键任务。

---

[1] Nahapiet J. & Ghoshal S., "Social capital, intellectual capital, and the organizational advantage", *Academy of Management Review*, 1998, 23 (2): 242–266.

[2] Amit R. & Shoemaker P., "Strategic assets and organizational rent", *Strategic Management Journal*, 1993, 14 (1): 33–46.

对制造型企业而言，与企业战略相匹配的外部网络是企业的重要战略资源。通过社会网络，企业可以在各种复杂环境中获取关键市场知识，强化企业间的协作，增强产业链中不同企业行动的一致性水平。① 外部网络能够在成本与成本的降低和效率与效益的提升方面优化经营绩效。② 例如，建立在企业之间的信任和合作关系，使企业可以极大地降低交易成本、减少信息搜寻成本、规避经营风险并提升交易效率水平。制造型企业通过与大量的外部供应商、经销商和科研机构建立广泛且互动频繁的关系；通过社会网络实现市场知识和信息的扩散，可以极大地降低维护和管理成本，提升交易效率，从而优化企业经营绩效。

因此，企业构建和掌握的社会网络能够为其提供发展所需重要的外部资源，帮助企业构建核心能力，进而确保企业的经营绩效得到改善。尤其对具有"重资产"特征的制造型企业来说，外部网络对其发展资源的获取具有举足轻重的作用，是企业获取和维持竞争优势的重要基础。③

第三节　商业生态系统视域下的商业模式创新

一　商业生态系统的演化

根据演化经济学的理论观点，商业生态系统具有自我演进与发展的能力，如同行业、企业和产品一样，具有生命周期。商业生态系统由核心企业主导进行构建，不断吸纳其他角色企业进入系统，具有演

---

① Putnam R., "The prosperous community: Social capital and public life", *American Prospect*, 1993 (13): 35 – 42.
② Hoskisson R., Chirico F. & Zyung J., "Managerial risk taking: A multitheoretical review and future research agenda", *Journal of Management*, 2017, 43 (1): 137 – 169.
③ Johnson J. & Sohi R., "The influence of firm predispositions on interfirm relationship formation in business markets", *International Journal of Research in Marketing*, 2001, 18 (1): 299 – 318.

化的本质，它经历着开创、扩展、领导和更新的系统发展过程。[①]

（一）开创阶段

商业生态系统的开创阶段，是指核心企业围绕价值平台或价值链构建，与关键供应商、经销商和重要顾客之间建立起系统化交易网络。价值锁定和价值创造是商业生态系统建立初期重要的组织活动，只有在明确价值创造内涵与目标，以及价值创造方式的基础上，吸收外部参与者建立系统才具有现实可行性。

开创阶段主要围绕交易网络架构、交易规则塑造等内容构建系统：在供应商端，建立稳定、高效且成本可控的供应商系统，确保企业产品原材料和零配件等生产要素资源能够得到保障；在经销商端，构建能够联结关键顾客的价值通道，确保企业产品和服务能够以最有效的方式到达目标顾客群体，并能够从目标顾客群体获得市场反馈，以帮助企业改进和优化产品；在顾客端，与关键顾客建立持续且有价值的顾客关系，并通过顾客关系管理活动强化企业与顾客的黏性，鼓励顾客参与企业产品改进、市场推广等关键业务活动。

因此，确定商业生态系统的价值定位和价值创造与传递方式，即建立商业生态系统的价值愿景，以及生态系统运行规则，是在开创阶段需要核心企业主导完成的核心任务。

（二）扩展阶段

在完成商业生态系统核心体系构建后，系统为了强化自身价值创造和输出能力，需要对系统进行扩展。商业生态系统的扩展包含数量拓展，即增加系统内参与者的数量，以及质量延伸，即强化参与者之间嵌入和依赖程度。量与质的并进，充分体现广度与深度强化的高度融合。

在数量拓展方面，既可以是增加供应商、经销商和主要顾客的数量，也可以是增加企业产品数量。例如，与经销商、供应商一道增加市场供给，提供更加多样化和差异化的产品或服务；与核心顾客建立

[①] Moore J., "Predators and prey: A new ecology of competition", *Harvard Business Review*, 1993, 71 (3): 75–86.

捆绑销售或交叉销售，在确保市场占有率的前提下，大幅增加顾客占有率，从而实现企业绩效优化。在质量衍生方面，核心企业增加与系统内各参与者的合作与协同程度，强化信息分享和行动协调。例如，与供应商和经销商深度共享订单、库存的相关信息，开展联合研发、联合市场推广等组织活动，增强核心企业与合作伙伴的依赖水平。鼓励顾客参与产品研发和改进，以及企业市场推广与营销活动，实现企业与核心顾客的价值共创活动。

通过数量与质量双重性质的扩展活动，商业生态系统不仅能够扩大规模水平和市场影响力，更能强化系统内部的黏性，增强系统内各个参与者行动的协调水平，从而进一步优化系统价值创造和传递活动，增强商业生态系统的稳健性。

（三）领导阶段

当商业生态系统经历开创和扩展阶段后，系统具有价值创造和传递能力，并在市场竞争中体现出独特竞争力。核心企业开始构建以权威为核心，以市场份额为重要支配的商业生态系统领导活动。无论是对核心企业，还是对整个系统而言，形成明确且具有竞争性的领导企业具有非常重要的作用。既能够保障核心企业作为系统中枢的价值和地位，又能为系统的稳定、持续发展提供领导基础。

核心企业通常通过以下方式获取并维持商业生态系统的领导地位：（1）持续投资和优化自身核心能力，不断强化资源配置水平，保持动态的创新与变革能力。（2）持续开发具有吸引力的产品和服务，不断强化对关键顾客的吸引力，保持顾客关系管理中的优势地位。（3）确保市场领导力及盈利能力，通过产品创新、市场创新等活动，使自身成为供应商和经销商的首选合作者，持续优化对合作机构的吸引力。（4）通过产业技术、资金，以及人力资源等关键要素，构建核心企业的位势壁垒；在系统内确保自身中枢地位能够得到持续改进和加强，维持系统领导地位。

（四）更新阶段

由于商业生态系统具备的演化特征，核心企业构建和领导的系统在内外部环境的作用下，达到一定发展界限后就会开始进行自我更新。商业生态系统的更新阶段既可能是基于外部环境,如出现更具竞争力的其他商业生态系统,顾客群体的需求特征和偏好发生重大变化,产业政策或技术趋势的变化等;也可能是基于内部环境,如系统内部管理及领导面临新的挑战,系统参与者数量不断扩充后出现新的管理难题等。

商业生态系统的更新以变革与创新为核心,在核心企业的引导下,确定或捕获新的价值主张,优化原有价值创造和传递方式,为商业生态系统注入新的活力。商业生态系统更新阶段,主要活动包括:(1)对原有产品或服务进行改进,或开发新的产品或服务。(2)为商业生态系统引入新的参与者,构建新的交易网络和交易联结。(3)优化或变革系统内交易规则,改进制度环境,提升交易效率并降低交易成本。(4)核心企业为系统注入新的资源或能力要素,提升系统的价值创造与传递能力。(5)进行市场的重新定位,并对产品服务进行重新组合,为系统引入更具价值性的新顾客群体。

二 制造型企业商业模式创新的基本内涵

(一) 制造型企业的商业模式突围

制造业是国民经济的主体,是立国之本、兴国之器、强国之基。中国经济发展进入新常态,制造型企业的发展面临新挑战:资源和环境约束不断强化,劳动力等生产要素成本不断上升,主要依靠资源要素投入、规模扩张的粗放发展模式难以为继,调整结构、转型升级、提质增效刻不容缓。与此同时,新一代信息技术与制造业深度融合,正在引发影响深远的产业变革,形成新的生产方式、产业形态、商业模式和经济增长点。

创新商业模式是企业应对经营挑战的关键举措,但现有商业模式创新研究仍存在诸多缺憾。激烈市场竞争已不仅是产品或单个企业之间的比拼,而是新兴商业模式下企业种群之间的较量。"实施创新驱动发展战略,加强商业模式创新"已上升为国家意识;商业模式创新也被中央视为"调整产业结构、化解产能过剩的根本出路之一"。尤其对资源能力相对缺乏,发展十分依赖大型企业的制造型企业而言,依托特定产业生态系统开展商业模式创新具有特殊价值。

(二) 制造型企业商业模式创新

与其他类型企业，如服务型企业、互联网企业等相比，制造型企业因其产业特征而拥有较为复杂的原材料供应商、技术服务商、产品分销商、售后服务体系等。多方利益相关者参与到产品生产和流通环节，使制造型企业相较于其他类型企业有更为复杂的商业生态系统。制造型企业的产品竞争力不仅由企业自身生产和销售等环节决定，同时，原材料供应的质量水平与时效性，技术服务商所提供的运营方案可行性，以及分销商的渠道设计有效性等都会决定制造型企业产品的市场竞争力。因此，从商业生态系统的角度讲，制造业企业之间的竞争并不是单纯企业产品之间的竞争，而是蕴含在产品研发、生产、销售及售后服务等系列商业活动中的企业群体之间的竞争。

目前的商业模式创新研究大多从以下几个方面切入：（1）战略视角，将商业模式创新视为企业对现有市场竞争规则与经营方式的变革，包含对自身业务模式与管理模式的革新[1]。（2）技术视角，强调商业模式创新是新兴技术的商业化过程，是企业在新技术基础上对现有产品市场经营格局与市场竞争方式的系统变革[2]。（3）营销视角，将商业模式创新视为企业根据顾客需求的变迁，改进市场营销组合，如渠道、产品等，以持续地创造顾客价值，满足顾客潜在需求[3]。制造型企业的产业结构与竞争格局，使任何从单一视角对商业模式创新进行理解的观点都缺乏足够解释力，因而需要引入新的理论视角对制造型企业商业模式创新进行理解。

商业生态系统及其演化的理论观点为理解制造型企业商业模式创新提供了新的理论工具[4]。制造型企业市场竞争的群体性决定其商业

---

[1] Schlegelmilch B., Diamantopoulos A. & Kreuz P., "Strategic innovation: The construct, its drivers and its strategic outcomes", *Journal of Strategic Marketing*, 2003, 11 (2): 117 – 132.

[2] Chesbrough W., *Open business models*, Boston: Harvard Business School Press, 2006.

[3] Aspara J., Hietanen J. & Tikkanen H., "Business model innovation vs replication: Financial performance implications of strategic emphases", *Journal of Strategic Marketing*, 2010, 18 (1): 39 – 56.

[4] Mendelson H., "Organizational architecture and success in the information technology industry", *Management Science*, 2000, 46 (4): 513 – 529.

模式创新并不能单单从技术、战略或营销某一方面进行,而是以核心企业为中心的整体商业生态系统演化。对制造型企业而言,商业生态系统是企业与供应商、经销商,以及其他战略合作伙伴构成的企业生态网络,围绕产品的研发、制造和销售等环节实现价值创造活动①。因此,制造型企业商业模式创新本质上反映其所构建和维持的商业生态系统进行演化的创新过程。这种系统演化,既包含对商业生态系统属性的改编,如从效率型转向新颖型,又反映商业生态系统中不同角色企业位置的变化,如缝隙企业向支配企业的转变,支配企业向核心企业进行转化等。

---

① 李晓华. 商业生态系统与战略性新兴产业发展 [J]. 中国工业经济, 2013 (3): 20–32.

实证篇

第四章 制造型企业商业模式创新测度研究

本章主要从商业生态系统视角对商业模式创新进行理解,并从生态系统演化的视角,将商业模式创新划分为效率型和新颖型两类创新路径。运用规范的问卷开发流程和方法,对商业模式创新量表进行开发和检验,实现对商业模式创新的科学测量,为后续实证研究奠定工具基础。

第一节 商业模式创新的内涵界定

国内外商业模式研究大都基于不同理论视角和分析框架,对商业模式含义的理解存在不同观点,导致对商业模式创新的认识也存在不同。本书基于产业生态及其演进视角,对商业模式创新的内涵及类型进行研究。

一 商业模式创新的概念界定

(一)商业生态系统与组织创新

Hannan 和 Freeman(1977)首先提出组织生态与企业种群概念,从生态观视角对企业组织行为进行理解与探究,强调将企业种群与其依赖的外部市场环境结合起来分析问题,奠定商业生态系统的基本思想。[1] Moore(1993)首次提出商业生态系统的概念,阐述了商业生态系统的理论框架,指出:"商业生态系统由个体、组织和子系统组成,

---

[1] Hannan M. & Freeman J., "The population ecology of organizations", *American Journal of Sociology*, 1977, 82 (5): 929–964.

是一个以组织和个人相互作用为基础的经济联合体。"商业生态系统是一个复杂适应系统，也是动态变化的开放性共生系统。基于商业生态系统理论，企业不应把自己看作是独立的一员，而应把自己当作包括供应商、主要生产者、竞争者和其他利益相关者等在内的商业生态系统的成员。[①]

随着技术的快速发展，企业经营环境以及获取竞争优势的途径也随之变化，静态环境逐渐被复杂多变和充满不确定性的动态环境所替代。同时，企业内部资源整合所带来的竞争优势也逐渐被削弱，取而代之的是企业与其他利益相关群体之间日益密切的相互作用、相互影响。商业生态系统中企业的创新和发展都要依靠系统中其他参与者，以取得各自的生存能力和发展空间。商业生态系统理论打破了传统的企业之间单赢的竞争观念，强调企业的经营环境是一个联系紧密、互为依赖的共生系统，企业需要在这个环境中与其他企业共同发展。

在商业生态系统中，企业技术创新不仅依赖于企业内部的创新能力和创新资源，更多地依赖企业外部相关资源，如供应商、竞争者、客户群、消费者、研发机构以及相关部门等。企业间的技术具有关联性，通过组建联盟进行技术创新可以提高知识扩展和转换能力，联盟企业可在共享技术资源的基础上，集中各方力量进行技术创新，加快技术创新步伐。同时，企业也要借助系统内其他相关利益群体的能力和资源，利用正式或者非正式的方式进行商业模式创新。在商业生态系统内，企业拥有一定的技术基础和系统资源整合能力，可通过商业模式创新培育企业核心竞争力，从而获得创新收益。现实中企业往往过多地追求自身利益，强调技术创新在商业模式创新中的作用，而忽视了商业模式对技术创新的影响，也未考虑其他利益相关者的利益，导致创新效果不显著，甚至以失败告终。

（二）商业生态系统演进与商业模式创新

基于商业生态系统理论，企业追求的不应仅仅是自身的利益，而

[①] Moore F., "Predators and prey: A new ecology of competition", *Harvard Business Review*, 1993 (3): 75-86.

应该追求各利益方的整体利益。企业在进行技术创新和商业模式创新的过程中，与合作伙伴、客户、竞争对手以及消费者等之间相互作用、相互影响，参与者与企业构成了商业生态系统。[1] 特定商业生态系统中的企业正是通过构建自己的企业生态系统而进行技术创新与商业模式创新并获得创新收益，实现生态系统中利益相关者的共赢。

当前商业生态系统的演化为企业创新商业模式提供了新契机。[2] 商业生态系统是由企业与供应商、经销商、顾客以及其他合作伙伴（如外部研发机构等）共同构成的企业生态网络，通过连接产品研发、制造与销售等流程实现价值创造。[3] 而无论是战略视角，还是技术创新或营销视角，商业模式本质上都是反映企业与利益相关方（供应商、经销商、顾客及其他合作伙伴）进行交易的结构、内容与方式，它是企业与利益相关方交易联结模式的概念化。[4] 商业模式创新实质上就是企业对商业生态系统内现有的资源和交易网络进行创新性的优化重组。[5] 因此，从商业生态系统的视角来理解商业模式创新，更能够反映商业模式的本质和内涵。[6]

二 商业模式创新的类型分析

当前国内外研究对于商业模式创新的理解，也存在不同的分析视角：Schlegelmilch 等（2003）从战略角度将企业改变现有经营和竞争规则、重构既有业务与管理模式视为企业对商业模式的创新[7]；Ches-

---

[1] ［美］马尔科·扬西蒂、［美］罗伊·莱维恩：《共赢：商业生态系统对企业战略、创新和可持续的影响》，王凤彬等译，商务印书馆2006年版。

[2] Mendelson H., "Organizational architecture and success in the information technology industry", *Management Science*, 2000, 46 (4): 513 – 529.

[3] 李晓华：《商业生态系统与战略性新兴产业发展》，《中国工业经济》2013 年第 3 期。

[4] 李巍：《制造型企业商业模式创新与经营绩效关系研究：基于双元能力的视角》，《科技进步与对策》2016 年第 5 期。

[5] Zott C. & Amit R., "Designing your future business model: An Activity System Perspective", *Long Range Planning*, 2010, 43 (2/3): 216 – 226.

[6] Zott C. & Amit R., "The fit between product market strategy and business model: Implications for firm performance", *Strategic Management Journal*, 2008, 29 (1): 1 – 26.

[7] Schlegelmilch B., Diamantopoulos A. & Kreuz P., "Strategic innovation: The construct, its drivers and its strategic outcomes", *Journal of Strategic Marketing*, 2003, 11 (2): 117 – 132.

brough（2006）关注于企业的技术创新，认为商业模式创新是企业在技术创新的基础上对经营范式与市场规则的重新界定[①]；Aspara 等（2010）则将商业模式创新定义为企业为持续地创造顾客价值，满足顾客的潜在需求，在现有市场结构的基础上通过开发新渠道、建立新颖的业务系统或改变市场规则等方式进行的营销创新。[②] 以上观点对商业模式创新的理解虽然还未达成一致意见，但"企业通过商业模式创新能够为企业带来更好绩效水平"的观点已成为共识。

因此，本书借鉴 Zott 和 Amit（2007、2008、2010、2011）的观点，从商业生态系统内交易模式的视角，将商业模式创新区分为效率型和新颖型两类，进而探讨商业模式创新与市场效能的内在联系。其中，效率型商业模式创新是指企业在商业生态系统中实施的能够提高交易效率、降低交易成本的创造性活动；新颖型商业模式创新是指企业在商业生态系统中开发全新价值主张、构建新型交易方式和拓展交易网络的创造性活动。

第二节　商业模式创新测度的研究设计

在对商业模式创新内涵界定的基础上，本书借鉴现有理论成果，开发商业模式创新初始量表；然后运用预调研数据对商业模式创新初始量表进行科学、规范的实证检测，形成正式量表；继而进行正式调研获取研究数据对正式量表的信度与效度进行检验，以实现对商业模式创新的科学测度。

一　研究范式、方法与技术路线

（一）研究范式选择

实用主义研究范式的研究者们提出了"混合方法"（也称为"混

[①] Chesbrough W., *Open business models*, Boston: Harvard Business School Press, 2006.
[②] Aspara J., Hietanen J. & Tikkanen H., "Business model innovation vs replication: Financial performance implications of strategic emphases", *Journal of Strategic Marketing*, 2010, 18(1): 39-56.

合方法论"或"方法论混合"),力图同时包括定性路径和定量路径的因素(例如,Brewer 和 Hunter,1989;Greene,1989;Patton,1990;etc.)。综合运用定性方法和定量方法两种不同研究推理逻辑和数据收集形式的研究正在得到不断的发展。[1]

混合研究方法最早出现并运用在社会学、教育学和心理学的研究领域中,然而,在这些不同领域中最初对混合方法设计的界定都是在三角测量的名义下进行的。Creswell(1995)[2] 就曾明确地指出,混合方法设计的功能已经超出了三角测量法(意指对研究结果的聚合)。Greene 等(1989)[3] 在分析了20世纪80年代以来57篇应用混合研究方法论的论文后,指出混合方法研究设计可以达到的五大目的:(1)三角测量,即寻求研究结果的聚合;(2)补充,即检验某一现象的相同方面和不同方面;(3)创造,即发现一些谬误、矛盾或新视角;(4)推进,即依次运用不同的方法,在第一种方法得出结果后,据此接着使用第二种方法推动研究结论的深化;(5)扩展,即采取混合方法扩大研究主题的广度和范围。

由于依据混合方法研究进行设计选择时极为复杂,因而在混合方法路径上还存在一些混乱。Ulin 等(1996)[4] 根据一项跨国案例研究提出了定性和定量方法相结合的不同场景;同时,Tashakkori 和 Teddlie(1998)[5] 为了厘清这些不同式样的混合方法设计提出了一个类型学,他们将混合方法划分为三种基本类型:同等地位设计、主次设计和多层次路径设计定性方法和定量方法相结合的不同场景见图4-1。

---

[1] 约翰·W. 克雷斯威尔:《研究设计与写作指导:定性、定量与混合研究的路径》,崔延强译,重庆大学出版社2007年版。

[2] Creswell J., *Research design*: *Qualitative and quantitative approaches*, US, California: Sage Publications, 1995.

[3] Greene J., Caracelli V. & Graham W., "Toward a conceptual fremwork for mixed – method evaluation designs", *Education Evaluation and Policy Analysis*, 1989, 11 (2): 255–274.

[4] Ulin P., Waszak C. & Pfannenschmidt S., Integrating qualitative and quantitative research, Family Health International's Women's Studies Project Technical Advisory Group Annual Meeting, Raleigh, NC, 1996, 11.

[5] Tashakkori A. & Teddlie C., *Mixed methodology*: *Combining qualitative and quantitative approaches*, US, California: Sage Publications, 1998.

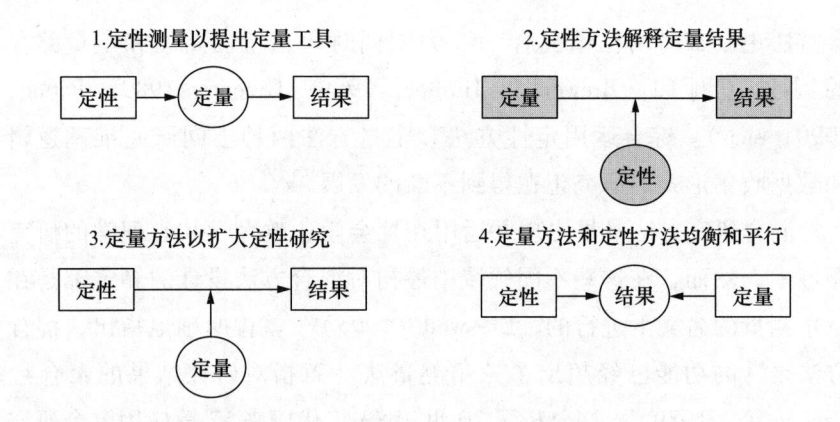

1.定性测量以提出定量工具　　　　　2.定性方法解释定量结果

定性 → 定量 → 结果　　　　　　　　定量 → 结果
　　　　　　　　　　　　　　　　　　　　↑
　　　　　　　　　　　　　　　　　　　定性

3.定量方法以扩大定性研究　　　　　4.定量方法和定性方法均衡和平行

定性 → 结果　　　　　　　　　　　　定性 → 结果 ← 定量
　↑
定量

图 4-1　定性方法和定量方法相结合的不同场景

资料来源：Ulin P., Waszak C. & Pfannenschmidt S., Integrating qualitative and quantitative research, Family Health International's Women's Studies Project Technical Advisory Group Annual Meeting, Raleigh, NC, 1996, 11: 479–503。

　　研究聚焦于制造型企业商业模式的内涵及测度，以及形成与作用机制，属于"什么事"和"怎么样"的探索性研究议题。因此，在综合分析以上研究方法特征的基础上，根据主要研究内容，以及商业模式创新概念本身的复杂性和多维性，本书借鉴 Creswell（2007）[1]，以及 Tashakkori 和 Teddlie（2010）[2] 的研究建议，采用文献研究与实证研究（量化与质化研究）相结合，运用混合方法（定量方法与定性方法相结合）的研究设计来探讨和分析所提出的研究问题。具体而言，本书选用 Ulin 等（1996）所提出的四类定性方法和定量方法相结合的场景，即定性方法解释定量结果；并运用 Tashakkori 和 Teddlie（1998）所提出的主次设计类型（顺序设计，定量为主/定性为次）的混合研究方法对相关议题进行分析和探讨。在具体操作方面，本书将采用理论导向型的定量研究思路来规划和设计具体的研究过程，随

---

[1] 约翰·W. 克雷斯威尔：《研究设计与写作指导：定性、定量与混合研究的路径》，崔延强译，重庆大学出版社 2007 年版。
[2] 阿巴斯·塔沙克里、查尔斯·特德莱：《混合方法论：定性方法和定量方法的结合》，唐海华译，重庆大学出版社 2010 年版。

后，运用定性研究方法（案例研究方法）对定量研究所得新知识和观点的现象解释和实践验证，以达到研究方法和数据的三角测量、研究结论的推进、补充和扩展，以及研究发现的创造。

（二）主要研究方法

在研究的不同环节和阶段综合运用不同研究方法，以期更有效地实现研究目标。根据研究内容、研究目的和具体研究范式的选择，本书运用的主要研究方法包括：

1. 文献分析法

文献分析法主要指收集、鉴别、整理文献，并通过对文献的研究，形成对事实科学认识的方法。对核心研究概念的确定是文献分析的基本前提和首要步骤；通过对研究所涉及关键概念的界定可以划定基础文献的分析范围和重点。[①] 基于此，商业模式创新是本书的核心概念，因此围绕这一核心概念，本书的文献分析涉及有关商业模式、商业模式创新、商业生态系统等方面的研究文献。通过对这些研究文献的归纳和梳理，确保制造型企业商业模式创新概念的基本内涵界定是建立在对现有研究文献系统整理和全面分析的基础之上。

在确定文献范围后，文献搜索工作便得以展开。本书利用中国期刊全文数据库（CNKI）、维普数据库（VIP），EBSCO、SpringerLink、JSTOR、PQDD、Elsevier、Emerald 等中外文期刊数据库，重点从中国CSSCI 来源期刊，特别是国家自然科学基金委（NSFC）指定的重要管理学期刊，以及从国外 SMJ、ASQ、AMR、JIBS、OS、JOM、JM、JMR 和 JIM 等管理学和营销学期刊中，使用"商业模式""商业生态系统""商业模式创新""转型升级""组织能力""企业家因素"及"组织因素"等中英文关键词搜索相关文献，并将所收集的文献按照主题进行归类和编号。

对于基础文献的分析，本书运用定性的综合分析方法（相对于元分析等定量的文献综合分析方法）对相关文献进行梳理和归类，主要依据以下整理标准：

[①] 哈里斯·库珀：《如何做综述性研究》，刘洋译，重庆大学出版社 2010 年版。

（1）将基础理论相同的文献进行梳理和归类。对于运用相同理论基础的文献，例如商业模式创新、组织因素、企业家因素、组织能力、制造型企业转型升级，以及环境动荡性等研究文献进行统一的归类和整理。

（2）将相同主题的研究文献按照特定的指标进行归类整理。研究将有关商业模式及创新研究按照内涵、结构维度、前置影响因素、与绩效的关系等标准对文献进行分类整理。通过全面和系统的文献梳理来寻找理论空白点和研究结合点，并逐步进行研究构思，确定研究议题和分析框架。

2. 问卷调查法

问卷调查法也称问卷法，它是研究者运用统一设计的问卷（或量表）向通过抽样方法选取的被研究对象了解情况或征询意见的调查方法。研究者将所要研究的问题编制成问题表格，以邮寄方式、当面作答或者追踪访问方式填答，从而了解被调查者对某一现象或问题的看法和意见。

尽管运用科学的流程进行调研问卷设计和开发能够在很大程度上保障调研的准确性，但是，在实际操作过程中仍然存在一系列的随机因素会干扰甚至影响调研的质量。Bradburn 等（2004）[1]总结了在问卷调查过程中可能导致问卷回答者对问卷问项做出非精确性回答的四种情况：（1）问卷回答者并没有掌握或者不清楚回答相关问项的信息；（2）问卷回答者不能够准确地回忆回答相关问项的信息；（3）由于种种原因，问卷回答者虽然知道回答相关问项的信息，但是不愿意准确地进行回答；（4）问卷回答者不能准确地理解相关问项的含义。虽然在实际操作过程中不可能完全地消除以上四种情况，但是采取相应的措施来有效地降低以上情况的发生可能性，以及以上情况对问卷回答准确性的影响程度是可能的，并且非常关键。

为了避免第一种情况，本书在调研问卷的第一部分中设置甄别题

---

[1] Bradburn N., Sudman S. & Wansink B., *Asking questions: The definitive guide to questionnaire design*, US, John Wiley & Sons, Inc., 2004.

项，要求填写该问卷的是样本企业的营销部经理以上（包括企业总裁、营销副总，以及掌握企业营销信息的其他高级管理者）的管理人员，其他人员终止问卷填写。为了避免第二种情况，本书在问卷问项设计方面尽量考察企业当期情况，或者相隔时间较短的过去信息，从而尽量避免引起后视偏见。为了防止自愿性带来的若干负面问题（即第三种情况），本书在问卷引导语和填写说明中特别强调本书是基于纯粹的学术目的，研究内容不涉及企业的商业机密，以及企业和个人的其他任何敏感问题，调查所获取的信息也不会用于任何商业目的。

同时，本书向被调查企业承诺，若对本项研究及相关结论感兴趣，可以通过电子邮件将研究结论反馈企业。为了防止第四种情况的出现，本书在问卷开发和设计过程中，通过与企业管理者进行交流，对问卷具体题项的表达方式、用语进行适应性修改，以便让问卷回答者准确地理解所问内容，尽量排除问项难以理解或者表达意思不够明确的多种可能性。

（三）研究技术路线

科学、合理的技术路线是研究方法得以有效实施的基础保障。技术路线是指研究者为探索研究问题，并达到最终研究目的准备采取的基本研究途径。它具体包括研究方法、具体实现步骤，以及解决关键问题的具体方法与技术等。根据上述的研究内容界定和主要研究方法的选择，本书设计了包含五个基本技术步骤的技术路线。这五个步骤是研究主题凝练、分析单元界定、研究工具设计、研究数据收集和研究数据分析；每个步骤中所要开展的具体工作和所运用的研究方法或分析技术如图4-2所示。

二　问卷开发的方法路径

问卷开发依赖于研究模型中涉及的各种概念或变量属性与特征，其重点在于尽可能地采用最优问项或条目来测量研究所涉及的各类概念或变量。从本质而言，问卷开发实质上是选择、测验并确定测量条目，即问项的过程。因此，研究问项的发展是问卷开发的核心工作。

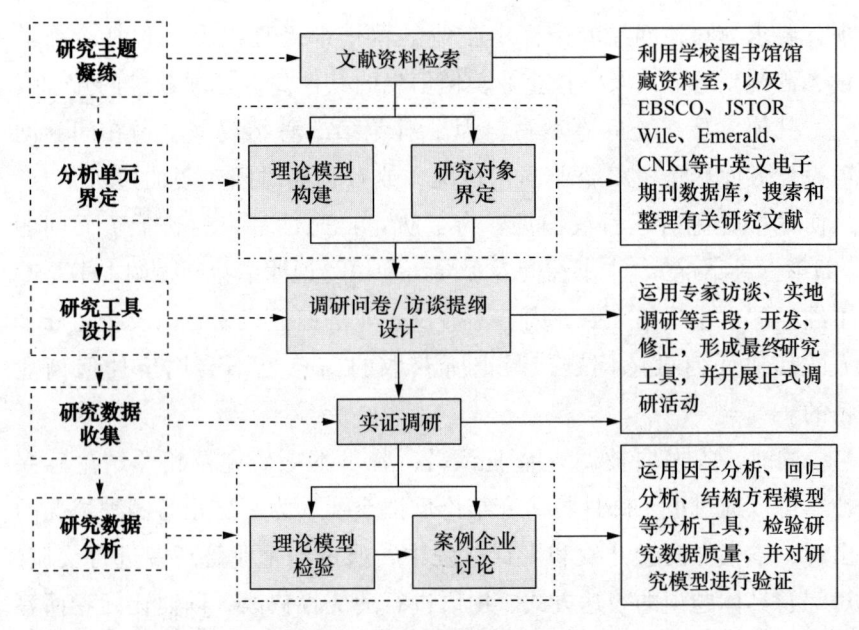

图 4-2　本书的技术路线

资料来源：本书设计。

Farth 等（2006）[1] 总结了在中国的管理研究中获取测量问项的四种路径（见表 4-1）。

表 4-1　中国管理研究中测量开发的四种路径

开发路径	关键假设	主要优点	主要局限
直接翻译路径	·目标概念的界定和内容维度，以及内容维度的实证表现在不同文化背景下是一致的 ·对目标概念有着高质量测量，且没有文化偏差的量表容易获得	·低水平的开发时间和成本 ·保障测量具备高水平等值性 ·可以对研究结论进行直接的跨文化比较	·难以实现在翻译过程中语意上的对等性 ·难以在西方文献中找到完全没有文化偏差的测量

---

[1] Farth J., Cannella A. & Lee C., "Approaches to scale development in Chinese management research", *Management and Organization Review*, 2006, 2 (3): 301-308.

续表

开发路径	关键假设	主要优点	主要局限
修正路径	・对目标概念的界定和内容维度在不同文化背景下是一致的 ・对目标概念有着高质量测量的量表容易获得	・相对而言比较省时、省力 ・较为容易地就研究结论进行跨文化沟通	・难以进行跨文化研究 ・修改过多可能形成一个新量表，要求在中国情境下检验其效度
去情景路径	・目标概念适用于多种文化背景，或者文化背景对其影响作用不显著 ・现有文献中缺乏对目标概念测量的高质量量表	・有助于对目标概念进行更具体的测量 ・比较容易就研究结论进行跨文化沟通	・较长的开发时间和较高的开发成本 ・量表的问项表述需要具备较高的抽象水平，从而限制其信息和实践价值
情景化路径	・目标概念与其所在文化背景密不可分 ・现有文献中缺乏对目标概念测量的高质量、区别性量表	・有助于发展出高度适合中国情景的量表 ・有助于为中国式管理形成具备特定情景的知识	・较长的开发时间和较高的开发成本 ・新量表具有地域性限制 ・很难将研究结论与西方文献对接

资料来源：Farth J., Cannella A. & Lee C., "Approaches to scale development in Chinese management research", *Management and Organization Review*, 2006, 2 (3): 301 - 308。

通过对四种路径的比较可以发现，在中国管理研究中的问卷开发（问项发展）应该主要考虑和权衡两个方面的问题：一方面涉及的是翻译修改国外文献中的问卷和问项，还是进行重新开发；另一方面则涉及在特定研究议题下，中西方文化所具备的特殊性判断。

考虑到直接翻译路径和情景化路径的局限性，以及本书所涉及的主要议题存在文化差异性的问题，本书选择修正路径进行问项形成和问卷开发，即通过对国外现有文献中的本书目标概念测量问项进行部分修改的方式来进行问卷开发。这种问项形成和问卷开发方法不仅能有效地保障新问项与目标概念和测量内容之间的对等性，还能根据本书需要对不适合部分进行修改，比如剔除不适合的测量指标、改变问项文字表述等。①

三 问卷开发的基本流程

在确定研究问项形成路径后，开始进行问卷设计和开发。科学的问卷开发步骤有利于在研究过程中避免因缺乏测量信度所带来的随机误差，以及因缺乏测量效度而引发的系统误差。对于问卷设计和开发的规范步骤，Churchill（1979）②系统地归纳了问卷设计（测量问项）开发流程；他认为问卷测量条目开发工作应遵循以下三个基本步骤：（1）利用文献研究明确研究建构的操作化内涵与测量条目；（2）与理论界和实践界的专家分别地进行焦点小组讨论；（3）通过探测性调研对测量条目进行优化，最终确定调查问卷的内容和形式。根据Churchill（1979）的观点，本书对问卷设计流程进行了科学和严谨的规划和设计（见图4-3）。

问卷开发流程包括以下五个基本阶段：

（1）构建概念模型。2014年9月至2015年3月，阅读并梳理有关商业模式创新、制造型企业转型升级、组织因素、企业家因素，以及组织能力和环境动荡性等方面的研究文献。在系统总结和梳理文献的基础上形成研究问题，并设计概念性研究模型，进而明确了有待测量的理论框架与关键概念。

（2）形成测量问项。2015年4月，根据先前所进行的文献梳理结论有针对性地归纳对目标概念的测量问项，并运用中英互译的方法将英文问项对等地转换为中文问项，形成本书测量所需的核心概念测量问项库，然后根据本书的议题和思路，从问项库中筛选问项，从而形成研究问卷的初稿。

（3）征求专家意见。2015年5月至7月，借助所在学术团队的定期交流活动向有关5位专家就问卷的条目设计、措辞和问卷文本设

---

① ［美］罗伯特·F. 德威利斯：《量表编制：理论与应用》（第2版），魏永刚、龙长权、宋武译，重庆大学出版社2004年版。

② Churchill G., "A paradigm for developing better measures of marketing constructs", *Journal of Marketing Research*, 1979, 16 (1): 64-73.

计等方面的问题征求意见；同时，基于方便取样的原则，对5家企业管理者进行半结构化访谈，就研究模型及问项测量的表面效度、问卷措辞，以及本书的关键议题征求意见。最后，在汇总理论研究者和实践工作者的相关意见后对问卷进行修改，形成预调研问卷。

```
1.构建概念模型  →  理论框架与关键概念
      ↓
2.形成测量问项  →  问卷初稿
      ↓
3.征求专家意见  →  初测问卷
      ↓
4.研究问卷初测  →  正式调研问卷
      ↓
5.正式问卷调查
```

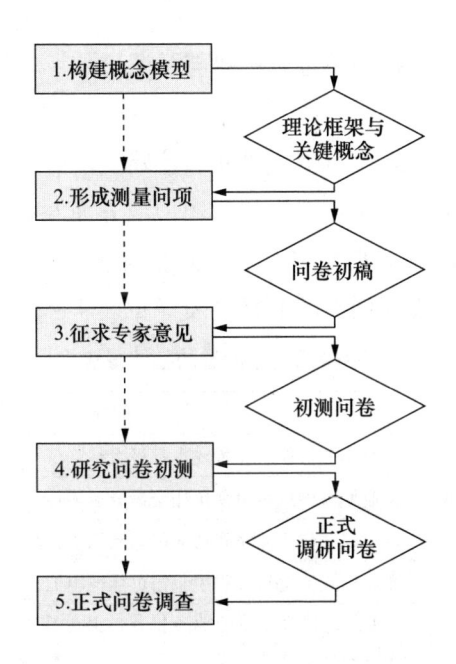

图4-3 本书问卷开发的基本流程

资料来源：本书设计。

（4）研究问卷初测。2015年8月，向重庆某机构举办的"制造冠军"高级管理研修班发放调研问卷100份，指导学员填写并当场回收问卷100份，并对不合格问卷进行检查，立即复核。因此，预调研有效问卷为100份。根据预调研结果对问卷进行修正，最终形成本书的正式调研问卷（见附录）。

（5）正式问卷调研。2016年2月至3月，在重庆某市场研究的协助下，运用正式调研问卷展开研究数据收集工作。

此外，根据以往研究经验，在量表编制过程中，最好是多包含一些题项，而且量表编制者应该避免编写太长的题项，因为长度往往会增加复制性而降低清晰性。① 因此，本书不使用一个问项去测量相关概念。

第三节　商业模式创新的量表开发

一　商业模式创新初始量表构建与预调研

（一）初始量表形成

在商业模式创新内涵与维度研究的基础上，借鉴 Zott 和 Amit 开发的商业模式创新量表，从效率型和新颖型两方面对商业模式创新进行测量。同时，结合中国制造型企业实际情况，对问项进行适当改编，形成本书测量商业模式创新的初始量表（见表 4-2）。

表 4-2　　　　　　商业模式创新测量的初始量表

核心概念	序号	问项
效率型商业模式创新	BM01	企业业务伙伴的存货成本都极大地降低
	BM02	企业尽可能从客户视角让交易变得简单
	BM03	企业与合作伙伴之间加强信息和知识共享
	BM04	商业模式使交易过程中犯错可能性很低
	BM05	商业模式降低了企业业务伙伴的其他成本（如营销和销售、沟通、交易处理等）
	BM06	商业模式使业务伙伴能够有充分信息进行决策
	BM07	商业模式降低了业务伙伴之间的信息不对称性
	BM08	企业与业务伙伴之间充分共享市场信息，加强合作
	BM09	企业与业务伙伴交易是透明的，现金流、信息使用、服务及产品等能够被清楚地核查
	BM10	作为交易一部分，信息充分提供给交易伙伴，以降低他们所交易产品或服务评价时的信息不对称程度
	BM11	商业模式使交易各方的满意度上升
	BM12	商业模式使需求变得集中和稳定
	BM13	商业模式使交易更迅速而高效

---

①　[美] 罗伯特·F. 德威利斯：《量表编制：理论与应用》，魏勇刚等译，重庆大学出版社 2004 年版。

续表

核心概念	序号	问项
新颖型 商业模式创新	BM14	商业模式提供新的产品、服务和信息组合
	BM15	商业模式带来新的业务伙伴
	BM16	商业模式创造新的顾客价值
	BM17	交易中,对业务伙伴提供了新的激励措施
	BM18	交易中,业务伙伴产生了新的派生需求
	BM19	商业模式让更多业务伙伴参与进来,以创造更好产品
	BM20	商业模式用新型的方式联结交易参与各方
	BM21	商业模式用新型的方式产生新的交易网络
	BM22	知识产权和专利技术在企业与业务伙伴交易中扮演重要角色
	BM23	企业在本产业中积极借鉴其他产业的创新型交易模式
	BM24	企业在现有商业模式中持续地引入创新想法与行为

资料来源:本书计算整理。

(二) 预调研

研究对内容分析所得到的典型陈述条目措辞进行细微修改后,形成包含24个问项的商业模式创新初始量表。量表所有测量问项均运用Likert七点量表来评估(1=非常不同意,7=非常同意)。

初始量表预测试的研究数据来源于重庆某机构举办的"制造冠军"高级管理短期研修班,该培训项目主要面向重庆地区制造型企业高级管理者,培训对象均为重庆所辖市级工业园区制造型企业中高级管理者,与本书的对象契合度非常高。研究向该班学员发放调研问卷100份,指导学员填写并当场回收问卷100份,并对不合格问卷进行检查,立即复核。因此,预调研有效问卷为100份。样本企业情况如表4-3所示。

二 初始量表纯化与结构化检验

研究对商业模式创新初始量表的结构进行探索性因子分析。在因子分析前,首先进行项目分析,以对测量问项进行提纯。第一步,对初始问项进行难度值检测。24个问项的难度值在0.41—0.95,删除难度值超过 0.90 的 4 个项目。第二步，对剩下 20 个问项进行独立样本 t 检验，以考察问项的区分度。3 个项目没有达到 0.05 显著水平，予以删除。通过以上纯化步骤形成包含 17 个问项的商业模式创新初始量表。

表 4-3　　　　　　　预调研样本企业情况（n=100）

企业年龄	3 年以下		3—7 年		8—12 年		12 年以上		合计
	37	37%	28	28%	24	24%	11	11%	100
企业规模	100 人以下		101—300 人		301—500 人		500 人以上		合计
	42	42%	26	26%	23	23%	9	9%	100

资料来源：本书计算整理。

在探索性因子分析中，根据 Widaman（1993）的方法建议[1]，使用主轴因子法提取因子，同时考虑到各维度间可能存在相关性，运用 Promax 转轴法进行斜交旋转处理。数据结论显示，Bartlett 球形检验值为 1368.725（$p<0.001$），KMO 值为 0.792，表明相关矩阵不为单位矩阵，该量表适合做因子分析。根据特征值与碎石图结果确定抽取因素的数目，并将判断是否保留一个问项的标准定为：（1）该测量问项在某因子上的载荷超过 0.5 水平；（2）该测量问项不存在交叉负荷，即在两个因子上的负荷之差大于 0.2 水平。

探索性因子分析结论显示（见表 4-4），抽取两个因子是最合理的，双因子累积方差贡献率达到 77.59%。从因子结构上看，因子 1 有 9 个问项，均为测量"效率型商业模式"；因子 2 有 8 个问项，均为测量"新颖型商业模式"。因此，可以认为，本量表所测量的商业模式创新包含效率型和新颖型两个维度。

研究使用 Cronbach's α 值评价量表的内部一致性。数据显示，商

---

[1] Widaman F., "Common factor analysis versus principal component analysis: Differential bias in representing model parameters", *Multivariate Behavioral Research*, 1993, 28 (2): 263-311.

业模式创新量表的整体 α 值为 0.853，两大维度的 α 值均高于 0.7 水平。结论表明，包含 17 个问项的商业模式创新量表具有很好的内部一致性水平。

表 4-4　营销动态能力初始量表的探索性因子分析（n=100）

测量问项	因子1	因子2	特征值	解释方差比例（%）	累积解释方差比例（%）	因子命名	α 值
BM03	0.893						
BM07	0.882						
BM09	0.835						
BM04	0.798					效率型商业模式创新	
BM08	0.753		9.263	53.86	53.86		0.864
BM01	0.716						
BM06	0.685						
BM02	0.652						
BM05	0.631						
BM15		0.854					
BM11		0.827					
BM14		0.803					
BM10		0.795	7.395	23.73	75.59	新颖型商业模式创新	0.825
BM16		0.758					
BM13		0.714					
BM17		0.697					
BM12		0.653					

资料来源：本书计算整理。

三　正式调研与量表结构分析

（一）正式调研样本情况

在完成量表开发与预测试，并根据调查过程和结果中反映出的问题对量表问项措辞进行细微修改后，形成商业模式创新的正式量表。为进一步增强量表的科学性，研究通过大样本书数据的收集和分析，对量表有效性进行检验。

在正式调研中,样本企业选择的具体标准为依据《国民经济行业分类》(GB/T4754—2002)中的制造业分类标准(C 类),涵盖 31 大类企业。数据收集通过两种方式进行:方式一,在北京市某大学的 EMBA 班和 MBA 班,向符合条件的学员发放问卷,在指导其填写问卷后进行回收,共发放问卷 100 份,回收有效问卷 95 份。方式二,在专业市场研究公司协助下,对重庆市三个工业园区的企业进行调查,向符合条件的企业负责人发放问卷,共发放问卷 400 份,回收 153 份,其中有效问卷 97 份。研究共发放问卷 500 份,回收 192 份有效问卷,有效回收率为 38.40%。正式调研样本企业情况见表 4-5。

表 4-5　　　　　正式调研样本企业情况(N = 192)

大类代码	13	14	15	19	24	26	27	34	35	39	40	其他
数量	11	24	13	21	15	17	19	20	10	12	11	19
企业年龄	3 年以内					3—8 年					8 年以上		
数量	45					84					63		
企业规模	100 人以下					101—500 人					501—1000 人		
数量	39					72					81		

注:大类代码对应具体分类信息见《国民经济行业分类》中 C 类制造业。

为检测样本企业代表性,以及避免非回应偏差问题,本书对不同方式收集的问卷进行差异化检验,以及对有效问卷与无效问卷 T 检验。结论表明样本数据具有很好代表性,且非回应偏差问题对后续分析结果的影响可以忽略。

(二) 正式量表结构分析

探索性因子分析已表明本书中商业模式创新包含效率型和新颖型两大基本维度。商业模式创新量表开发中这两类维度是否可以界定为独立的维度,是否存在第三种维度的可能性,或者,有可能商业模式创新本身就是一个单因子结构。因此,为验证两维度结构模型是否是商业模式创新的最佳测量模型,研究根据 Anderson 和 Gerbing(1988)方法建议[①],通过验证性因素分析对双因子模型与单因子模型、三因子模型分别进行比较,以确定最佳匹配模型。

研究运用 LISREL8.7 软件对数据进行验证性因子分析。因假设模型和备择模型是嵌套的,为比较不同模型的拟合水平,除了卡方检验、近似误差指数(RMSEA)、拟合优度指数(GFI),以及相对拟合指数(CFI)等重要指标值也进行比较。数据结论显示(见表4-6)。双因子模型明显优于单因子模型和三因子模型,且双因子模型各项指标值均达到或优于标准值。因此,将商业模式创新划分为效率型和新颖型两类因子是比较理想的测量模型。

表4-6　　　　不同模型间的验证性因子分析(n=192)

模型	χ^2	df	χ^2/df	RMSEA	GFI	CFI
1. 单因子模型	1783.526	88	20.267	0.302	0.471	0.326
2. 双因子模型	94.278	52	1.813	0.065	0.924	0.917
3. 三因子模型	385.648	65	5.933	0.117	0.792	0.803

资料来源:本书计算整理。

四　商业模式创新量表信效度检验

(一)量表的信度检验

研究除了运用 Cronbach's α 值来考察测量问项之间的同质性水平,还运用复相关平方(SMC)对每个问项的信度水平进行评估。数据结论表明(见表4-8),营销动态能力三大维度的 α 值位于 0.872—0.907,均超过 0.7 标准值;测量问项 SMC 值均优于 0.5 水平,营销动态能力量表的信度水平比较理想。

(二)量表的效度检验

对量表收敛效度水平的检验运用验证性因子分析方法进行。在输

[①] Anderson C. & Gerbing W.,"Structural equation modeling in practice: A review and recommended two-step approach",*Psychological Bulletin*,1988,103(3):411-423.

出验证性因子分析模型中,卡方值与自由度之比为1.813,处于1.0—2.0的理想区间;GFI和AGFI分别为0.924和0.913,均优于0.9指标值;RMSEA为0.065,小于0.08标准值,以上指标值表明模型拟合度达到较高水平。全部问项的标准化因子载荷(FL)均超过0.5水平,各维度组合信度(CR)也优于0.7标准值,平均提炼方差(AVE)超过0.5标准值水平。各项指标均达到或优于标准值(见表4-7),表明量表的收敛效度达到理想水平。

表4-7　　　　测量信度及收敛效度检验结果(n=192)

核心概念	测量问项	FL	SMC	α值	AVE
效率型商业模式创新	企业业务伙伴的存货成本都极大地降低	0.803	0.547	0.836	0.561
	企业尽可能从客户视角让交易变得简单	0.616	0.618		
	商业模式使交易过程中犯错可能性很低	0.704	0.642		
	商业模式降低了企业业务伙伴的其他成本(如营销和销售、沟通、交易处理等)	0.782	0.581		
	商业模式使业务伙伴能够有充分信息进行决策	0.664	0.574		
	企业与业务伙伴交易是透明的,现金流、信息使用、服务及产品等能够被清楚地核查	0.752	0.646		
	作为交易一部分,信息充分提供给交易伙伴,以降低他们所交易产品或服务评价时的信息不对称程度	0.683	0.613		
	商业模式使需求变得集中和稳定	0.774	0.608		
	商业模式使交易更迅速而高效	0.695	0.657		

续表

核心概念	测量问项	FL	SMC	α值	AVE
新颖型商业模式创新	商业模式提供新的产品、服务和信息组合	0.765	0.628	0.891	0.594
	商业模式带来新的业务伙伴	0.782	0.597		
	交易中,对业务伙伴提供了新的激励措施	0.694	0.603		
	商业模式让更多业务伙伴参与进来,以创造更好产品	0.803	0.615		
	商业模式用新颖的方式联结交易参与各方	0.752	0.647		
	知识产权和专利技术在企业与业务伙伴交易中扮演重要角色	0.781	0.661		
	企业在本产业中积极借鉴其他产业的创新型交易模式	0.826	0.584		
	企业在现有商业模式中持续地引入创新想法与行为	0.735	0.537		

资料来源:本书计算整理。

运用验证性因子分析进行嵌套模型配对比较,来验证量表的判别效度。将效率型商业模式创新与新颖型商业模式创新进行配对验证。数据结论显示(见表4-8),配对值的差均达到显著水平($p<0.001$),表明非限制模型与数据的拟合水平比较理想,将商业模式创新划分为两类具体模式得到数据支持。因此,商业模式创新量表的判别效度也达到较高水平。

表4-8　商业模式创新各维度的判别效度检验($n=192$)

研究维度	配对维度	非限制模式 χ^2	df	限制模式 χ^2	df	$\Delta\chi^2$
效率型商业模式创新	新颖型商业模式创新	137.164	54	295.725	56	264.682***

注:***表示在$p<0.001$水平上具有统计显著性。
资料来源:本书计算整理。

(三) 二阶验证性因子分析

一阶验证性因子分析结论表明，各因子之间存在较高相关性，可以进一步采用二阶验证性因子分析方法，以提炼出更为高阶的公因子。相对于一阶验证性因子分析，二阶验证性因子分析能够反映更深层次的潜在因素。通过对商业模式创新两大内容维度进行二阶因子验证，结果表明（见表4-9），验证模型的拟合水平比较理想，二阶因子联结到每个一阶因子的标准化路径系数均大于0.7水平。因此，可以认为效率型商业模式创新和新颖型商业模式创新两大维度能够很好地收敛于商业模式创新这一更高层面概念。

表4-9　二阶验证性因子分析拟合度指数（n=192）

指标		模型值	标准值	指标		模型值	标准值
绝对拟合度	χ^2/df	1.482	<2.0	增值拟合度	CFI	0.913	>0.9
	P	0.000	<0.05		NFI	0.919	>0.9
	RMSEA	0.044	<0.08		TFI	0.923	>0.9
	GFI	0.932	>0.9	简约拟合度	PGFI	0.658	>0.5
	AGFI	0.925	>0.9		PNFI	0.614	>0.5

资料来源：本书计算整理。

通过以上数据分析和量表验证过程，形成包含17个问项的商业模式创新测量工具，涵盖效率型商业模式创新（9个问项）和新颖型商业模式创新（8个问项）两方面。商业模式创新的科学测度为后续实证研究提供了工具基础。

第四节　研究小结

依据商业生态系统理论，企业追求的不应仅仅是自身的利益，而应该追求各利益方的整体利益。企业在进行技术创新和商业模式创新的过程中，与合作伙伴、客户、竞争对手以及消费者等之间相互作用、相互影响，参与者与企业构成了企业生态系统。特定商业生态系统中的企业正是通过构建自己的企业生态系统而进行技术创新与商业模式创新并获得创新收益，实现生态系统中利益相关者的共赢。

当前商业生态系统的演化为企业创新商业模式提供了新契机。商业生态系统是由企业与供应商、经销商、顾客以及其他合作伙伴（如外部研发机构等）共同构成的企业生态网络，通过链接产品研发、制造与销售等流程实现价值创造。而无论是战略视角，还是技术创新或营销视角，商业模式本质上都是反映企业与利益相关方（供应商、经销商、顾客及其他合作伙伴）进行交易的结构、内容与方式，它是企业与利益相关方交易联结模式的概念化。商业模式创新实质上就是企业对商业生态系统内现有的资源和交易网络进行创新性的优化重组。

从商业生态系统及其演化视角理解商业模式创新，有别于以往从战略管理、技术创新和营销创新视角对商业模式创新的理解。这种理解不仅丰富了商业模式创新内涵研究，深化了对商业模式创新类型的理解，更契合企业中国制造型企业的管理实践和产业环境，能够为企业转型升级带来有益启示。

第五章 组织因素与制造型企业商业模式创新

本章从组织因素视角，将战略导向与组织学习两类组织因素视为商业模式创新的重要前置变量，同时考察环境动荡性对组织因素与商业模式创新关系的调节效应，通过来自中国制造型企业的大样本数据进行实证分析，构建组织因素与商业模式创新之间的逻辑关系（如图5-1所示）。

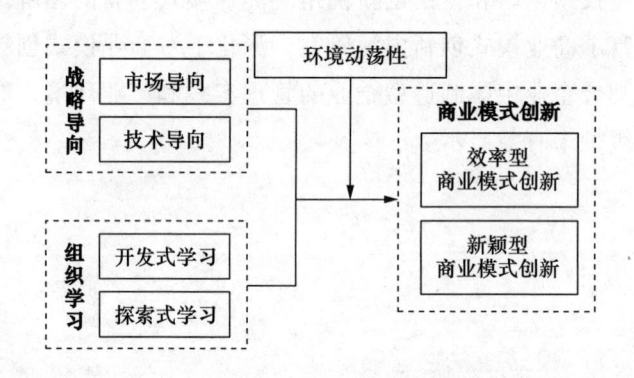

图 5-1 组织因素与商业模式创新关系模型

第一节 组织因素的驱动效应

本书从组织因素中的战略导向与组织学习两方面分析其对制造型企业商业模式创新的重要驱动效应。战略导向是从市场导向与技术导向两方面进行解构，组织学习是从开发式学习和探索式学习两方面进行分析，同时还是考察环境动荡性对组织因素驱动作用的调节效应，以此构建组织因素驱动制造型企业商业模式创新的关系模型。

一 战略导向与商业模式创新

（一）战略导向的基本内涵

战略导向能够真实地反映企业运营活动的基本哲学，它植根于指导企业持续提升绩效的整套价值观与信念之中；这套价值观和信念从根本上影响着企业组织行为的原则与方式。从组织战略规划和资源匹配视角看，战略导向规定着企业资源与能力的运用方式与方向。[①] 因此，战略导向成为国内外研究者关注的重要议题。现有研究已经从不同角度对战略导向进行分析，使战略导向的基本内容探讨呈现多样化趋势（见表5-1）。

表5-1　　　　战略导向基本内容的主要研究汇总

研究者	战略导向的基本内容	文献来源
Gatignon 和 Xuereb（1997）	技术导向、创新导向	*Journal of Marketing Research*
Voss 和 Voss（2000）	顾客导向、竞争者导向、产品导向	*Journal of Marketing*
Chad（2005）	市场导向	*International Review on Public and Nonprofit Marketing*
Li（2005）	市场导向、技术导向、创业导向	*Asia Pacific Journal of Management*
Zhou 等（2005）	市场导向、技术导向、创业导向	*Journal of Marketing*
赵更申等（2006）	企业家导向、市场导向	《当代经济科学》
Zhou 和 Li（2007）	市场导向（顾客导向、竞争者导向）、创业导向、技术导向	*Asia Pacific Journal of Management*
高展军（2007）	市场导向、企业家导向	《科学管理研究》
刘训峰等（2008）	企业家导向、市场导向	《当代经济科学》

[①] Gatignon H. & Xuereb Jean – Marc, "Strategic orientation of the firm and new product performance", *Journal of Marketing Research*, 1997, 34 (1): 79 – 90.

续表

研究者	战略导向的基本内容	文献来源
Frishammar 和 Andersson（2009）	市场导向、创业导向	Journal of International Entrepreneurship
杨智等（2009）	市场导向、创新导向	《科学学研究》
刘益等（2010）	市场导向、企业家导向	《管理科学学报》
Altindag 等（2011）	客户导向、创新导向、创业导向、学习导向	Eurasian Business Review
Srivastava 等（2012）	创业导向、技术导向、市场导向	Journal of Marketing Theory & Practice
耿紫珍等（2012）	市场导向、企业家导向	《南开管理评论》
秦令华等（2012）	探索型战略导向、防御型战略导向	《南开管理评论》
朱秀梅等（2012）	学习导向、市场导向、创业导向、技术导向	《科学学研究》
Odorici 和 Presutti（2013）	学习导向、市场导向、创业导向	Journal of International Entrepreneurship
Kwak（2014）	技术导向、创业导向、学习导向	Emerging Markets Finance & Trade
Balodi（2014）	创业导向、市场导向	European Business Review
魏江等（2014）	市场导向、创业导向	《科学学研究》
Morgan 等（2015）	创业导向、市场导向	International Small Business Journal
吴晓波等（2015）	市场导向、创业导向	《科学学研究》
李巍（2015）	市场导向、技术导向	《科研管理》
贾建锋等（2015）	成本导向型、创新导向型和质量导向型	《管理世界》
彭正龙等（2015）	创新导向、市场导向	《经济管理》
Deutscher 等（2016）	创业导向、市场导向、学习导向	Journal of Business Research
Dutot 和 Bergeron（2016）	创业导向、顾客导向	Journal of Small Business and Enterprise Development

资料来源：本书整理。

通过以上总结可以看出，国内外研究者已经从市场导向、学习导向、创业导向、技术导向等多个层面或类型对战略导向的基本内容进行探究。Drucker（1954）曾旗帜鲜明地指出，企业有且仅有两项基本职能——营销和创新；这一论断适用于所有企业，对当前中国制造型企业现状尤其贴切。[1] 当前技术与经济环境下，制造型企业面临着比一般企业更为复杂的挑战：创新扩散过程减速，产品生命周期缩短，以及技术与市场不确定性增强。[2] 由于中国制造型企业所面临的复杂环境要求精细化营销和创造性产品，聚焦于市场需求和关注技术累积都是非常重要的工作，因此市场和技术是其战略导向的核心内容。[3]

市场导向是一种将顾客利益置于首位的组织文化，是顾客导向、竞争者导向和跨部门协调的统一体[4]，它通过关注市场需求，获取和运用市场信息，以创造和传递超额顾客价值。现有研究已经充分证实，市场导向对企业经营绩效具有显著的促进作用。[5] 同时，研究也证实，市场导向有助于推动企业产品创新[6]，对新产品开发绩效也具有积极的影响作用[7]。此外，市场导向能够强化企业产品—市场开发与利用，增强企业在产品竞争和市场竞争方面的优势。[8]

---

[1] Mohr J. & Sarin S., "Drucker's insights on market orientation and innovation: Implications for emerging areas in high – technology marketing", *Journal of the Academic Marketing Science*, 2009, 37 (1): 85 – 96.

[2] Goldenberg J., Libai B. & Muller E., "Riding the saddle: How cross – marketing communications can create a major slump in sales", *Journal of Marketing*, 2002, 66 (4): 1 – 16.

[3] Gatignon H. & Xuereb Jean – Marc, "Strategic orientation of the firm and new product performance", *Journal of Marketing Research*, 1997, 34 (1): 79 – 90.

[4] Narver J. & Slater S., "The effect of market orientation on business profitability", *Journal of Marketing*, 1990, 54 (4): 20 – 35.

[5] 谢洪明：《市场导向与组织绩效的关系：组织学习与创新的影响——珠三角地区企业的实证研究》，《管理世界》2006 年第 2 期。

[6] Ellis P., "Market orientation and performance: A meta – analysis and cross – national comparison", *Journal of Management Studies*, 2006, 43 (5): 1089 – 1107.

[7] Kyriakopoulos K. & Moorman C., "Tradeoffs in marketing exploitation and exploration strategies: The overlooked role of market orientation", *International Journal of Research in Marketing*, 2004, 21 (3): 219 – 240.

[8] Atuahene – Gima K., "Resolving the capability – rigidity paradox in new product innovation", *Journal of Marketing*, 2005, 69 (4): 61 – 83.

技术导向则不同于市场导向的"顾客牵引"理念,它反映企业所秉持的"技术推动"哲学;技术导向观念认为顾客青睐于技术性能出众的产品和服务[1],企业聚焦于产品技术开发及其有效商业化,有助于赢得顾客和市场竞争。技术导向能够使企业通过持续积累技术知识,建立新的技术解决方案和产品规划,以回应或刺激顾客新需求。因此,技术导向除了对技术资产累积,以及技术能力提升具有重要价值以外,它在提升企业营销能力,并创造和传递顾客价值,从而建立和维持顾客关系方面同样具有关键作用。[2] 此外,还有研究证实,技术导向通过新产品开发和技术商业化,有助于企业获取更好的竞争优势,并在市场上占据主动地位,进而对强化企业市场效能产生效果和效应。[3] 由此可见,市场导向和技术导向对中国制造型企业适应动荡竞争环境,获取和维持竞争优势具有关键作用。

然而,市场导向与技术导向作为企业战略导向的重要内容,二者却存在潜在冲突:一方面,市场导向是企业聚焦于外部市场需求的文化观念或行为状态,它强调组织高度关注市场需求,通过市场信息的获取、扩散和响应以实现利润创造与顾客价值维护。[4] 另一方面,技术导向则是一种技术驱动市场需求的组织价值观念,它聚焦于产品研发活动,积极推动企业致力于获取和发展大量新兴技术资源,并将这些新技术和工艺应用于新产品开发。[5] 可见,市场导向与技术导向分属于"市场引领技术"和"技术驱动市场"两类战略导向,它们具有不同的内部焦点和外在特征,需要不同的组织文化、操作流程和资

---

[1] Wind J. & Mahajan V., "Issues and opportunities in new product development: An introduction to the special issue", *Journal of Marketing Research*, 1997, 34 (2): 1–12.

[2] 杨智、张茜岚、谢春燕:《企业战略导向的选择:市场导向或创新导向——基于湖南省高新技术开发区企业的实证研究》,《科学学研究》2009 年第 2 期。

[3] Garcia R. & Calantone R., "A critical look at technological innovation typology and innovativeness terminology: A literature review", *Journal of Product Innovation Management*, 2002, 19 (2): 110–132.

[4] Jaworski, B. and Kohli A., "Market orientation: Antecedents and consequences", *Journal of Marketing*, 1993, 57 (7): 53–70.

[5] Wind J. & Mahajan V., "Issues and opportunities in new product development: An introduction to the special issue", *Journal of Marketing Research*, 1997, 34 (2): 1–12.

源配置，难以同时兼顾①，因而权衡取舍看似成为企业因资源有限的理性选择。本书则从市场导向与技术导向两方面探讨战略导向对商业模式创新的驱动作用及实现方式。

(二) 战略导向驱动商业模式创新

战略导向是引导企业运营活动的管理哲学，它规定企业对资源与能力的配置方向与使用方式，是企业创新活动的重要因素。市场导向与技术导向是企业战略导向的核心内容，它们具有不同的组织焦点：市场导向属于外向型焦点，强调"市场引领技术"；技术导向属于内向型焦点，强调"技术驱动市场"。

作为引导企业资源配置与战略行动的重要理念，战略导向对企业市场和技术层面的创新活动具有积极效用，已经得到国内外研究的证实。② 从行为与模式角度来看，战略导向既能够影响以产品创新与新产品开发管理为核心内容的创新行为③，也能够对企业经营模式与运行行为产生重要作用。④ 商业模式创新是企业创新活动的重要表现类型，是企业创新行为的主要组成部分，因而必然也会受到战略导向的影响。

市场导向既被视为组织文化，也被看作组织行为。作为文化的市场导向，强调识别与满足市场需求是指导企业营销管理实践的基本观念与行动准则⑤；它是由顾客导向、竞争者导向与跨职能部门协调三方面内容构成。⑥ 市场导向驱动商业模式创新的研究还比较缺乏，但

---

① Lukas B. & Ferrell O., "The effect of market orientation on product innovation", Journal of the Academy of Marketing Science, 2000, 28 (2)：239 – 247.

② Zhou K., Yim C. & Tse D., "The effects of strategic orientations on technology – and market – based breakthrough innovations", Journal of Marketing, 2005, 69 (2)：42 – 60.

③ Gatignon H. & Xuereb Jean – Marc, "Strategic orientation of the firm and new product performance", Journal of Marketing Research, 1997, 34 (1)：79 – 90.

④ 李巍：《战略导向均衡对产品创新与经营绩效影响研究》，《科研管理》2015 年第 1 期。

⑤ Kohli A. & Jaworski B., "Market orientation: The construct, research propositions, and managerial implications", Journal of Marketing, 1990, 54 (1)：1 – 18.

⑥ Narver J. & Slater S., "The effect of a market orientation on business profitability", Journal of Marketing, 1990, 54 (3)：20 – 37.

有关市场导向影响企业商业网络构建的研究发现，具备高水平市场导向的企业更能够设计和管理高效分配资源，实现资源交换与积累，推动各方利益最大化的商业网络。[1] 可见，市场导向既有助于通过信息流动，提高现有商业体系的运行效率，又有助于新价值和细分市场的发掘，实现新兴商业网络的构建。

同时，坚持高效传递与维护顾客价值是市场导向的核心，为此企业必须在市场环境感知、市场知识积累与扩散，以及关键市场知识跨部门运用等方面进行积极投入[2]；而那些描述市场环境现状与潜在需求的关键知识，是企业设计卓越商业模式的重要资源[3]；坚持市场导向有助于这些关键资源的获取，从而推动企业设计和更新商业模式。此外，跨部门的职能协调，有助于企业构建基于不同部门合作的业务体系，从而提升现有商业体系运行的效率水平，更为新型商业模式的开发提供基础的组织条件和运行基础。

因此，企业坚持市场导向，聚焦于顾客价值、竞争者行为与跨部门职能协调，既有助于针对当前市场环境现状，开发和设计以提升效率为核心的商业模式，又有助于针对潜在市场需求，依托商业生态系统开发新的价值主张，构建新的交易方式。据此，假设如下：

H1a：市场导向对效率型商业模式创新有积极影响；

H1b：市场导向对新颖型商业模式创新有积极影响。

技术导向反映技术驱动的企业经营哲学，它认为市场青睐技术出众的产品或服务。因此，坚持技术导向的企业倾向于在研发资产方面给予更大投入，积极并购新技术，并快速实现技术的产品化与商业化。一方面，在商业生态系统中，持续性技术投入推动产业技术创新，并构建有效的产业交易平台，能够显著地降低产业内交易成本，

---

[1] Ritter T., Wilkinson F. & Johnston W., "Managing in complex business networks", *Industrial Marketing Management*, 2004, 33 (3): 175 – 183.

[2] Zhou K., Yim C. & Tse D., "The effects of strategic orientations on technology – and market – based breakthrough innovations", *Journal of Marketing*, 2005, 69 (2): 42 – 60.

[3] Christensen M., "The past and future of competitive advantage", *MIT Sloan Management Review*, 2001, 42 (2): 105 – 109.

并提升产业中资源流动的效率。① 因此,从效率提升与成本降低角度上讲,企业坚持技术导向有助于推动效率型商业模式创新。另一方面,从技术管理角度看,企业在研发领域的持续投入,使企业更有效开发新技术产品;而新技术产品的商业化,必然伴随新的价值主张,以及新的顾客与合作伙伴出现,因而对企业现有商业生态系统进行扩充和更新,纳入新的利益相关方,从而推动新颖型商业模式创新。②总而言之,技术导向推动企业在技术资产方面进行持续投入,不仅可以通过革新产业技术,构建高效率交易网络,还可以通过在产品开发等方面不断进步,优化与拓展商业生态系统,从而推动商业模式创新。

综上所述,技术导向一方面可以通过技术开发与应用,提升产业内交易方式和流程的效率,降低交易成本,使商业模式内各方的利益得到强化;另一方面产品技术研发及其商业化,能够产生新产品和服务,从而为开发新的价值主张,构建新的商业联系提供可能。基于以上分析,提出研究假设:

H1c:技术导向对效率型商业模式创新有积极影响;

H1d:技术导向对新颖型商业模式创新有积极影响。

二 组织学习与商业模式创新

(一)组织学习的内涵与基本类型

对组织学习相关议题的探究最早可以追溯到 March 和 Simon(1958)的研究③,但"组织学习"这一概念则是 Argyris 和 Schön(1978)提出的,他们将组织学习视为"组织发现错误,并通过重新将理论运用于组织改进的过程"④。此后,组织学习的研究逐渐开始得到国内外研究者的重视,成为组织行为、企业文化等诸多领域的热点

---

① Gawer A. & Cusumano M., "Industry platforms and ecosystem innovation", *Journal of Product Innovation Management*, 2014, 31 (3): 417 – 433.

② Gatignon H. & Xuereb Jean – Marc, "Strategic orientation of the firm and new product performance", *Journal of Marketing Research*, 1997, 34 (1): 79 – 90.

③ March, J & Simon, H., *Organizations*, Oxford: Wiley, 1958.

④ Argyris C. & Schön D., *Organizational learning*: *A theory of action approach*, MA: Wesley, 1978.

议题 (见表 5-2)。

表 5-2　　组织学习的内涵与维度主要研究汇总

研究者	内涵和构成维度	文献来源
Huber (1991)	知识获取、信息分配、信息解释、组织记忆	Organization Science
March (1991)	探索性学习、开发性学习	Organization Science
Goh 和 Richards (1997)	明确的愿景使命、领导支持、团队协作、成员实践	European Management Journal
Baker (1999)	学习承诺、共同愿景、开放思想	Journal of the Academy of Marketing Science
赵修卫 (2003)	组织学习是企业在特定的行为和文化下,建立、完善组织的知识和常规,通过不断运用相关工具与技能来加强适应性与竞争力的方式	《科研管理》
Jerez-Gómez 等 (2005)	组织学习被视为一种基于知识的动态过程,该过程是知识在个体学习和组织学习之间的来回转换。包含管理承诺、系统视角、开放性试验、知识转移与整合	Journal of Business Research
Jensen 和 Markussen (2007)	组织学习是一种认知现象	Learning Inquiry
焦豪等 (2008)	组织学习是组织成员侦测错误及异常,并由此重塑组织行动加以修正的过程。包括:个体层面(前馈、反馈)、群体层面(前馈、反馈)、组织层面(前馈、反馈)三方面	《管理世界》
陈国权 (2009)	组织学习是组织成员不断获取知识、改善自身的行为、优化组织的体系,以在不断变化的内外环境中使组织保持可持续生存和健康和谐发展的过程	《管理评论》
Chen 等 (2010)	个人学习、团队学习、组织学习	Frontiers of Business Research in China

续表

研究者	内涵和构成维度	文献来源
Zahra（2012）	学习的广度、学习的深度、学习的速度	*Small Business Economics*
王永伟等（2012）	学习承诺、共享愿景、开放心智	《管理世界》
陈国权、王晓辉（2012）	知识获取、信息分发、信息解释、组织记忆形成	《研究与发展管理》
王飞绒、陈文兵（2012）	学习承诺、分享愿景、开放心智	《科学学研究》
徐蕾等（2013）	探索式学习、利用式学习	《科研管理》
刘新梅、白杨（2013）	组织学习被认为是知识的获取、吸收和利用的过程，包括探索式学习、利用式学习、市场知识获取、技术知识获取	《管理科学》
许晖等（2013）	探索性学习、利用性学习	《管理世界》
Hsiao 等（2014）	组织学习是个体或团队在思想和行为上发生变化的过程，该过程受到组织影响	*The Asia – Pacific Education Researcher*
魏江等（2014）	组织学习是指对以往经验中的知识与行为的一种系统改变，包括经验学习和借鉴学习	《管理世界》
刘进等（2016）	学习承诺、共享愿景、开放心智	《华东经济管理》
郭蔚（2016）	探索式学习、利用式学习	《科学学与科学技术管理》

资料来源：本书整理。

通过系统梳理和归纳可以发现，国内外研究对组织学习的探讨，因其理论视角和分析框架的不同，对组织学习内涵的认识也存在差异，主要的理论观点包括：

（1）组织学习的过程视角，将变革、学习都视为组织为适应外部环境而进行主动调整的过程。从过程视角探讨组织学习的内涵[①]；将

[①] Fiol C. & Lyles M.，"Organizational learning"，*Academy of management review*，1985，10（4）：803 – 813.

组织学习视为一种组织活动的过程，涉及信息的获取和扩散，以及知识的储存、分享和运用等环节。①

（2）组织学习的能力视角，将组织学习界定为一种组织能力，即组织所具备的知识搜索、整合、传播、应用和创新能力。② 学习本身就是为了培养组织能力，学习是为行动提供服务；而组织能力的差异又解释了不同组织进行学习而产生不同效果的根源。③④

（3）组织学习的结果观，从组织学习的目标与效果视角来对组织学习进行探究。Levitt 和 March（1988）指出组织学习是组织期望达到的一种目标状态，组织并不是为了学习而学习，而是为了实现组织既定目标，如提升组织效率，因此，组织学习的成果是衡量组织学习的重要方式。⑤

（4）组织学习的系统观，认为组织学习并不是纯粹的能力、过程或者结果问题，而是涉及组织内多层面因素的系统性组织集合，既包含组织学习的过程因素，又包含组织学习的驱动因素，是诸多组织因素共同作用的系统结果。⑥

由此可见，组织学习已经从过程、能力和结果等视角进行探究，不同的视角都从各自的层面提出了组织学习的含义。同样，对组织学习类型的理解，也存在诸多差异：有的研究从组织学习的深度，将组织学习划分为单环学习、双环学习和三环学习；有的研究从组织学习的方式，将组织学习划分为适应型、预见型和行动型学习⑦；还有的

---

① 陈国权、马萌：《组织学习：现状与展望》，《中国管理科学》2000 年第 1 期。
② Myers P., *Knowledge management and organizational design*, London: Butterworth - Heinemann, 1996.
③ 吴晓波：《动态学习与组织核心能力》，《管理工程学报》2000 年第 12 期。
④ 吴晓波、高忠仕、胡依苹：《组织学习与知识转移效用的实证研究》，《科学学研究》2009 年第 1 期。
⑤ Levitt B. & March J., "Organizational learning", *Annual Review of Sociology*, 1988, 14 (3): 319–340.
⑥ Nevis E., DiBella A. & Gould J., "Understanding organizational learning as learning systems", *Sloan management review*, 1995 (Winter): 73–85.
⑦ Marquardt M., *Building the learning organization: Mastering the 5 elements for corporate learning*, Nicholas Brealey Publishing, 2002.

研究则从学习知识的类型（隐性知识和显性知识），将组织学习分为"显性到显性"的联结化模式、"显性到隐性"的内化模式、"隐性到隐性"的共同化模式、"隐性到显性"的外化模式。

自 March（1991）首先将组织学习划分为开发式与探索式两种类型以来，这种划分方法已经得到国内外研究的普遍接受。开发式学习是组织吸收现有知识以实现绩效输出，它以"筛选、精练、效率和执行"为主要特点；而探索式学习是组织识别和理解具有潜在价值新知识以创造新产出，它以"试验、选择、冒险和革新"为特征。[1] 而 Lane 等（1998，2001）基于吸收能力视角指出，探索式学习是指识别和理解企业外有潜在价值的新知识，开发式学习是指利用组织吸收的知识以创造新知识和商业产出。[2][3] Lichtenthaler（2009）进一步指出，探索式学习主要是知识的获取，开发式学习主要包括转换吸收的知识和利用转换的知识。[4] 基于以上分析，本书仍然从开发式与探索式两方面对组织学习进行解构，以探讨其驱动制造型企业商业模式创新的基本机理。

（二）组织学习与商业模式创新

有关组织学习研究暗含的重要前提是，组织学习是普遍存在的、长期的，有助于强化企业竞争力的活动，是推动企业创新能力发展，并获取持续竞争优势的关键基础。组织学习被视为是组织改变过程中的一部分，不但可以引起组织的知识、信念和行为的改变，而且最终可以增强组织成长与创新的动力。[5] 以往研究对组织学习的内涵却有不同理解：过程观认为组织学习是组织通过信息获取与传播，知识记

---

[1] March J. , "Exploration and exploitation in organizational learning", *Organization Science*, 1991, 2 (1): 71–87.

[2] Lane P. & Lubatkin M. , "Relative absorptive capacity and interorganizational learning", *Strategic Management Journal*, 1998, 19 (5): 461–477.

[3] Lane P. , Salk J. & Lyles M. , "Absorptive capacity, learning, and performance in international joint ventures", *Strategic Management Journal*, 2001, 22 (12): 1139–1161.

[4] Lichtenthaler U. , *Absorptive capacity, environmental turbulence, and the complementarity of organizational learning processes*, Academy of Management Journal, 2009, 52 (4): 822–846.

[5] Bessant J. , Caffyn J. & Gilbert J. , "Learing to manage innovation", *Technology Analysis and Strategic Management*, 1996, 8 (1): 59–70.

忆与运用实现组织适应性和效率提升的过程[1]，能力观则强调组织学习反映组织具备知识传播、应用和创新的能力[2]，而结果观却认为组织学习是组织达到的一种状态，是为实现组织目标而采取的行动[3]，系统观则将组织学习视为包含过程因素及推动因素等组成部分的系统层面问题。[4]

在组织学习驱动商业模式创新的相关研究中，组织学习及学习能力对商业模式创新的积极效应，已经在一定层面上得到研究证实。例如，王益锋和曹禺（2013）运用元分析的方法探究科技型小微企业商业模式创新的影响因素，其研究发现组织学习及学习能力在驱动商业模式创新中扮演重要角色，是科技型小微企业商业模式创新的直接影响因素。[5] 此外，刘露和宋远方（2016）也明确地指出，商业模式创新是组织有效学习的硕果，而组织学习在维持企业创新中的作用举足轻重；较强的组织学习能力既能提高商业模式创新的效率和效能，又能协助商业模式有效地适应外界环境的变化。[6] 总之，组织学习将产生和采用更多新创意、新产品和新过程，从而提升商业模式创新活动的效率与效能，并且能协助商业模式有效适应外界环境的变化。[7]

在本书中，组织学习包含开发式与探索式学习两种方式。开发式学习聚焦于现有知识的整合与利用，强调对知识的筛选、精练和吸收，以及后续的行动与实施。开发式学习对驱动商业模式创新具有重

---

[1] Fiol C. & Lyles M., "Organizational learning", *Academy of Management Review*, 1985, 10 (4): 803–813.

[2] 吴晓波、高忠仕、胡依苹：《组织学习与知识转移效用的实证研究》，《科学学研究》2009年第1期。

[3] Levitt B. & March J., "Organizational learning", *Annual Review of Sociology*, 1988, 14 (3): 319–340.

[4] Nevis E., DiBella A. & Gould J., "Understanding organizational learning as learning systems", *Sloan management review*, 1995 (Winter): 73–85.

[5] 王益锋、曹禺：《科技型小微企业商业模式创新影响因素分析》，《科技进步与对策》2013年第18期。

[6] 刘露、宋远方：《互联网企业商业模式创新驱动力研究》，《现代管理科学》2016年第7期。

[7] 易加斌、谢冬梅、高金微：《高新技术企业商业模式创新影响因素实证研究：基于知识视角》，《科研管理》2015年第2期。

要作用：一方面，开发式学习能够推动企业充分发掘和利用现有市场知识，理解商业伙伴的各类需求，并通过创新商业生态系统内的交易方式，降低各方参与交易的成本，提供系统内交易效率。[1] 这类以成本降低和效率提升为主要内容的业务模式改进，从本质上而言，属于效率型商业模式创新范畴。因此，可以认为开发式学习对效率型商业模式创新有积极影响效应。另一方面，开发式学习通过对市场知识、技术知识的整合、扩散与吸收，产生新的产品、服务或者交易方式，以满足现实需求，从而可能在商业生态系统中产生新的交易方式，建立新的交易网络，或者开发新的交易模式，进而推动企业实现新颖型商业模式创新。[2] 根据现有研究结论，从利用现有的技术和市场知识基础，基于当前市场特征开发全新价值主张，以满足当前顾客需求，并有效应对市场竞争的这一逻辑链条来看，开发式学习对新颖型商业模式创新的影响作用同样存在。

总之，开发式学习以"筛选、精练、效率和执行"为特征，强调对现有知识的整合与运用，既能够降低商业生态系统内各参与方（供应商、经销商、顾客等）交易成本，提升交易效率，实现效率型商业模式创新；又能够通过对现有市场需求的理解和满足，建构新的交易联结或模式，推动新颖型商业模式创新。据此，本书做出如下假设：

H2a：开发式学习对效率型商业模式创新有积极影响；

H2b：开发式学习对新颖型商业模式创新有积极影响。

探索式学习关注对企业潜在知识的理解和把握，强调利用现有知识开发新知识，从而引导前瞻性组织行为。[3] 在探索式学习与商业模

---

[1] Villar C., Alegre J. & Pla‐Barber J., "Exploring the role of knowledge management practices on exports: A dynamic capabilities view", *International Business Review*, 2014, 23 (1): 38–44.

[2] Li Y., Chen H. & Peng M., "Managerial ties, organizational learning, and opportunity capture: A social capital perspective", *Asia Pacific Journal of Management*, 2014, 31 (1): 271–291.

[3] Lane P., Salk J. & Lyles M., "Absorptive capacity, learning, and performance in international joint ventures", *Strategic Management Journal*, 2001, 22 (12): 1139–1161.

式创新的关系方面，首先探索式学习能够有效地推动以效率提升、成本降低为内核的效率型商业模式创新。探索式学习行为充分利用现有市场及技术知识，形成和发展新的组织知识或新的信息技术，而这些组织知识对提升商业运作效率、降低组织及网络运行成本具有重要的意义。[①] 可见，新组织知识的生成与运用，通过创造型的交易方式改革，新理念与技术的引进，能够有效地降低交易成本，并同时推动企业提升其交易网络的效率。

探索式学习在创造和传递新的顾客价值，促进新的商业交易，构建新的交易体系方面的积极作用已经得到广泛的研究证实。一方面，探索式学习能够帮助企业理解潜在的顾客需求，将市场知识和技术知识进行整合，创造性开发新产品或服务以形成新的顾客价值主张。另一方面，探索式学习会推动企业探索建立有别于既有的商业体系，从而实现企业在交易方式、交易结构方面的进化，或者帮助企业革新原有商业模式，开拓新的价值创造体系。因此，可以认为探索式学习对推动以新的顾客价值、新的商业链接和模式为特征的新颖型商业模式创新具有重要的促进作用。

综上所述，探索式学习是组织识别和理解具有潜在价值新知识以创造新产出，它以"试验、选择、冒险和革新"为特征，聚焦于新知识的生成和运用。它通过推动商业生态系统中交易成本降低、交易效率提升，以及开发新产品或服务，以支持新的顾客价值和交易联结。因此，提出研究假设：

H2c：探索式学习对效率型商业模式创新有积极影响；

H2d：探索式学习对新颖型商业模式创新有积极影响。

三 环境动荡性的调节效应

权变理论一直强调，企业战略行为在不同的内外部环境和条件下

[①] Villar C., Alegre J. & Pla – Barber J., "Exploring the role of knowledge management practices on exports: A dynamic capabilities view", *International Business Review*, 2014, 23（1）: 38 – 44.

具有差异化效能①。这意味着，企业是镶嵌于特定环境之中，环境成为影响企业投入产出比的重要因素，因而也是战略营销管理研究中需重点关注的权变因素。对制造型企业而言：市场和技术是环境因素中最重要的两方面②；市场动荡性也称需求不确定性，它是指顾客需求偏好和期望的不稳定状态。③ 技术动荡性是指产业内技术进步的变化速率和可预测程度。④ 因此，本书聚焦于以市场和技术为内涵的环境动荡性，探讨其对组织因素与商业模式创新的调节效应。

（一）环境动荡性与战略导向

市场导向和技术导向是战略导向的核心内容。市场导向通过顾客导向、竞争者导向和跨部门协调三大内部机理，实现对商业模式创新的驱动。无论是效率型还是新颖型商业模式创新，都涉及对原有业务体系和交易方式的革新，而创新性组织行为必然会受到外部环境的影响：从效率型商业模式创新角度，环境动荡性程度越高，企业提升产业内交易效率并降低成本的外在条件就越困难，那么坚持市场导向可能对其意义更为重大。这意味着，环境动荡性水平越高，市场导向驱动效率型商业模式创新的力度可能越大。

在新颖型商业模式创新方面，构建新的顾客价值主张，建立新型交易网络，实施新的交易方式，都是在市场导向的引导下开展的。如果外部环境动荡性越强，意味着企业在新颖型商业模式创新方面面临的挑战越大；在顾客需求呈多元化和离散状态，并充满不确定性时，运用新型商业网络传递顾客价值将面临更大的挑战。可见，在外部环

---

① Li Chia‑Ying, "The influence of entrepreneurial orientation on technology commercialization: The moderating roles of technological turbulence and integration", *African Journal of Business Management*, 2012, 6 (1): 370‑387.

② Vermeulen P., "Uncovering Barriers to Complex Incremental Product Innovation in Small and Medium‑Sized Financial Services Firms", *Journal of Small Business Management*, 2005, 43 (4): 432‑452.

③ 杨智、张茜岚、谢春燕：《企业战略导向的选择：市场导向或创新导向——基于湖南省高新技术开发区企业的实证研究》，《科学学研究》2009 年第 2 期。

④ Li Chia‑Ying, "The influence of entrepreneurial orientation on technology commercialization: The moderating roles of technological turbulence and integration", *African Journal of Business Management*, 2012, 6 (1): 370‑387.

境动荡程度越高时，企业实施新颖型商业模式创新更依赖市场导向的指引，即市场导向驱动新颖型商业模式创新的力度可能更大。

基于以上分析，在环境动荡性越高的外部条件下，企业商业模式创新更加依赖市场导向的驱动，即市场导向对商业模式创新的影响效应更为显著。因此提出研究假设：

H3a：环境动荡性正向调节市场导向与效率型商业模式创新的正向关系；

H3b：环境动荡性正向调节市场导向与新颖型商业模式创新的正向关系。

在技术导向与商业模式创新关系方面，环境中的技术因素扮演重要的影响作用。技术环境的高动荡性意味着更短的产品生命周期，更多元化的技术发展方向，以及更难预测的产品技术趋势。在效率型商业模式创新中，高程度的技术环境动荡性，意味着产品技术变化频率及技术趋势很难被有效掌握，产品主流技术的发展轨迹很难有效预测；以成本降低和效率改进为核心内容的商业模式创新活动更加依赖企业技术导向的指引。这意味着，环境动荡性越强，技术导向对效率型商业模式创新的影响作用越大。

在新颖型商业模式创新方面，创新活动具备更多探索性和突破性要素，并以此催生新的细分市场、新的交易伙伴；这类"创造性破坏"活动需要更多技术要素的支撑，以实现对现有商业模式的迭代。外部技术动荡性越强，意味着企业对技术环境的掌控和预测能力被削弱，这就要求企业加强在技术资源累积方面的资源投入，强化企业技术导向的核心内容。因此，可以认为，当外部环境，特别是技术环境动荡性越强，新颖型商业模式创新越发依赖技术导向推动。

综上所述，企业外部环境动荡性越强，意味着企业活动所依赖的外部信息获取难度更大，同时，包括商业模式创新在内的所有创新活动更依赖内部技术资源聚焦。从这个意义上讲，外部环境的高动荡性，强化了商业模式创新对技术导向的依赖水平；即技术导向对商业模式创新的影响水平更高。基于以上分析，本书提出假设：

H3c：环境动荡性正向调节技术导向与效率型商业模式创新的正

向关系；

H3d：环境动荡性正向调节技术导向与新颖型商业模式创新的正向关系。

(二) 环境动荡性与组织学习

本书中组织学习涵盖开发式和探索式学习两方面。从表现形式视角，组织学习可以被视为"制度的转型"，即组织学习可以表现为组织制度对环境的不断适应[①]；这意味着组织学习及其效力受到组织外部环境影响。市场与技术环境动荡性增强，使企业发掘和利用现有知识变得越发困难，同时强化了开发式学习对商业模式创新的驱动效应。在效率型商业模式创新方面，开发式学习为企业降低交易成本、提升交易效率提供了市场与技术知识基础；而在动荡的外部环境条件下，企业对市场与技术知识的收集、整合和运用将变得更加困难，使效率型商业模式创新对开发式学习的依赖程度上升，即环境动荡性增强，使开发式学习对效率型商业模式创新活动的影响效应得到强化。

企业开展新颖型商业模式创新，意味着新顾客价值的发掘、创造和传递，新交易网络的构建，新交易模型的形成等，而开发式学习为这些创新活动提供现实知识基础，推动上述创新活动的实现。当外部环境动荡性增强，企业要实现新颖型商业模式创新，则更需要关注对现有市场和技术知识的整合与运用。因此，高水平环境动荡性，增强了开发式学习对新颖型商业模式创新的影响作用。

总而言之，当市场和技术层面外部因素变化程度和频率增强时，效率型和新颖型商业模式创新活动对技术和市场知识整合运用的依赖程度更高，可以视为环境动荡性强化了开发式学习与商业模式创新的积极关系。基于此，提出研究假设：

H4a：环境动荡性正向调节开发式学习与效率型商业模式创新的正向关系；

H4b：环境动荡性正向调节开发式学习与新颖型商业模式创新的

---

① 张婧：《市场导向、创新、组织学习和组织绩效的关系研究》，《科技管理研究》2004 年第 4 期。

正向关系。

探索式学习强调对现有知识的整合、配置和提炼,从而开发出支持企业应对未来竞争的新知识基础。有研究证实,市场与技术方面的不可预测性增强,企业更加依赖对未知新知识的发掘和利用,因而导致企业探索式学习在推动组织创新行为方面发挥更加积极的作用[1];商业模式创新作为企业创新行为的重要表现形式,当面临外部环境动荡性时,可能受到探索式学习的驱动作用更为明显。

从探索式学习与两类商业模式创新关系来看,当环境动荡性增强时,企业预测市场与技术变化更加困难,此时探索式学习中所具备的"试验、选择、冒险和革新"学习内涵与特征,在推动商业生态系统中降低交易成本、提升交易效率方面具有更为积极的效应;同时,在环境动荡性不断强化的情形下,探索式学习在推动开发新的顾客价值主张,构建新的交易网络和模式方面具有更重要的作用。

综上所述,环境动荡性越强,企业创新商业模式则更强调对未来市场和技术趋势知识的综合应用。这意味着,在高度市场和技术不确定性条件下,以发展新知识为核心的探索式学习对商业模式创新的影响水平越高。因此,本书假设:

H4c:环境动荡性正向调节探索式学习与效率型商业模式创新的正向关系;

H4d:环境动荡性正向调节探索式学习与新颖型商业模式创新的正向关系。

第二节 变量测量与问卷开发

本书运用问卷调查法收集实证数据以检验相关研究假设。本节基

---

[1] Atuahene-Gima K. & Murray J., "Exploratory and exploitative learning in new product development: A social capital perspective on new technology ventures in China", *Journal of International Marketing*, 2007, 15 (1): 1–29.

于研究方法视角探讨变量测量与问卷开发议题。从核心变量测量，以及基于量化分析的问卷开发等方面，对研究所运用的研究方法进行阐述。

一 核心变量测量

（一）市场导向

在市场导向测量方面，Narver 和 Slater（1990）做出了开创性贡献。他们开发的市场导向测量工具成为市场导向的测量标杆，在后来有关市场导向的研究中得到广泛的运用。依据其对市场导向文化的概念化，他们对市场导向的测量是从顾客导向、竞争者导向和跨部门协调三个方面展开的，量表具体内容如表5-3所示。

表5-3 Narver 和 Slater 等（1990）对市场导向的测量问项

问项		样本1 (n=190)	样本2 (n=175)
顾客导向	顾客承诺	Cronbach's α 0.8547	Cronbach's α 0.8675
	创造顾客价值		
	理解顾客需求		
	顾客满意目标		
	评价顾客满意		
	售后服务		
竞争者导向	销售人员分享竞争者信息	Cronbach's α 0.7164	Cronbach's α 0.7271
	对竞争者行为的快速反应		
	高层管理者讨论竞争者的战略		
	竞争优势的目标机会		
跨部门协调	跨部门顾客呼叫	Cronbach's α 0.7112	Cronbach's α 0.7348
	部门间信息分享		
	战略中的职能整合		
	所有部门服务于顾客价值		
	与其他业务单元分享资源		

资料来源：Narver J. & Slater S., "The effect of a market orientation on business profitability", *Journal of Marketing*, 1990, 54 (4): 20-35。

Han 等（1998）在研究市场导向与企业绩效的关系时，以 Narver 和 Slater（1990）分析框架为理论基础，进行了量表开发（见表 5-4）。由于 Narver 和 Slater（1990）的研究文献中并未提供较为完善的市场导向测量问项，因此，本书对 Han 等（1998）研究中所开发的市场导向测量工具给予特别重视。

表 5-4　　　　　Han 等（1998）对市场导向的测量问项

序号	问项（n = 134）	
4	我们紧密地监控和评估我们在满足顾客需求方面的承诺水平	顾客导向 6 问项 （CA = 0.83）
13	我们的管理者懂得员工如何行动更有利于顾客价值创造	
7	我们的竞争优势是建立在理解顾客需求的基础之上的	
2	顾客满意驱动着我们的业务目标	
10	我们经常评估顾客满意度	
11	我们密切关注售后服务	
1	在我们企业中，我们的销售人员分享关于竞争者的信息	竞争者导向 4 问项 （CA = 0.79）
3	我们对竞争者行为进行快速的回应	
12	高层管理者经常性地讨论竞争者的优势和劣势	
14	运用竞争优势满足顾客需求是我们的首要目标	
5	来自各个业务部门的高层管理者经常性拜访顾客	跨部门协调 5 问项 （CA = 0.79）
6	有关顾客的信息能够在组织内进行自由的沟通	
8	企业内业务职能被充分地整合以服务于目标市场需求	
9	增加顾客价值的目标驱动着企业的业务战略	
15	我们与其他业务单元分享资源	

资料来源：Han J., Kim N. & Srivastava R., "Market orientation and organizational performance: Is innovation a missing link?" *Journal of Marketing*, 1998, 62 (4): 30-45。

Menguc 和 Auh（2006）在探讨市场导向与创新在建立企业层面动态能力的作用的研究中，借鉴 Moorman 和 Rust（1999），Hult 和 Ketchen（2001）的观点，将市场导向视为多维构念从顾客导向（6 问项）、竞争者导向（4 问项）和跨部门协调（5 问项）对市场导向进行测量（见表 5-5）。

表 5-5　　Menguc 和 Auh（2006）对市场导向的测量问项

序号	问项（n=242）	
1	我们的业务目标受顾客满意驱动	顾客导向 （α=0.84； CR=0.86； AVE=0.52）
2	我们密切关注和评估在服务顾客需求方面我们的承诺水平	
3	我们的竞争优势是建立在理解顾客需求的基础之上	
4	业务战略受增加顾客价值的目标驱动	
5	我们经常评估顾客满意水平	
6	我们密切关注售后服务	
7	在我们组织中，我们的销售人员分享关于竞争者的信息	竞争者导向 （α=0.79； CR=0.80； AVE=0.51）
8	我们快速地对竞争者行为进行回应	
9	我们经常讨论竞争者的优势和劣势	
10	当我们有机会建立竞争优势时，顾客是我们的首要目标	
11	我们与其他业务单元分享信息	跨部门协调 （α=0.82； CR=0.83； AVE=0.50）
12	我们的管理者理解员工怎样才有助于顾客价值创造	
13	我们来自于不同业务部门的高层管理者经常拜访顾客	
14	业务战略被增加顾客价值的目标驱动	
15	业务职能被整合，以服务于目标市场需求	

资料来源：Menguc B. & Auh S.，"Creating a firm-level dynamic capability through capitalizing on market orientation and innovativeness"，*Journal of the Academy of Marketing Science*，2006，34（1）：63-73。

此外，对市场导向文化的测量，除 Narver 和 Slater（1990）所开发的量表以外，Homburg 和 Pflesser（2000）[①] 也对作为组织文化的市场导向进行测量开发。他们是从价值观、规范和可视物三个方面来概念化市场导向并进行测量的，共设计 66 个问项。这套市场导向文化测量工具也被后来研究者的研究所借鉴（例如，Lee 等，2006），但是，由于测量过于烦琐，主要表现在测量维度和问项数量都较多，从而影响其理论实用性和操作可行性，从而应用相对比较少。此外，本

[①] Homburg C. & Pflesser C.，"A multiple-layer model of market-oriented organizational culture：Measurement issues and performance outcomes"，*Journal of Marketing Research*，2000，37（4）：449-462.

书是从顾客导向、竞争者导向和跨部门协调三个层面来探讨市场导向文化，因此，对 Homburg 和 Pflesser（2000）的测量问项不再赘述。

从以上的文献梳理可以发现，绝大多数对市场导向文化的测量工具均来自 Narver 和 Slater（1990）所提出的理论架构。因此，本书主要借鉴 Han 等（1998）的测量工具，围绕顾客导向、竞争者导向和跨部门协调三个层面，对市场导向文化测量问项进行开发。初步的问项设计如表 5-6 所示。

表 5-6　　　　　　　本书对市场导向文化的测量问项

序号	问项
SO01	企业致力于创造顾客价值
SO02	企业努力理解顾客需求，并寻求满足之道
SO03	企业以获取顾客满意为经营目标
SO04	企业系统而周期性地对顾客满意进行评估
SO05	企业业务战略受增加顾客价值的目标驱动
SO06	企业十分重视售后顾客服务
SO07	销售人员能够有效分享竞争者信息
SO08	企业能对竞争者行为做出快速回应
SO09	高层管理人员经常讨论竞争者的战略
SO10	主要竞争者的市场行为是企业行动的重要依据
SO11	高层管理人员经常讨论竞争者的优势和劣势
SO12	企业各职能部门间能有效分享市场信息
SO13	所有职能部门共同致力于顾客价值创造
SO14	不同业务部门（单元）间能够有效分享各类资源
SO15	不同业务部门（单元）的高层管理者经常拜访顾客
SO16	有关顾客的信息能够在组织内进行自由的沟通
SO17	企业的市场竞争战略由各个部门共同制定

资料来源：本书整理。

（二）技术导向

在技术导向测量方面，Gatignon 和 Xuereb（1997）较早地将技术导向视为企业战略导向的重要构成部分,其技术导向测量问项的开发包含四个方面:复杂技术在新产品中的运用(Van de Ven,1986)、新技术整合的速度(Kanter,1988)、新技术开发的主动性(Burgelman and Sayles,1986),以及新产品理念的生成(Kanter,1988),共11个测量问项(见表5-7)。

表5-7　Gatignon 和 Xuereb (1997) 对技术导向的测量问项

序号	问项（n = 393；Cronbach's α = 0.89）
1	我们的战略业务单元在新产品开发中使用复杂技术
2	我们的新产品常常体现当前技术水平
3	我们的战略业务单元在开发新技术方面非常具有前瞻性
4	我们的战略业务单元有意愿和能力为市场带来技术突破
5	我们的战略业务单元与技术设备供应商建立了大量的、牢固的网络
6	我们的战略业务单元有积极的技术专利战略
7	相对于主要竞争对手,我们拥有更好的竞争知识
8	相对于主要竞争对手,我们的产品更富有进取性
9	相对于主要竞争对手,我们的研发活动更富有进取性
10	我们的战略业务单元在构建满足用户需求的技术方面具有前瞻性
11	我们企业常常是率先运用新技术进行开发新产品

资料来源:Gatignon H. & Xuereb J., "Strategic orientation of the firm and new product performance", Journal of Marketing Research, 1997, 34 (1): 327-332。

Salavou (2005) 有关顾客导向与技术导向的研究中,借鉴 Ettlie (1983) 的研究量表,从企业对技术开发活动的长期承诺 (long - term commitment) 视角对技术导向进行测量,共5个问项(见表5-8)。

Li (2005) 在有关战略导向影响管理网络的研究中,借鉴 Gatignon 和 Xuereb (1997) 对技术导向进行测量,将其原有的11个问项缩减为4个,主要涵盖企业在开发新技术和生产新理念方面的主动性,以及复杂技术在新产品开发中的运用两方面,如表5-9所示。

表 5-8　　　　　　　Salavou（2005）对技术导向的测量

序号	问项（n = 150；Cronbach's α = 0.88）
1	公司的政策常常考虑最新的产品技术可得性
2	在运用新方法和新设备方面，公司拥有悠久的传统和良好的声誉
3	相较于行业内大多数公司，我们在新产品开发中投入更多
4	我们投入额外的资源（例如，时间、金钱）招募产品开发领域高水平人才
5	我们投入额外的资源（例如，时间、金钱）对技术趋势进行研判和预测

资料来源：Salavou H., "Do customer and technology orientations influence product innovativeness in SMEs? Some new evidence from Greece", *Journal of Marketing Management*, 2005, 21 (3/4): 307 – 338。

表 5-9　　　　　　　Li（2005）对技术导向的测量

序号	问项（n = 188；Cronbach's α = 0.89；CR = 0.89）
1	我们在新产品开发中使用复杂技术
2	我们的新产品常常体现当前技术水平
3	我们积极地开发和推出技术上先进的新产品
4	基于研究成果的技术创新，很容易地在企业中得到认可

资料来源：Li J., "The formation of managerial networks of foreign firms in China: The effects of strategic orientations", *Asia Pacific Journal of Management*, 2005, 22 (4): 423 – 443。

朱秀梅等（2012）借鉴 Salavou（2005）的研究工具，开发 7 个测量问项，对技术导向进行测量，如表 5-10 所示。

表 5-10　　　　　　朱秀梅等（2012）对技术导向的测量

序号	问项（n = 467；Cronbach's α = 0.855）
1	新产品开发方面比行业大多数企业投入更多时间
2	投入额外资源（如时间和精力）招募最合格生产人员
3	投入额外资源（如时间和精力）进行技术预测
4	高强度研究开发、技术领导力和创新
5	有许多产品和服务线
6	产品或服务线发生巨大变化
7	率先采取行动，竞争对手而后做出反应

资料来源：朱秀梅、韩蓉、陈海涛：《战略导向的构成及相互作用关系实证研究》，《科学学研究》2012 年第 8 期。

苏靖（2014）在对创业企业绩效影响因素的研究中，构建了技术导向与创业企业绩效间关系的整合模型；他认为技术导向反映企业学习和使用新兴技术的意愿和能力，并借鉴 Gatignon 和 Xuereb（1997），以及 Zhou（2005）的研究成果，运用 5 个问项对技术导向进行测量（见表 5-11）。

表 5-11　　　　　苏靖（2014）对技术导向的测量

序号	问项（n = 121；Cronbach's α = 0.75）
1	本公司是一个敢于冒险、勇于尝试的公司
2	本公司具有较为激进的专利政策
3	相较于竞争对手，本公司对 R&D 的投入水平更高
4	本公司会针对顾客需求，积极寻找新的技术方案
5	本公司倾向于在产品生产中使用新兴技术

资料来源：苏靖：《技术导向对创业企业绩效的影响及作用机制研究》，《重庆大学学报》（社会科学版）2014 年第 2 期，第 73—80 页。

吴航（2015）将战略导向视为影响企业创新绩效提升的调节效应，其中对技术导向的测量综合借鉴了 Li（2005）、Zhou（2005）的研究观点，运用 4 个问项对技术导向进行测量（见表 5-12）。

表 5-12　　　　　吴航（2015）对技术导向的测量

序号	问项（n = 179；Cronbach's α = 0.839）
1	在新产品中使用高端的技术
2	企业的新产品总是占领技术发展的前沿
3	基于研发的技术创新在企业内部很容易被接受
4	技术创新很容易在项目管理中被接受

资料来源：吴航：《动态能力视角下企业创新绩效提升机制研究：以战略导向为调节》，《中国地质大学学报》（社会科学版）2015 年第 1 期。

根据以上分析，本书借鉴 Gatignon 和 Xuereb（1997）开发的研究量表，以及 Zhou（2005）的理论观点，从技术先进性与产品柔性两方面对技术导向进行测量,测量问项如表5-13所示。

表5-13　　　　　　　　本书对技术导向的测量问项

序号	问项
SO18	企业认为新产品的技术领先非常重要
SO19	企业努力成为行业内较早应用新技术的产品提供商
SO20	企业致力于全面掌握产品的核心技术
SO21	科研进步带来的技术创新,很容易地在企业中得到认可
SO22	企业努力使产品的生产工艺水平在行业处于领先
SO23	企业使产品功能多样化,以满足顾客更多需求
SO24	企业在产品设计中充分运用自动化与工程设计技术
SO25	企业在产品开发中充分利用外部资源(如外包或购买部分专利),以提高研发效率
SO26	企业制定了较为激进的专利政策

资料来源:本书整理。

（三）组织学习

本书将组织学习视为一种重要的组织内价值观和行为规范,对组织学习的测量主要从学习承诺视角切入,而非具体的学习行为。因此,对于相关测量问项的发掘和梳理主要围绕将学习视为组织规范的管理学或营销学研究。Sinkula 等（1997）在探讨市场基础型组织学习的研究中开发了对组织学习的测量量表（见表5-14）,这套组织学习测量方法被后来的研究大量地借鉴和使用。

表5-14　　　　　Sinkula 等（1997）对组织学习的测量问项

序号	问项（n = 125；Cronbach's α = 0.87）
1	管理者基本同意,我们企业的学习能力是我们竞争优势的关键所在
2	组织的基本价值观包括将学习视为进步的关键
3	企业普遍认为,员工学习是一项投资,而非支出
4	在企业中,学习被视为保证企业生存的关键手段

资料来源:Sinkula J., Baker W. & Noordewier T., "A framework for market - based organizational learning: Linking values, knowledge, and behavior", *Journal of the Academy of Marketing Science*, 1997, 25 (4): 305 - 318。

Hult 等（2000）则借鉴 Sinkula 等（1997）组织学习测量工具，开发出基于全球供应链管理视野下的组织学习测量量表（见表 5-15）；这一改编思路对本书开发与国际营销动态能力相关的组织学习量表提供了借鉴。

表 5-15　　Hult 等（2000）对组织学习的测量问项

序号	问项（n = 375；Cronbach's α = 0.79）
1	企业普遍认为，员工学习是一项投资，而非支出
2	组织采购管理流程的基本价值观包括将学习视为进步的关键
3	一旦我们在采购流程中停止学习，将危及我们的未来
4	我们赞同，我们学习的能力是在采购管理流程中不断改进的关键

资料来源：Hult G., Nichols E., Giunipero L. & Hurley R., "Global organizational learning in the supply chain: A low versus high learning study", *Journal of International Marketing*, 2000, 8 (3): 61-83。

Lin 和 Lee（2005）在对企业电子商务系统适应性水平的研究中，将组织学习视为其重要的前置因素，并借鉴 Thong（1999）、McGowan 和 Madey（1998），以及 Bradford 和 Florin（2003）的研究从培训可得性、专门技术和知识水平三个层面对组织学习进行了测量（见表 5-16）。

表 5-16　　Lin 和 Lee（2005）对组织学习的测量问项

序号	问项（n = 202）	Cronbach's α
TA1	我们组织将员工培训视为投资，而非支出	培训可得性
TA2	我们组织提供电子商务领域的广泛培训	α = 0.82
TE1	信息系统员工对技术知识掌握非常丰富	专门技术
TE2	我们组织拥有相当丰富的专业技能	α = 0.81
KL1	我们组织拥有高水平的电子商务知识	知识水平
KL2	我们组织雇用专门的、知识丰富的员工为电子商务系统工作	α = 0.90
KL3	我们组织致力于确保员工对电子商务系统运行非常熟悉	

资料来源：Hsiu-Fen Lin. & Gwo-Guang Lee, "Impact of organizational learning and knowledge management factors on e-business adoption", *Management Decision*, 2005, 43 (2): 171-188。

谢洪明等（2006）在研究组织学习对市场导向与组织绩效关系的中介效应中，运用改编自 Baker 和 Sinkula（1999）的研究量表对组织学习构念进行测量（见表5-17）。

表5-17　谢洪明等（2006）对组织学习的测量问项

序号	问项（n=143；CA=0.93；CR=0.88）
1	主管们认为，本公司的学习能力对建立我们的竞争优势非常重要
2	将学习视为改进的主要方法是本公司的基本价值观之一
3	本公司将员工的学习视为一项投资而不是成本费用
4	本公司认为学习是公司生存的必要保障
5	"一旦我们停止学习，我们的未来就会有危险"是本公司的共识

资料来源：谢洪明、刘常勇、陈春辉：《市场导向与组织绩效的关系：组织学习与创新的影响》，《管理世界》2006年第2期。

在利用式与探索式学习测量方面，Atuahene–Gima 和 Murray（2007）的研究具有基础性。他们从社会资本视角，探究开发式和探索式学习影响新产品开发的作用机制，开发组织学习测量工具。开发式学习量表由5个问项构成，反映在新产品开发过程中，基于生产率和效率提升目标，企业围绕现有范围进行市场和产品知识搜寻活动的水平；探索式学习也包含5个问项，反映在产品开发过程中，高管团队基于试验的目的，对与已有市场和产品经验不相关信息的搜寻和使用水平和程度。具体问项如表5-18所示。

Li 等（2010）探究开发式学习与探索式学习对新产品开发的复杂影响，借鉴 Atuahene–Gima 和 Murray（2007），以及 Marsh 和 Stock（2006）的研究工具，开发了组织学习的量表，如表5-19所示。该测量工具同时在 Chu 等（2011）研究中进行了运用，测量效果也非常良好[1]。

---

[1] Chih–Peng Chu, Ci–Rong Li. & Chen–Ju Lin, "The joint effect of project–level exploratory and exploitative learning in new product development", *European Journal of Marketing*, 2011, 45 (4): 531–550.

表5-18 Atuahene-Gima 和 Murray（2007）对组织学习的测量

序号	问项（n=179）	
1	我们的目标是搜寻信息，以在项目中改善解决问题的普遍方法与理念	开发式学习 α=0.67
2	我们的目标是搜寻创意和信息，使我们能够更好地行动而确保生产效率，而不会导致在市场和项目中犯错	
3	企业寻求被普遍运用和证明的方法或措施来解决产品开发问题	
4	我们使用信息采集方法（如现有顾客与竞争者调查），以帮助我们更新企业现有的项目和市场经验	
5	我们强调对现有项目相关知识经验的运用	
6	在信息搜寻中，我们聚焦实验性与高市场风险的项目战略知识	探索式学习 α=0.71
7	我们更倾向于收集那些不太明确的战略需求，以强化项目中的试验	
8	我们的目标是获取知识，以发展能够引导我们进入新领域（新市场、新技术）学习的项目	
9	我们收集新颖的信息和观念，以超越我们现有的市场和技术经验	
10	我们的目标是收集新的信息，使我们在产品开发中习得新知识	

资料来源：Atuahene-Gima K. & Murray J., "Exploratory and exploitative learning in new product development: A social capital perspective on new technology ventures in China", *Journal of International Marketing*, 2007, 15（2）：1-29。

表5-19 Li 等（2010）对组织学习的测量

序号	问项（n=253）	
1	我们的团队倾向于在当前项目中运用先前已掌握的方法和诀窍	开发式学习 α=0.80
2	我们的团队倾向于运用成熟技术来提升问题的解决效率	
3	我们的目标是依据当前项目所面临的问题，寻求常用的方法和理念	
4	在团队中，我们寻求已经被证明过的方法和解决方法去处理产品开发问题	
5	在团队中，我们使用信息获取方法（如以往项目报告调查）来帮助我们理解和更新企业拥有的市场和技术经验	

续表

序号	问项（n = 253）	
6	我们团队寻求机遇以运用全新的技能和知识去解决新产品问题	
7	我们团队为了产品创新，愿意在新的创意和思想上冒风险	
8	在团队中，我们的目标是收集新信息，使我们能够在项目开发中获得新知	探索式学习 $\alpha = 0.81$
9	在团队中，我们的目标是获取知识以开发那些能使我们进入新技术领域的产品	
10	在信息搜寻中，我们聚焦于获取包含试验性和高市场风险的产品战略知识	

资料来源：Ci-Rong Li, Chih-Peng Chu. & Chen-Ju Lin, "The contingent value of exploratory and exploitative learning for new product development performance", *Industrial Marketing Management*, 2010, 39 (7): 1186-1197。

刘新梅和白杨（2013）在探究组织学习影响市场和技术知识获取，从而驱动组织创造力的研究中，借鉴 Lichtenthaler（2009）的研究，运用 8 个文献对开发式与探索式组织学习进行测量（见表 5-20）。

表 5-20　　刘新梅和白杨（2013）对组织学习的测量

序号	问项（n = 275）	
1	经常将技术应用于新产品以满足客户需求	开发式学习 $\alpha = 0.895$
2	常常思考怎样更好地利用技术来满足客户需求	
3	很容易就能将技术运用于新产品中	
4	组织中哪个成员能够更好地利用新技术是众所周知的	
5	对市场环境和技术环境进行长期关注	探索式学习 $\alpha = 0.898$
6	密切注意新技术的外部来源	
7	全面收集行业的信息	
8	能够掌握外部技术的最先进水平	

资料来源：刘新梅、白杨：《组织学习影响组织创造力的知识获取路径研究》，《管理科学》2013 年第 2 期。

通过对上述测量问项的总结和归纳可知，现有国内外研究组织学习的测量工具具有很大的一致性，不同的研究者所使用的测量问项都有大量的交叉和重复。基于此，本书将组织学习视为组织普遍认同和遵从的价值观和规范，借鉴 Atuahene – Gima 和 Murray（2007），以及 Li 等（2010、2011）的测量工具对作为价值观的组织学习进行测量（见表 5 – 21）。

表 5 – 21　　　　　　　本书对组织学习的测量问项

序号	问项	
OL01	组织学习的目标是搜寻信息以改进在解决产品规划中相关问题的常规思路与方法	开发式学习
OL02	组织学习的目标是搜寻那些能有效实施确保生产效率的想法与信息，而不是那些可能导致我们在产品规划和市场中犯错的信息	
OL03	企业关注对现有知识的整合和运用	
OL04	企业寻求被普遍运用和证明的方法或措施来解决产品开发问题	
OL05	企业使用信息获取方法（如顾客和竞争者调查）以帮助理解或更新企业现有计划和市场经验	
OL06	企业的新产品开发是基于已具备的技术和知识进行的	
OL07	企业强调与现有产品计划经验相关知识的运用	
OL08	企业投入资源发掘未知市场和技术领域的信息	探索式学习
OL09	在信息搜寻中，企业关注获取那些具有试验性和高风险市场的知识	
OL10	企业更倾向于收集与掌握有关潜在市场的信息	
OL11	组织学习的目标是获取新知识，以实施新计划帮助企业进入新的市场或技术领域	
OL12	企业鼓励在信息技术和市场领域进行冒险，以获取新经验	
OL13	企业收集并吸收与现有市场和技术经验不同的新颖观念与资讯	
OL14	组织学习的目标是收集新资讯，推动在产品开发计划中对新事物的学习和掌握	
OL15	企业强调对当前未掌握知识和技术的搜寻	

资料来源：本书整理。

(四) 环境动荡性

本书对环境动荡性的考察主要从企业外部市场环境中市场和技术两方面特征来进行。对环境动荡性测量问项开发，本书充分考察和借鉴以往营销研究者对环境动荡性的测量。主要借鉴的文献包括：

Jaworski 和 Kohli（1993）是最早系统地对环境动荡性进行研究的研究者之一，他们的测量工具被以后的研究大量地借鉴运用（见表5-22）。

表5-22　Jaworski 和 Kohli（1993）对环境动荡性的测量问项

序号	问项（n = 230）	
1	在我们的业务中，顾客的产品需求偏好一直在不断地变化	市场动荡性 (CA = 0.79)
2	我们的顾客总是期待新的产品	
3	我们的顾客有时候对价格非常敏感，而有时候价格则不太重要	
4	在顾客购买以前，我们能察觉他们对产品和服务的需求	
5	新顾客都具有产品相关的需求，这和我们现有的顾客不同	
6	我们为许多相同的顾客提供服务，这些顾客是我们曾经服务过的	
7	我们产业中的技术是在不断地改变	技术动荡性 (CA = 0.88)
8	在我们产业中，技术变革提供了大量市场机会	

资料来源：Jaworski B. & Kohli A., "Market orientation: Antecedents and consequences", *Journal of Marketing*, 1993, 57 (3): 53-72。

Han 等（1998）对环境动荡性的测量是在评估和考察企业现有市场位势和环境应对能力的基础上进行的，因此，可以说是一种相对的（相对于企业控制和应对能力）环境动态性（见表5-23）。

表5-23　Han 等（1998）对环境动荡性的测量问项

序号	问项（n = 134）	
1	外部环境中市场变动的程度	市场动荡性 (CA = 0.68)
2	顾客偏好频繁变化的程度	
3	降低市场不确定性的能力水平	
4	对市场机会的响应能力水平	

续表

序号	问项（n=134）	
5	外部环境中技术变动的程度	技术动荡性 （CA=0.70）
6	在产品/流程创新方面的领导水平	
7	新技术对运营的影响程度	
8	对研究与规划配置资源的水平	

资料来源：Han J., Kim N. & Srivastava R., "Market orientation and organizational performance: Is innovation a missing link?" *Journal of Marketing*, 1998, 62 (4): 30–45。

Jayachandra 等（2005）在检验关系信息处理的绩效结果，以及技术在顾客关系管理活动中的作用时，将环境动荡性作为关键调节变量；并借鉴 Jaworski 和 Kohli（1993）的研究成果对环境动荡性进行测量（见表5-24）。

表5-24　Jayachandra 等（2005）对环境动荡性的测量问项

序号	问项（n=172；CA=0.89）
1	在我们的业务中，顾客的产品偏好在持续地变化
2	在顾客没有购买之前，我们能确定他们对我们产品和服务的需求
3	在本产业中，技术正在快速地变革
4	在本产业中，通过技术突破使许多新产品构思变得可行

资料来源：Jayachandra S., Sharma S. & Raman P., "The role of relational information processes and technology use in customer relationship management", *Journal of Marketing*, 2005, 69 (4): 177–192。

Menguc 和 Auh（2006）对环境动荡性的测量是借鉴 Han 等（1998）量表，但并不是对态度的测量，而是通过被调查者对问项的直接打分（1—5分）来获取研究数据（见表5-25）。

表5-25　Menguc 和 Auh（2006）对环境动荡性的测量问项

序号	问项（n=242）	
1	市场动荡程度	市场动荡性 （α=0.88；CR=0.88； AVE=0.64）
2	顾客偏好变化频率	
3	降低市场不确定性的能力	
4	对市场机会做出响应的能力	

续表

序号	问项（n = 242）	
5	技术动荡程度	技术动荡性
6	在产品/流程创新方面的领导地位	($\alpha = 0.76$; CR = 0.78;
7	新技术对运营的影响	AVE = 0.54)

资料来源：Menguc B. & Auh S., "Creating a firm – level dynamic capability through capitalizing on market orientation and innovativeness", *Journal of the Academy of Marketing Science*, 2006, 34 (1): 63 – 73。

据以上分析归纳，本书借鉴以往有关战略议题研究中对环境动荡性的考察维度，主要从市场和技术两个方面来衡量环境动荡性。在市场方面，主要考察顾客偏好和顾客预期的变化频率和可预测性；在技术方面，主要考察在产业环境中，本产业中技术变革的频率，以及技术变革对企业的影响程度。具体问项设计如表5 – 26所示。

表5 – 26　　　　　　本书对环境动荡性的测量问项

序号	问项
ET01	在本产业中，顾客的产品需求偏好一直在不断地变化
ET02	我们的顾客总是期待新产品
ET03	我们的顾客能够清楚地表述其需求
ET04	在顾客购买以前，企业能察觉他们对产品和服务的需求
ET05	在本产业中，通过技术突破使许多新产品构思变得可行
ET06	在本产业中，技术正在快速地变革
ET07	在本产业中，技术变革提供了在市场上的大量机会
ET08	本产业主流技术发展趋势可以被很好地研判

资料来源：本书整理。

（五）控制变量

在控制变量方面，本书主要涉及两类控制变量：（1）企业规模。在企业规模的测量方面，大多数研究是将企业雇员数量视为衡量企业规模的关键指标（例如，Delios 和 Henisz, 2003；许晖等，2006；

Flores 和 Aguilera，2007）；也有少数研究将企业的销售额作为衡量指标（例如，Rathaermel 等，2006）。为了遵循大多数研究的惯例，并考虑到被调查企业一般不愿意透露营业额数据的现实情况，本书运用企业正式员工的数量来衡量企业规模。（2）企业年龄。在企业年龄的考察方面，本书遵循此前研究惯例（例如，Flores 和 Aguilera，2007；纪春礼，2011），用企业成立年限（截至 2015 年 12 月）来进行衡量。

根据以上对核心概念测量的问项设计，初步形成包含 49 个问项（其中，战略导向 26 问项、组织学习 15 问项、环境动荡性 8 问项；对商业模式创新的测量及评价详见第三章）的预调研问卷。在该调查问卷中，除特别说明的问项以外，其他问项均使用 Likert 7 点量表：1 = 非常不同意，7 = 非常同意。

二 预调研与问卷修正

初步完成问卷开发后，本书仍然通过"预调研"与"问项提炼"两大步骤对预调研问卷进行检测和修正，以形成研究的正式调研问卷。

在对预调研所获取的样本数据进行整理后，运用 SPSS 18.0 软件，通过信度分析和探索性因子分析对预调查问卷中的测量问项进行检验与修正。对测量工具 Cronbach's α 值的整体判断和对各测量问项的提炼与修正是信度检验的基础和关键。根据 Churchill（1979）[①] 的观点，当测量量表的 Cronbach's α 值大于 0.7 时，表示问卷具有可以接受的信度水平；同时，在问卷的修正过程中，需要先剔除影响量表信度的"垃圾测量问项"后再进行探索性因子分析，这样能够避免多维度结果的出现，从而能更好地解释每个因子的含义。

在具体标准的运用上，本书对测量工具的信度分析采用 Cronbach's α 值作为衡量标准；按照一般研究惯例，通过删除对测量变量贡献较小或毫无贡献的问项，从而增进测量量表的信度。根据

[①] Churchill, Gilbert A., Jr. A, "paradigm for developing better measures of marketing constructs", *Journal of Marketing Research*, 1979, 16 (2): 64 – 73.

Zaichkowsky（1985）[①] 和 Bagozzi 等（1989）[②] 的观点，本书运用以下三项指标：（1）修正问项总相关系数（CITC）应该等于或大于0.4；（2）相关系数的平方（SMC）应该大于或等于0.5；（3）删除后测量的信度系数显著增加（CAID）。根据以上标准，对预调研问卷相关指标系数统计分析。根据以上标准，对预调研问卷相关指标系数统计分析如表5-27所示。

表5-27　　　　　　　　核心概念测量的相关指标系数

核心概念	预调研问项编号	CITC	SMC	CAID	是否保留	正式问卷问项编号
市场导向（α=0.864）	SO01	0.602	0.614	0.812	Y	SO01
	SO02	0.479	0.527	0.807	Y	SO02
	SO03	0.535	0.657	0.741	Y	SO03
	SO04	0.638	0.701	0.725	Y	SO04
	SO05	0.375	0.423	0.915	N	
	SO06	0.584	0.626	0.756	Y	SO05
	SO07	0.597	0.618	0.791	Y	SO06
	SO08	0.636	0.692	0.813	Y	SO07
	SO09	0.674	0.715	0.729	Y	SO08
	SO10	0.586	0.625	0.832		SO09
	SO11	0.378	0.473	0.907	N	
	SO12	0.484	0.597	0.822	Y	SO10
	SO13	0.517	0.638	0.793	Y	SO11
	SO14	0.633	0.717	0.705	Y	SO12
	SO15	0.371	0.429	0.897	N	
	SO16	0.314	0.407	0.916	N	
	SO17	0.642	0.738	0.806	Y	SO13

[①] Zaichkowsky J., "Measuring the involvement construct", *Journal of Consumer Research*, 1985, 12 (3): 341-352.

[②] Bagozzi P., Baumgartner J. & Yi Y., "An investigation into the role of intentions as mediators of the attitude-behavior relationship", *Journal of Economic Psychology*, 1989, 10 (1): 35-62.

续表

核心概念	预调研问项编号	CITC	SMC	CAID	是否保留	正式问卷问项编号
市场导向 ($\alpha=0.864$)	SO18	0.565	0.597	0.802	Y	SO14
	SO19	0.668	0.713	0.779	Y	SO15
	SO20	0.681	0.736	0.754	Y	SO16
	SO21	0.306	0.415	0.919	N	
	SO22	0.617	0.678	0.745	Y	SO17
	SO23	0.648	0.703	0.795	Y	SO18
	SO24	0.519	0.633	0.806	Y	SO19
	SO25	0.493	0.557	0.821	Y	SO20
	SO26	0.369	0.405	0.936	N	
开发式学习 ($\alpha=0.913$)	OL01	0.625	0.713	0.745	Y	OL01
	OL02	0.702	0.738	0.726	Y	OL02
	OL03	0.401	0.479	0.917	N	
	OL04	0.607	0.688	0.824	Y	OL03
	OL05	0.659	0.706	0.805	Y	OL04
	OL06	0.336	0.417	0.929	N	
	OL07	0.654	0.731	0.801	Y	OL05
探索式学习 ($\alpha=0.879$)	OL08	0.347	0.436	0.906	N	
	OL09	0.627	0.705	0.761	Y	OL06
	OL10	0.584	0.637	0.825	Y	OL07
	OL11	0.576	0.626	0.807	Y	OL08
	OL12	0.336	0.412	0.898	N	
	OL13	0.673	0.719	0.823	Y	OL09
	OL14	0.615	0.694	0.815	Y	OL10
	OL15	0.403	0.427	0.914	N	
环境动荡性 ($\alpha=0.875$)	ET01	0.625	0.692	0.811	Y	ET01
	ET02	0.499	0.553	0.836	Y	ET02
	ET03	0.341	0.426	0.907	N	
	ET04	0.712	0.774	0.705	Y	ET03
	ET05	0.663	0.719	0.757	Y	ET04
	ET06	0.342	0.437	0.915	N	
	ET07	0.685	0.693	0.806	Y	ET05
	ET08	0.674	0.736	0.793	Y	ET06

资料来源：本书整理。

在进行信度检验和问项提炼后,本书使用探索性因子分析(EFA)检验量表的建构效度。在进行探索性因子分析之前,需要从以下两个方面检验量表和问项是否适合进行该项分析:一方面,如果在测量中原有概念之间相互独立,则无法提取共同因子。因此,在进行探索性因子分析之前,首先需要对本量表中各问项之间的相关关系进行检验。本书中,通过计算构念的相关系数矩阵,结果表明各概念间的相关系数在 0.3 以上,具有较显著的相关关系,因此适合进行因子分析。另一方面,根据 Kaiser(1974)[①] 提出的标准,只有当 KMO 值介于 0.6—1.0 之间,且 Bartlett 球形检验中的卡方近似值越大并显著时,才适合进行因子分析。在本书中,模型各核心概念测量的检验结果显示(见表 5-28):各测量概念的 KMO 值在 0.713—0.905,且 Bartlett 球形检验的卡方统计值及显著性水平均达到相应标准。以上结论说明对组织因素,以及环境动荡性等概念的测量数据适合进行探索性因子分析。

表 5-28　　核心概念的 KMO 值和 Bartlett 球形检验

检验项 测量构念	KMO 值	Bartlett 球形检验		
		Approx. Chi-Square	df	sig
市场导向	0.793	719.956	47	<0.001
技术导向	0.905	788.751	51	<0.001
开发式学习	0.713	655.616	55	<0.001
探索式学习	0.849	974.253	45	<0.001
环境动荡性	0.807	1185.417	59	<0.001

资料来源:本书整理。

在探索性因子分析中,本书采用主成分萃取因子法及最大变异转轴法,根据特征值大于 1 的标准,对因子分析结果中各主要测量变量进行了因子载荷提取(见表 5-29)。

[①] Kaiser H., "An index of factorial simplicity", *Psychometrika*, 1974, 39 (1): 31-36.

表 5-29　　　　　　　　核心概念探索性因子分析结果

测量概念		测量问项	因子载荷
市场导向	SO01	企业紧密地监控和评估在满足顾客需求方面的承诺水平	0.803
	SO02	顾客满意驱动着企业的业务目标	0.811
	SO03	在我们企业中，销售人员分享关于竞争者的信息	0.758
	SO04	企业的高层管理者经常性地讨论竞争者的优势和劣势	0.808
	SO05	运用竞争优势满足顾客需求是企业的首要目标	0.821
	SO06	企业十分重视售后顾客服务	0.793
	SO07	销售人员能够有效分享竞争者信息	0.815
	SO08	企业能对竞争者行为做出快速回应	0.776
	SO09	高层管理人员经常讨论竞争者的战略	0.804
	SO10	主要竞争者的市场行为是企业行动的重要依据	0.787
	SO11	企业各职能部门间能有效分享市场信息	0.832
	SO12	所有职能部门共同致力于顾客价值创造	0.744
	SO13	企业的市场竞争战略由各个部门共同制定	0.811
技术导向	SO14	在企业中，无论什么工作都有许多明确而细致的规则和要求	0.824
	SO15	企业员工必须根据企业已有的清晰工作程序展开各项工作	0.784
	SO16	在完成具体工作时，企业员工拥有自主权	0.804
	SO17	企业努力使产品的生产工艺水平在行业处于领先地位	0.768
	SO18	企业使产品功能多样化，以满足顾客更多需求	0.759
	SO19	企业在产品设计中充分运用自动化与工程设计技术	0.771
	SO20	企业在产品开发中充分利用外部资源（如外包或购买部分专利），以提高研发效率	0.796
开发式学习	OL01	组织学习的目标是搜寻信息以改进在解决产品规划中相关问题的常规思路与方法	0.814
	OL02	组织学习的目标是搜寻那些能有效实施确保生产效率的想法与信息，而不是那些可能导致我们在产品规划和市场中犯错的信息	0.769
	OL03	企业寻求被普遍运用和证明的方法或措施来解决产品开发问题	0.819

续表

测量概念		测量问项	因子载荷
开发式学习	OL04	企业使用信息获取方法（如顾客和竞争者调查）以帮助理解或更新企业现有计划和市场经验	0.775
	OL05	企业强调与现有产品计划经验相关知识的运用	0.792
探索式学习	OL06	在信息搜寻中，企业关注获取那些具有试验性和高风险市场的知识	0.825
	OL07	企业更倾向于收集与掌握有关潜在市场的信息	0.832
	OL08	组织学习的目标是获取新知识，以实施新计划帮助企业进入新的市场或技术领域	0.787
	OL09	企业收集并吸收与现有市场和技术经验不同的新颖观念与资讯	0.768
	OL10	组织学习的目标是收集新资讯，推动在产品开发计划中新事物的学习和掌握	0.821
环境动荡性	ET01	在本产业中，顾客的产品需求偏好一直在不断地变化	0.807
	ET02	我们的顾客总是期待新产品	0.784
	ET03	在顾客购买以前，企业能察觉他们对产品和服务的需求	0.827
	ET04	在本产业中，通过技术突破使许多新产品构思变得可行	0.771
	ET05	在本产业中，技术变革提供了在市场上的大量机会	0.826
	ET06	本产业主流技术发展趋势可以被很好地研判	0.794

资料来源：本书整理。

探索性因子分析结果显示，在根据信度分析删除各维度中的部分问项后，其余问项的单一因子载荷都超过了0.5，且不存在明显的跨因子分布。因此，根据信度分析和探索性因子分析的结果，形成对自变量（市场导向、战略导向、开发式与探索式组织学习）和调节变量（环境动荡性）测量的正式调研问卷（见附录Ⅰ）。

第三节　实证分析

本书运用正式调查问卷进行样本数据收集，并实证检验相关研究

第五章 组织因素与制造型企业商业模式创新 | 119

假设。本节首先对正式问卷所收集的研究数据质量进行评估，并对测量工具的信效度进行检验；然后运用回归分析等多元分析方法对组织因素（战略导向和组织学习）主效应，以及环境因素（环境动荡性）调节效应进行检验。

一 测量描述性统计分析

在对正式研究数据进行整理后，本书对核心概念测量问项进行描述性统计分析；分析的指标主要包括均值、标准差、偏度和峰度四项。均值主要反映测量问项的平均得分情况，而标准差则反映各问项得分情况的离散程度；偏度和峰度主要用于检验数据的正态性；只有符合正态分布的数据才适合运用极大似然法对结构模型进行估计。同时，样本的偏度与峰度越接近于 0，则表示该变量的数据分布越接近正态性；数据的偏度小于 2，同时峰度小于 5，即可认为样本属于正态分布。[1] 从本书的数据结论看（见表 5-30），各观测变量的偏度和峰度系数均在较为理想的范围，可以认为理论模型中核心概念测量问项的数据呈现近正态分布，不影响极大似然法估计的稳健性。

表 5-30　　　　　核心概念测量的描述性统计分析

问项	SO01	SO02	SO03	SO04	SO05	SO06	SO07	SO08
均值	5.371	4.947	4.933	5.142	5.453	5.028	4.951	5.248
标准差	1.173	0.935	0.826	1.015	1.174	1.047	0.973	1.172
偏度	0.412	0.385	-0.271	-0.843	-1.152	0.683	0.474	0.839
峰度	-0.174	0.852	-0.547	0.252	0.631	-0.856	-0.851	-1.056
问项	SO09	SO10	SO11	SO12	SO13	SO14	SO15	SO16
均值	5.274	4.933	4.708	4.912	5.278	5.109	5.158	4.927
标准差	1.216	0.932	0.853	0.857	1.135	1.216	0.832	1.075
偏度	0.902	-1.028	-0.951	0.897	1.163	-0.892	-0.741	-1.082
峰度	-0.783	-0.749	-0.389	-1.085	-0.747	0.573	-0.932	0.753

---

[1] Ding L., Velicer W. & Harlow L., "Effects of estimation methods, number of indicators per factor, and improper solutions on structural equation modeling fit indices", *Structural equation modeling: A Multidisciplinary Journal*, 1995, 2 (2): 119-143.

续表

问项	SO17	SO18	SO19	SO20	OL01	OL02	OL03	OL04
均值	5.217	4.958	5.317	5.026	4.941	5.077	4.928	4.725
标准差	1.271	0.924	1.215	0.784	0.833	1.039	1.127	0.857
偏度	-0.924	-0.838	0.945	-1.179	-0.853	0.471	-0.921	1.092
峰度	0.831	1.074	-0.673	0.812	1.069	0.743	-0.784	0.871
问项	OL05	OL06	OL07	OL08	OL09	OL10	ET01	ET02
均值	4.965	4.783	5.135	4.865	4.259	5.273	5.075	5.238
标准差	1.105	0.853	1.037	1.129	0.853	1.064	0.753	1.085
偏度	-0.953	-0.964	0.896	0.975	-0.953	0.975	0.951	0.809
峰度	1.146	0.831	-0.792	-1.164	0.874	1.068	0.885	1.153
问项	ET03	ET04	ET05	ET06				
均值	4.864	4.988	5.031	5.272				
标准差	1.206	1.168	0.887	0.964				
偏度	0.875	-1.174	-0.974	0.975				
峰度	-0.639	0.868	-0.753	1.184				

资料来源：本书整理。

二 信效度检验

变量测量的内部一致性运用 Cronbach's α 值和组合信度（CR）两项指标进行检验。结论表明（见表5-31）：五个核心变量的α值介于0.836—0.912之间，均大于0.7水平；同时，各变量 AVE 值均大于0.5水平，且任意变量间相关系数不为1，变量 AVE 值平方根均大于其所在行与列相关系数绝对值。可见，测量的信度及判别效度、收敛效度均比较理想。

表5-31　　　　　　　测量的信效度检验结果

变量	α系数	AVE	1	2	3	4	5	6	7
1. 市场导向	0.912	0.587	0.766						
2. 技术导向	0.903	0.601	0.051	0.775					
3. 开发式学习	0.839	0.591	0.093	0.102	0.746				

续表

变量	α系数	AVE	1	2	3	4	5	6	7
4. 探索式学习	0.912	0.606	0.084	0.075	0.077	0.774			
5. 效率型商业模式创新	0.836	0.561	0.103	0.185*	0.151*	0.114	0.749		
6. 新颖型商业模式创新	0.891	0.594	0.191*	0.097	0.126	0.163*	0.084	0.765	
7. 环境动荡性	0.883	0.573	0.047	0.005	0.068	0.073	0.021	0.036	0.753

注：对角线为潜变量的 AVE 值平方根；* 表示 $p<0.05$。

资料来源：本书计算整理。

研究所有测量问项均借鉴或改编自成熟量表，确保测量的内容效度达到要求。同时，运用验证性因子分析检验核心变量的结构效度。在输出的验证性因子模型中（见表5-32），模型卡方值与自由度的比值（χ^2/df）均介于1.0—2.0区间，RMSEA 均小于0.08水平，绝对拟合度指标 GFI 和 AGFI 均超过0.9水平，简约拟合度指标 PGFI 和 PNFI 均达到0.5水平，表明变量的结构效度在可接受范围内。

表5-32　　　　　　　变量的验证性因子分析结果

变量	χ^2/df	RMSEA	GFI	AGFI	CFI	NFI	PGFI	PNFI
标准值	1.0—2.0	<0.08	>0.9	>0.9	>0.9	>0.9	>0.5	>0.5
市场导向	1.521	0.049	0.937	0.921	0.927	0.925	0.613	0.594
技术导向	1.634	0.057	0.929	0.918	0.924	0.917	0.548	0.561
开发式学习	1.247	0.043	0.922	0.913	0.919	0.908	0.547	0.553
探索式学习	1.468	0.067	0.916	0.908	0.911	0.905	0.521	0.532
效率型商业模式创新	1.781	0.079	0.921	0.911	0.914	0.915	0.602	0.583
新颖型商业模式创新	1.824	0.072	0.918	0.906	0.913	0.908	0.594	0.552
环境动荡性	1.753	0.042	0.924	0.915	0.922	0.912	0.603	0.586

资料来源：本书计算整理。

三 组织因素主效应检验

运用结构方程模型的路径分析方法来检验理论假设，依据研究假设建立路径关系模型。运用 Amos 8.0 软件输出模型结果，模型指标值显示（见表 5-33）：预设模型 NC 值，即 χ^2/df 介于 1.0—2.0 之间，GFI 和 AGFI 均超过 0.9 的理想水平，RMSEA 达到小于 0.05 的理想水平，说明模型的整体拟合度良好，可用于检验研究假设。

表 5-33　　　　　　　结构方程模型的拟合度评估

	指标	模型值	标准值		指标	模型值	标准值
绝对拟合度	χ^2/df	1.742	<2.0	增值拟合度	CFI	0.908	>0.9
	P	0.000	<0.05		NFI	0.916	>0.9
	RMSEA	0.057	<0.08		TFI	0.914	>0.9
	GFI	0.925	>0.9	简约拟合度	PGFI	0.607	>0.5
	AGFI	0.913	>0.9		PNFI	0.584	>0.5

资料来源：本书计算整理。

路径分析结论显示（见表 5-34）：首先，市场导向对效率型商业模式创新（$\beta = 0.287$，$p < 0.001$）有积极作用，而对新颖型商业模式创新（$\beta = 0.103$，$p > 0.05$）影响不显著，H1a 得到证实，而 H1b 未通过验证。其次，技术导向对效率型商业模式创新（$\beta = 0.183$，$p < 0.05$）和新颖型商业模式创新（$\beta = 0.205$，$p < 0.01$）均有显著影响，H1c 和 H1d 均得到支持。再次，开发式学习对效率型商业模式创新（$\beta = 0.295$，$p < 0.001$）有积极效应，而对新颖型商业模式创新（$\beta = 0.114$，$p > 0.05$）影响作用不显著，H2a 得到支持，H2b 未通过检验。最后，探索式学习对效率型商业模式创新（$\beta = 0.107$，$p > 0.05$）影响不显著，而对新颖型商业模式创新（$\beta = 0.308$，$p < 0.001$）影响作用明显，H2c 未被证实，H2d 得到数据支持。

表 5-34　　　　　　　结构模型路径系数与假设检验结果

路径关系	路径系数	t 值	研究假设	结果
市场导向→效率型商业模式创新	0.287	19.372***	H1a	支持
市场导向→新颖型商业模式创新	0.103	9.361	H1b	不支持
技术导向→效率型商业模式创新	0.183	13.815*	H1c	支持
技术导向→新颖型商业模式创新	0.205	16.724**	H1d	支持
开发式学习→效率型商业模式创新	0.295	20.071***	H2a	支持
开发式学习→新颖型商业模式创新	0.114	10.276	H2b	不支持
探索式学习→效率型商业模式创新	0.107	9.385	H2c	不支持
探索式学习→新颖型商业模式创新	0.308	21.683***	H2d	支持

注：路径系数为标准化路径系数；*表示 $p<0.05$，**表示 $p<0.01$，***表示 $p<0.001$。

资料来源：本书计算整理。

四　环境动荡性调节效应检验

为深入剖析组织因素驱动商业模式创新的内在机制，本书基于权变理论视角，运用 SmartPLS 2.0 软件检验环境动荡性对上述关系的调节效应。通过 PLS 方法，分两阶段检验变量之间互动关系及显著性水平以确定调节效应。

第一阶段，分别将战略导向（市场导向和技术导向）和组织学习（开发式组织学习和探索式组织学习）的平方、环境动荡性，以及效率型和新颖型商业模式创新等变量纳入结构方程，建立主效应模型。第二阶段，对各项指标进行标准化处理，然后分别将两类战略导向和两类组织学习，与环境动荡性的乘积项建立互动模型，分析结果如表 5-35 所示。

表 5-35　　　　　　　环境动荡性的调节效应分析结果

变量	效率型商业模式创新			新颖型商业模式创新		
	第一阶段	第二阶段	f^2	第一阶段	第二阶段	f^2
市场导向的平方	-0.246	-0.225	0.013	0.205	0.183	0.164

续表

变量	效率型商业模式创新			新颖型商业模式创新		
	第一阶段	第二阶段	f^2	第一阶段	第二阶段	f^2
技术导向的平方	0.264	0.238	0.019	-0.217	-0.198	0.257
环境动荡性	0.104	0.101	—	0.114	0.117	
市场导向的平方×环境动荡性		0.142	—		0.196	—
技术导向的平方×环境动荡性		0.137			0.249	
开发式学习的平方	0.252	0.203	0.018	-0.183	-0.159	0.203
探索式学习的平方	-0.206	-0.175	0.194	0.276	0.238	0.014
环境动荡性	0.104	0.101	—	0.114	0.117	—
开发式学习的平方×环境动荡性		0.135			0.183	
探索式学习的平方×环境动荡性		0.217	—		0.129	

资料来源：本书计算整理。

此外，在研判变量之间路径系数以外，还需要综合考察模型中 R^2 值变化情况，以及反映整体调节效应水平的 f^2 值水平，计算公示如下：

$$f^2 = \frac{R^2_{(interaction-model)} - R^2_{(main-effects-model)}}{[1 - R^2_{(interaction-model)}]}$$

当 f^2 最低值为 0.02 时，表明调节变量的调节效应较小；当 f^2 值达到 0.15 时，表明调节变量具有中等调节效应；当 f^2 值达到 0.35 时，表明调节变量的调节效应非常显著。[1]

---

[1] Cohen J., *Statistical power analysis for behavioral sciences* (2nd ed.), NJ, Hillsdale: Lawrence Erlbaum, 1988: 138-141.

数据结论显示，在战略导向方面，环境动荡性对市场导向与效率型商业模式创新关系，以及对市场导向与新颖型商业模式创新关系的整体调节效应 f^2 值分别仅为 0.013 和 0.163（$\beta = 0.196$，$p < 0.05$），结合主效应系数可知，环境动荡性对市场导向与效率型商业模式创新的调节效应不显著，而对市场导向与新颖型商业模式创新的调节效应显著，即 H3a 未被证实，H3b 得到支持。环境动荡性对技术导向与效率型商业模式创新关系，以及对技术导向与新颖型商业模式创新关系的整体调节效应 f^2 值分别仅为 0.019 和 0.163（$\beta = 0.249$，$p < 0.001$），结合主效应系数可知，环境动荡性对技术导向与效率型商业模式创新的调节效应不显著，而对技术导向与新颖型商业模式创新的调节效应显著，即 H3c 未通过验证，H3d 得到支持。

在组织学习方面，环境动荡性对开发式学习与效率型商业模式创新关系，以及对开发式学习与新颖型商业模式创新关系的整体调节效应 f^2 值分别仅为 0.018 和 0.203（$\beta = 0.183$，$p < 0.05$），结合主效应系数可知，环境动荡性对开发式学习与效率型商业模式创新的调节效应不显著，而对开发式学习与新颖型商业模式创新的调节效应显著，即 H4a 未被证实，H4b 得到支持。环境动荡性对探索式学习与效率型商业模式创新关系，以及对开发式学习与新颖型商业模式创新关系的整体调节效应 f^2 值分别仅为 0.194（$\beta = 0.217$，$p < 0.01$）和 0.014，结合主效应系数可知，环境动荡性对探索式学习与效率型商业模式创新的调节效应显著，而对探索式学习与新颖型商业模式创新的调节效应不显著，即 H4c 得到数据支持，H4d 未得到证实。

第四节 研究小结

本书运用 192 家制造型企业实证数据，对相关研究假设进行检验，结果如表 5-36 所示。基于假设检验的实证研究结论，揭示动荡环境条件下，组织因素驱动商业模式创新的基本机制。主要结论包括：

表 5-36　　　　　　　　　　本章研究假设检验结果

假设	假设内容	结论
H1a	市场导向对效率型商业模式创新有积极影响	支持
H1b	市场导向对新颖型商业模式创新有积极影响	不支持
H1c	技术导向对效率型商业模式创新有积极影响	支持
H1d	技术导向对新颖型商业模式创新有积极影响	支持
H2a	开发式学习对效率型商业模式创新有积极影响	支持
H2b	开发式学习对新颖型商业模式创新有积极影响	不支持
H2c	探索式学习对效率型商业模式创新有积极影响	不支持
H2d	探索式学习对新颖型商业模式创新有积极影响	支持
H3a	环境动荡性正向调节市场导向与效率型商业模式创新的正向关系	不支持
H3b	环境动荡性正向调节市场导向与新颖型商业模式创新的正向关系	支持
H3c	环境动荡性正向调节技术导向与效率型商业模式创新的正向关系	不支持
H3d	环境动荡性正向调节技术导向与新颖型商业模式创新的正向关系	支持
H4a	环境动荡性正向调节开发式学习与效率型商业模式创新的正向关系	不支持
H4b	环境动荡性正向调节开发式学习与新颖型商业模式创新的正向关系	支持
H4c	环境动荡性正向调节探索式学习与效率型商业模式创新的正向关系	支持
H4d	环境动荡性正向调节探索式学习与新颖型商业模式创新的正向关系	不支持

资料来源：本书整理。

一　战略导向与商业模式创新

一方面，市场导向对效率型商业模式创新有积极影响，而对新颖型商业模式创新的作用并不显著。作为组织文化的市场导向，使企业坚持顾客导向、竞争者导向与跨部门协调，从而聚焦于发掘、理解并预测市场需求；通过强化在市场知识累积、关键知识跨部门运用等方面持续资源投入，使企业对产业环境理解与反应水平更高，这有利于企业设计以提高效率、降低成本的商业模式革新措施。与此相对，新颖型商业模式创新更聚焦于对新交易对象、新价值主张，以及新交易模式的建立，但市场导向更多的是对现有产业环境的理解与响应，因而对新颖型商业模式创新的影响作用并不显著。

另一方面，技术导向对效率型和新颖型商业模式创新均有显著影响。第一，技术导向使企业在技术资产方面投入更多资源，推动新产品开发管理具备更高效率水平；通过对新兴技术的产品化和商品化，形成革命性产品，有助于企业开发新价值主张，链接新的交易伙伴，建立新的交易模式，从而实现对新颖型商业模式创新的推动。第二，在技术导向推动下，企业重视对技术资产（如专利等）的持续投资，有助于企业建立商业生态系统内的技术平台，形成具有较强影响力的技术辐射。技术平台的构建与运用能够显著地降低商业生态系统内各参与方的交易成本，提升交易效率，进而实现对效率型商业模式创新的推动作用。

二 组织学习与商业模式创新

在组织学习与商业模式创新关系方面：首先，开发式学习对效率型商业模式创新有显著影响，而对新颖型商业模式创新影响作用不显著。开发式学习关注对企业已有知识的整合与利用，强调对知识的筛选、精练和吸收，以及后续的行动与实施，它对效率型商业模式创新具有重要驱动作用。开发式学习能够推动企业充分发掘和利用现有市场知识，理解商业伙伴的各类需求，并通过创新商业生态系统内的交易方式，降低各方参与交易的成本，提供系统内交易效率。这类以成本降低和效率提升为主要内容的业务模式改进，从本质上而言，属于效率型商业模式创新范畴。

其次，探索式学习对效率型商业模式创新影响不显著，而对新颖型商业模式创新具有显著效应。一方面，探索式学习能够帮助企业理解潜在的顾客需求，将市场知识和技术知识进行整合，创造性地开发新产品或服务以形成新的顾客价值主张。另一方面，探索式学习会推动企业探索建立有别于既有的商业体系，从而实现企业在交易方式、交易结构方面的进化，或者帮助企业革新原有商业模式，开拓新的价值创造体系。因此，可以认为探索式学习对推动以新的顾客价值、新的商业链接和模式为特征的新颖型商业模式创新具有重要的促进作用。

三 环境动荡性的调节效应

环境动荡性在组织因素驱动商业模式创新关系中发挥差异化调节

效应。第一,环境动荡性正向调节市场导向与新颖型商业模式创新的正向关系,当环境动荡性越强,先前并不显著的市场导向驱动新颖型商业模式创新关系得到证实。第二,环境动荡性正向调节技术导向与新颖型商业模式创新的正向关系。在动荡的环境条件下,技术导向驱动新颖型商业模式创新的作用更加显著。第三,环境动荡性正向调节开发式学习与新颖型商业模式创新的正向关系。开发式学习在动荡的环境条件下,对新颖型商业模式创新产生积极效应。第四,环境动荡性正向调节探索式学习与效率型商业模式创新的正向关系。当企业外部环境动荡性程度越高时,探索式学习影响效率型商业模式的正向效应得到证实。

第六章　企业家因素与制造型企业商业模式创新

本章从企业家因素的视角，将企业家精神和企业家社会资本视为商业模式创新的关键驱动力量；同时考察环境动荡性对企业家因素与商业模式创新关系的调节效应；通过中国制造型企业的实证数据对相关研究假设进行检验，构建组织因素与商业模式创新之间逻辑关系（见图 6-1）。

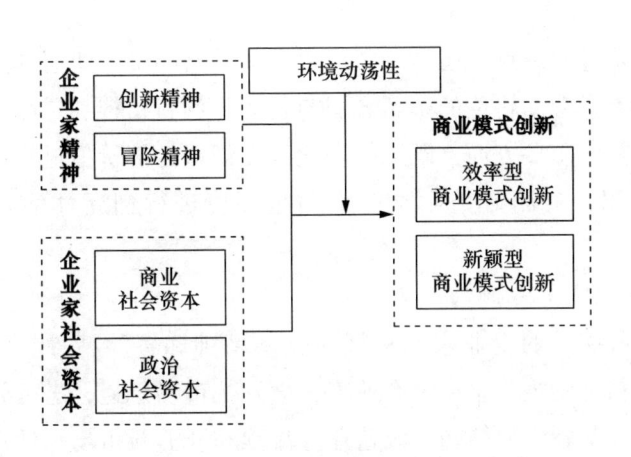

图 6-1　企业家因素与商业模式创新关系模型

第一节　企业家因素的驱动效应

本书从企业家因素中的企业家精神和企业家社会资本两方面分析

其对制造型企业商业模式创新的影响作用。企业家精神是从冒险精神和创新精神两方面进行解构的,企业家社会资本是从商业社会资本和政治社会资本两方面进行分析,同时还考察环境动荡性对企业家因素驱动作用的调节效应,以此构建企业家因素驱动制造型企业商业模式创新的关系模型。

一 企业家精神与商业模式创新

(一) 企业家精神的基本内涵

目前,企业家精神内涵的研究因理论基础与分析视角的差异而存在不同:一些研究认为企业家精神是一种"创造性破坏的过程",在此过程中企业家通过不断发掘新的市场机会、创造新的产品或服务来获取新的市场价值,并承担着一定经营风险;[①] 另一些研究则强调企业家精神是企业家个体所具有的人格特征和气质风格[②],是企业家为追求利益和机会而具有的积极进取、敢于冒险、富于创新和勇于变革的精神。[③]

无论是过程观点,还是特质视角,本质上都将企业家精神视为一种赋予现有资源新价值的革新意识与行为。创新精神和冒险精神作为企业家精神的重要方面,既包括企业家在创造经济价值过程中体现出的创新意识,又涵盖企业家在不确定环境进行创新性活动的冒险精神。[④]

(二) 企业家精神的效应分析

本书所探讨的企业家精神涵盖创新精神和冒险精神。创新精神是企业家精神的核心,反映企业家积极发掘市场机遇,进行开发新产品新技术、革新组织结构、改造业务流程和开辟新市场等活动的心理

[①] Sharma P., Chrisman J. J., "Toward a reconciliation of the definitional issues in the field of corporate entrepreneurship", *Entrepreneurship: Theory and Practice*, 1999, 23 (3): 11–27.
[②] 李巍、许晖:《管理者特质与民营企业出口绩效》,《管理科学》2013年第2期。
[③] 时鹏程、许磊:《论企业家精神的三个层次及其启示》,《外国经济与管理》2006年第2期。
[④] 蔡华、于永彦、蒋天颖:《民营企业家精神的测量与分析》,《统计与决策》2009年第16期。

倾向。① 管理者具备的创新精神使企业能够不断优化业务流程，持续改进产品生产技术，并运用新的管理工具或模式，增强管理和决策效率，以提升生产经营效率、降低经营成本②，这有助于降低商业生态系统内参与各方的交易成本。同时，创新精神还会促使企业家主动挖掘市场机会，提高科技创新投入，开发和推广新的价值主张，构建新的交易形式，并通过企业家间信息交流，以及战略联盟等活动积极探索新的市场领域、开辟新的交易渠道，从而拓展系统内的交易网络。③

综上所述，具备创新精神的企业能够积极地探索市场机会、加大创新投入，采用新颖的管理工具和方法，提高企业经营管理与产品生产效率，从而在商业生态系统中有效提高交易参与各方的交易效率、降低交易成本；并通过开辟新市场新渠道、建立新型交易方式来拓展交易网络，推动企业实现商业模式创新。因此，提出如下假设：

H5a：创新精神对效率型商业模式创新有积极影响。

H5b：创新精神对新颖型商业模式创新有积极影响。

冒险精神是企业家在经营活动中对不确定机会的追求，以及敢于承担变革与创新后果的意愿，它是企业家与一般员工的重要区别之处。在充满不确定性的商业生态系统环境中，富于冒险精神的企业家不仅积极主动地探索市场机会和识别市场风险，降低企业创新风险，增强企业对外部环境的适应能力，提高企业与系统内其他成员的交易效率。同时，大力倡导技术与管理创新，敢于尝试新的经营模式，并为此承担风险，提高企业内部的应变能力和创新能力。④ 此外，冒险精神还能促使企业家主动迎接外部挑战，拓展和挖掘新市场、新客

---

① Lumpkin T. & Dess G., "Linking two dimensions of entrepreneurial orientation to firm performance: The moderation role of environment and industry life cycle", *Journal of Business Venturing*, 2001 (5): 426–464.

② Li Y., Liu Y. & Zhao Y., "The role of Market and entrepreneurship orientation and internal control in the new product development activities of Chinese firms", *Industrial Marketing Management*, 2006, 35 (3): 336–347.

③ 魏江、陈志辉、张波：《企业集群中企业家精神的外部经济性考察》，《科研管理》2004年第2期。

④ Knight G., "Entrepreneurship and marketing strategy: The SME under globalization", *Journal of International Marketing*, 2000, 8 (2): 12–32.

户,建立新的交易网络,为企业发展提供新动力。[①]

总之,企业高级管理者具备的冒险精神能帮助企业在商业生态系统中发现市场机会,积极采用新技术、开发新产品,提高生产和交易效率,降低交易成本;同时,推动企业探索新市场领域,拓展企业交易网络,更新交易结构,从而有助于商业模式创新。基于此,本书提出如下假设:

H5c:冒险精神对效率型商业模式创新有积极影响。

H5d:冒险精神对新颖型商业模式创新有积极影响。

二 企业家社会资本与商业模式创新

(一) 企业家社会资本的基本内涵与维度

"社会资本"最初是由经济学的资本概念演变而来的,古典经济学将生产要素分为三种形式:土地、劳动和资本。对社会资本的研究开始于以社会结构中的个体为研究对象,而 Tsai 和 Ghoshal (1998)指出,对社会资本的研究可以在多元层面上进行,例如个体层面、组织层面,甚至国家层面。[②] 本质上,社会资本是行动者从社会网络中所获取的特定资源和能力组合;企业家作为具备特定目的性的"社会行动者",社会资本的分析逻辑必然会应用到企业家个体层面。[③]

社会学家 Bourdieu (1985) 认为,社会资本是真实或虚拟资源的总和;[④] 而 Coleman (1988) 从社会网络视角指出社会资本是由社会结构的各个要素所组成的不同的实体。[⑤] 管理学视野下的社会资本研究开始于以社会结构中的个体为研究对象,本质上,社会资本是行动

[①] Miller D. & Friesen H., "Strategy making and environment: The third link", *Strategic Management Journal*, 1983 (4): 221 - 235.

[②] Tsai W. & Ghoshal S., "Social capital and value creation: The role of interfirm networks", *Academy of Management Journal*, 1998, 41 (4): 464 - 476.

[③] Koka R. & Prescott E., "Strategic alliance as social capital: A multidimensional view", *Strategic Management Journal*, 2002, 23 (2): 795 - 816.

[④] Bourdieu P., "The social space and the genesis of groups", *Theory and Society*, 1985, 14 (6): 723 - 744.

[⑤] Coleman J., "Social capital in the creation of human capital", *American Journal of Sociology*, 1988 (S): 95 - 120.

者从社会网络中所获取的特定资源和能力组合①，目前国内外学者对社会资本的研究是在个体、企业等多个层面展开的。

企业家社会资本是个体层面的社会资本研究，是社会资本理论研究重要领域和分支，因而得到国内外社会学、经济学及管理学等跨学科领域的广泛关注。不同领域研究者从各自视角对企业家社会资本的内涵进行了探究，主要理论观点可以概括为：

第一，关系视野下的企业家社会资本，强调个体社会资本来自他所掌握的人际关系，以及利用其影响力可以获取各种潜在关系。② 李路路（1995）从外部视角，直接指出企业家社会资本就是指企业家拥有什么样的社会关系；③ 而 Cao 等（2012）则从内部视角认为企业家社会资本是指他（她）与不同部门的成员或企业内部成员的联系。④ 此外，Anderson 等（2007）认为，企业家社会资本是产生于社会相互交往的社会关系性物品，它不是被拥有的，而是表现为存在于社会网络关系中的备用信誉，而且它可以被看作是循环反复的相互间资金交换或不交换的相互依赖。⑤ 企业家社会资本的关系观，认为企业家所掌握的人际关系或人际网络是社会资本的本质内涵。

第二，资源视野下的企业家社会资本，认为企业家社会资本是企业家所掌握的，镶嵌于其社会网络中的各类资源。这一观点所暗含的基本前提是，企业创始人与外界联系，并建立强度联系，通过强联系能够为个体和组织发展提供隐性资源。⑥ Cantner 和 Stützer（2010）认

---

① Koka R. & Prescott E., "Strategic alliance as social capital: A multidimensional view", *Strategic Management Journal*, 2002, 23 (2): 795–816.

② Adler P. & Kwon S., "Social capital: Prospects for a new concept", *Academy of Management Review*, 2002, 27 (1): 17–40.

③ 李路路:《社会资本与私营企业家：中国社会结构转型的特殊动力》,《社会学研究》1995 年第 6 期。

④ Cao Q., Simsek Z. & Jansen J., "CEO social capital and entrepreneurial orientation of the firm bonding and bridging effects", *Journal of Management*, 2012, 12 (21): 75–91.

⑤ Anderson A., Park J. & Jack S., "Entrepreneurial social capital conceptualizing social capital in new high-tech firms", *International Small Business Journal*, 2007, 25 (3): 245–272.

⑥ Kreiser P., Patel P. & Fiet J., "The Influence of Changes in Social Capital on Firm-Founding Activities", *Entrepreneurship Theory and Practice*, 2013, 37 (3): 539–568.

为，企业家社会资本是通过与其他人或机构的联系获取到有形或无形的资源。[1] Acquaah（2012）认为，企业家社会资本是通过企业的董事长（总经理）的社会网络与企业外部取得联系的无形资源。[2] 李淑芬（2012），以及卿涛和张征（2013）均认为，企业家社会资本是建立在信任和规范基础之上一种以个人为中心节点所组成的社会网络资源，这种社会网络能够通过他们的社会影响力。[3] 这些观点均强调企业家社会资本所具备的资源属性，而非关系或网络属性，只有关系和网络能够提供资源价值时，这样的关系或网络才能被理解为社会资本，即企业家掌握的社会网络和关系能够为个体和组织提供有形或无形的资源。

第三，能力视野下的企业家社会资本，关注企业家社会资本的最终结果输出，即具备的获取资源、解决问题等方面的能力。Westlund和Bolton（2003）认为，企业家社会资本能够帮助企业解决现实问题，是一种解决现实问题能力的综合作用结果；[4] 国内学者惠朝旭（2004）也指出，企业家社会资本就是以企业家个人网络所建立起来的社会声誉体系决定，反映企业家所具备的社会声誉能力。[5] 孙俊华和陈传明（2009）更是明确地指出，企业家社会资本就是其利用社会网络帮助企业获取所需资源的一种能力；[6] 与这一论断持相近或相同观点的还包括杨鹏鹏等（2005）、贺远琼和田志龙（2006）等国内学者。

---

[1] Cantner U. & Stützer M., "The use and effect of social capital in new venture creation: Solo Entrepreneurs vs. new venture teams", *Jena Economic Research Papers*, 2010.

[2] Acquaah M., "Social networking relationships, firm-specific managerial experience and Firm Performance in a transition economy: A comparative analysis of family owned and nonfamily Firms", *Strategic Management Journal*, 2012, 33 (10): 1215–1228.

[3] 李淑芬：《企业家社会资本与集群企业竞争力：研究框架与模型构建》，《山东社会科学》2012年第11期。

[4] Westlund H. & Bolton R., "Local social capital and entrepreneurship", *Small Business Economics*, 2003, 21 (2): 77–113.

[5] 惠朝旭：《企业家社会资本：基于经济社会学基础上的解释范式》，《理论与改革》2004年第3期。

[6] 孙俊华、陈传明：《企业家社会资本与公司绩效关系研究：基于中国制造业上市公司的实证研究》，《南开管理评论》2009年第2期。

无论是关系观，还是资源观和能力观，本质上都强调企业家社会资本中内外部社会关系和社会网络的基础性作用。因此，综合以上研究观点，本书从社会网络的视角认为，企业家社会资本是企业家个人（企业创始人、总裁、总经理等企业家最高管理者）所拥有的，可以为其带来价值的各种社会关系和社会网络的总和。

对于社会资本的构成维度，国内外研究主要有两大理论流派：一是以 Tsai 和 Ghoshal（1998）的观点为基础[①]，根据社会资本的存在形式，从内部和外部两个视角来分析企业社会资本；二是 Nahapiet 等（1998）的理论观点[②]，基于社会资本的本质属性，从结构、关系和认知三个层面来进行研究。根据以往研究惯例，从结构性、关系性和认知性三个维度对社会资本进行探究，主要是组织层面的社会资本，如企业社会资本研究。考虑到本书所探讨的商业模式创新是依附于商业生态系统的组织创新行为，因此，本书借鉴已有研究观点（Peng 和 Luo，2000；Li 等，2008），从商业社会资本和政治社会资本两方面来分析企业家社会资本，以探讨其驱动制造型企业商业模式创新的机制。企业家商业社会资本是指企业家与企业商业合作伙伴（如中间商、供应商、关键客户，以及战略联盟和主要竞争者等）建立的网络化联系；企业家政治社会资本是指企业家与政府及行业主管部门（如工商、税务等政府管理机构，以及银行、保险等主要行业机构）所建立的社会网络关系。

（二）企业家社会资本的效应分析

由于经济行动是镶嵌于人际关系网络之中，企业组织或个人的社会联系作为非正式手段在协调经济和交换关系中扮演着重要角色。企业及管理者不仅需要与合作伙伴建立积极的商业关系，而且还需要与政府及行业主管部门建立政治联系；特别是在转轨经济环境下，与政

[①] Tsai W. & Ghoshal S.，"Social capital and value creation: The role of interfirm networks"，*Academy of Management Journal*，1998，41（4）：464 – 476.

[②] Nahapiet J. & Ghoshal S.，"Social capital, intellectual capital and the organizational advantage"，*Academy of Management Review*，1998，23（2）：242 – 266.

府及官员建立政治联系对企业发展尤为重要。[1] 本书基于社会关系和社会网络的视角，从商业社会资本和政治社会资本两方面，探讨企业家社会资本驱动制造型企业商业模式创新的逻辑关系。

商业社会资本主要是指企业家与其他企业高层管理者建立的网络关系，它能够帮助企业获取资源、有价值的信息和知识，从而降低不确定性并增强企业绩效。[2] 高级管理者与关键顾客和供应商之间的网络关系一方面有助于创造、获取和探索新知；另一方面通过知识和信息的分享，可以降低交易成本，提升交易效率。[3] 耿新和张体勤 (2010) 研究指出，蕴含于企业家商业关系网络中的社会资本，能够促进企业与外部其他商业组织的联系与沟通，增进与各合作伙伴的信息共享与隐性知识交流，并通过彼此信任有效降低交易成本与知识传递障碍，从而提升产业系统内各方的交易效率，降低交易成本。[4] 因此，从信息和知识沟通和交换视角看，企业家商业社会资本有助于降低产业内交易的成本，提升交易各方的运行效率。

企业家商业社会资本对新型交易关系和网络的构建同样具有重要价值。企业与各种外部商业性组织的良好关系，有助于推动重要合作伙伴（如供应商和技术支持机构）在产品技术开发和商业化环节参与企业合作，从而为构建新的业务模式提供了可能。例如，通过与供应商及时有效沟通有关技术路径图、技术规划、新产品开发进展等方面的信息，可使供应商尽早介入新产品开发过程，在所供应的原材料等方面做尽可能的调整与配合，从而为新产品和服务进入市场前就构建

---

[1] Peng M. & Luo Y., "Managerial ties and firm performance in a transition economy: The nature of a micro-macro link", *Academy of Management Journal*, 2000, 43 (3): 486-501.

[2] Acquaah M., "Managerial ties and firm performance in a transition economy: The nature of a micro-macro link", *Strategic Management Journal*, 2007, 28 (12): 1235-1255.

[3] 耿新、张体勤：《企业家社会资本对组织动态能力的影响：以组织宽裕为调节变量》，《管理世界》2010 年第 6 期。

[4] Yli-Renko H., Autio E. & Sapienza J., "Social capital, knowledge acquisition, and knowledge exploitation in young technology-based firms", *Strategic Management Journal*, 2001, 22 (6/7): 587-613.

新的交易模式提供机遇。① 从关系管理视角来看，企业与合作伙伴间的信任关系可有效降低彼此合作中冲突发生的概率，促进彼此信息与知识分享、资源共享等，有助于企业之间加深彼此的合作水平，产生新的交易联结。

总而言之，企业家与商业合作伙伴（合作商、关键顾客，以及战略联盟伙伴等）建立的良好社会网络，有助于企业与合作伙伴之间关键知识和信息的收集和分享，强化信任水平，有效降低交易成本和提升交易效率；也有助于深度交易行为开展，及新交易机会的形成。因此，本书提出如下研究假设：

H6a：商业社会资本对效率型商业模式创新有积极影响。

H6b：商业社会资本对新颖型商业模式创新有积极影响。

对企业家政治社会资本的关注是东方文化背景下企业行为研究的重要特色，特别是在新兴经济体的转型经济环境下，企业家与政府及官员形成的政治联系与网络在企业管理行为与经营发展过程中扮演关键角色。② 企业家政治社会资本本质上反映企业与各级政府（包括中央和地方政府）官员，以及各类监管机构（如工商税务部门）官员的非正式社会联系。③ 虽然有关政治关联性的界定大都将其视为企业所掌握的政治资源，然而这些政治关系都依赖于企业管理者的个体互动和社会网络。④

制造型企业的企业家政治社会资本是在转轨经济环境下影响企业创新行为及绩效的重要企业家因素。企业家政治社会资本关联性有助

---

① Ragatz L., Handheld R. & Scannell V., "Success factors for integrating suppliers into new product development", *Journal Product Innovation Management*, 1997, 14 (3): 190 - 202.

② Peng M. & Luo Y., "Managerial ties and firm performance in a transition economy: The nature of a micro - macro link", *Academy of Management Journal*, 2000, 43 (3): 486 - 501.

③ Li J., Zhou K. & Shao A., "Competitive position, managerial ties, and profitability of foreign firms in China: An interactive perspective", *Journal of International Business Studies*, 2009, 40 (2): 339 - 352.

④ Sheng S., Zhou K. & Li J., "The effects of business and political ties on firm performance: Evidence from China", *Journal of Marketing*, 2011, 75 (1): 1 - 15.

于企业获取政策支持和稀缺资源、增强企业合法性、降低行业进入壁垒；① 企业家所掌握的高水平的政治资源和政治网络显著地驱动企业多元化战略选择②，同时能够有效地降低企业在融资等方面的难度，减少政策不确定性和进入壁垒。③ 现有研究发现，企业管理者的政治网络在转轨经济环境中，能够减少企业面临的制度不确定性，增强市场预见性，使企业在动荡市场环境中获取优势地位，因而显著地影响非国有企业的经营绩效。④ 张祥建等（2011）研究指出，中国民营企业政治关联有助于强化企业竞争场能和竞争场信息熵，使民营企业具备特定政治竞争力，从而掌握政策动态和创造商业信息优势，增强企业市场行为的准确性和主动性。⑤ 因此，企业家政治社会资本对推动制造型企业商业模式创新具有重要价值。

政治社会资本反映企业与各级政府官员，以及各类职能及行业管理机构官员建立的社会化网络。⑥ 尽管绝大多数研究都将这种政治关联（或联结）视为企业层面的组织资源，但组织的政治资源都必须通过企业家或高级管理者建立个体网络而得以存在。⑦ 因此，从本质而言，政治社会资本是反映企业家个体层面的政治网络和资源。企业家政治社会资本对制造型企业商业模式创新活动具有积极作用。

一方面，高水平企业家政治社会资本意味着高层管理团队拥有较

---

① 张祥健、郭岚：《政治关联的机理、渠道与策略：基于中国民营企业的研究》，《财贸经济》2010 年第 9 期。

② 邓新明：《中国民营企业政治管理、多元化战略与公司绩效》，《南开管理评论》2011 年第 4 期。

③ 郝项超、张宏亮：《政治关联关系、官员背景及其对民营企业银行贷款的影响》，《财贸经济》2011 年第 4 期。

④ Li H. & Zhang Y., "The role of managers' political networking and functional experience in new venture performance: Evidence from China's transition economy", *Strategic Management Journal*, 2007, 28 (8): 791 - 804.

⑤ 张祥健、徐晋、王小明：《民营企业政治竞争力的微观结构与动态演化特征：基于动力学分析框架的新视角》，《中国工业经济》2011 年第 9 期。

⑥ Li J., Poppo L. & Zhou K., "Do Managerial ties in China always produce calue? Competition, uncertainty, and domestic vs. foreign firms", *Strategic Management Journal*, 2008, 29 (4): 383 - 400.

⑦ Sheng S., Zhou K. & Li J., "The effects of business and political ties on firm performance: Evidence from China", *Journal of Marketing*, 2011, 75 (1): 1 - 15.

强政治网络与政治资源,在一定程度上能够降低企业家对内部组织资源的使用依赖,因而具备较少管理层级和纵向分工,较强横向协作和管理幅度的扁平化组织结构能够更好地发挥自身精简、高效的价值,确保企业在应对外部市场变化时的反应与效率水平,同时使交易成本得到有效降低。另一方面,企业家政治关联能够帮助企业获取关键的发展资源。企业家拥有的广泛政治网络或资源能够帮助企业获取重要的产业和市场发展情报,丰富企业市场知识积累[1],进而提升企业开发新的价值主张,形成新的交易网络的潜在可能性。

总之,企业家政治社会资本水平代表可供企业使用的政治网络或资源,它既有助于降低商业生态系统中商业交易各方的成本,并提供交易效率,又有助于借助社会网络建立新的交易联结,形成新的交易网络。因此,本书提出如下假设:

H6c:政治社会资本对效率型商业模式创新有积极影响。

H6d:政治社会资本对新颖型商业模式创新有积极影响。

三 环境动荡性的调节效应

企业战略行为的效果,依据不同的内外部条件和情景而存在差异性;[2] 企业家精神驱动商业模式创新的水平和程度必然会受到环境因素的影响。考虑重要的外部权变因素是权变理论重要的观点,对制造型企业商业模式创新而言也非常重要。市场环境与技术环境的动荡水平是制造型企业所面对的重要外部环境。[3] 市场动荡性也称需求不确定性,它是指顾客需求偏好和期望的不稳定状态。[4] 技术动荡性是指

---

[1] Hillman J., Zardkoohi A. & Bierman L., "Corporate political strategies and firm performance: Indications of firm-specific benefits from personal service in the U. S. government", *Strategic Management Journal*, 1999, 20 (1): 67–81.

[2] Li Chia-Ying, "The influence of entrepreneurial orientation on technology commercialization: The moderating roles of technological turbulence and integration", *African Journal of Business Management*, 2012, 6 (1): 370–387.

[3] Vermeulen P., "Uncovering barriers to complex incremental product innovation in small and medium-sized financial services firms", *Journal of Small Business Management*, 2005, 43 (4): 432–452.

[4] 杨智、张茜岚、谢春燕:《企业战略导向的选择:市场导向或创新导向:基于湖南省高新技术开发区企业的实证研究》,《科学学研究》2009年第2期。

产业内技术进步的变化速率和可预测程度。[1] 本书将外部环境动荡性作为企业家精神驱动商业模式创新的重要外部条件，以深化对商业模式创新驱动机制的理解。

(一) 环境动荡性与企业家精神

企业家精神包含创新精神和冒险精神两方面重要内容。创新精神使企业家能够在新产品、新技术和新市场机会方面投入更多注意力，积极推动技术革新和产品升级换代，努力尝试用新方法和新理念解决现实问题。[2] 无论是效率型还是新颖型商业模式创新，都极大地受创新精神的推动；在不同动荡程度的外部环境条件下，创新精神所发挥的差异化效力也非常明显。有研究显示，当企业面临的外部环境具有动荡性时，主动而积极的创新行为更具有价值，且产生的效果更加明显；相反，当企业外部环境的动荡性不足，经营环境相对稳定，且变化趋势可以预测时，过度创新行为有可能打破现有惯例，从而对组织绩效产生负面影响。[3]

从组织行为视角看，创新精神实质上是接受和运用有别于传统的方式与理念，去分析和理解新问题，体现出面向未来的思维方式和行为风格。企业家所具备的创新精神能够为企业带来更为积极和主动的决策与行动，推动企业积极地发掘市场机遇，不断尝试用新方法解决商业问题，降低与企业交易各方的交易成本，并提升交易效率。在动荡环境下，市场和技术发展趋势不明确，变化速率也非常快，要求企业以更积极的态度理解环境；[4] 从这个角度上讲，在动荡环境条件下，

---

[1] Li Chia-Ying, "The influence of entrepreneurial orientation on technology commercialization: The moderating roles of technological turbulence and integration", *African Journal of Business Management*, 2012, 6 (1): 370-387.

[2] Lumpkin T. & Dess G., "Linking Two Dimensions of entrepreneurial orientation to firm performance: The moderation role of environment and industry life cycle", *Journal of Business Venturing*, 2001 (5): 426-464.

[3] Helfat C. & Peteraf M., "The dynamic resource-based view: Capability lifecycles", *Strategic Management Journal*, 2003, 24 (10): 997-1010.

[4] Ray G., Barney J. & Muhanna W. C., "apabilities, business processes, and competitive advantage: Choosing the dependent variable in empirical tests of the resource-based view", *Strategic Management Journal*, 2004, 25 (1): 23-37.

创新精神在促进商业生态系统内交易成本降低和交易效率提高方面扮演着重要角色。因此，环境动荡性越强，创新精神驱动效率型商业模式创新的效果越明显。

同样，创新精神能够促使企业积极从事发掘市场机遇，进行开发新产品新技术、革新组织结构、改造业务流程和开辟新市场等组织创新活动。[①] 当市场需求和技术趋势变化程度和频率不断加强时，预示着企业各种创新行为面临的外部不确定性更大，因此，创新精神在推动企业新产品/服务开发，新价值主张构建，新交易伙伴建立等方面的价值和作用将变得更加明显。

综上所述，当企业面临的外部市场和技术环境动荡性越强，创新精神在实现产业内交易成本降低和交易效率提升，以及促进新产品/服务开发，新顾客价值主张构建和新交易伙伴确立等方面具有更大的价值。基于以上分析，本书提出如下假设：

H7a：环境动荡性正向调节创新精神与效率型商业模式创新的正向关系。

H7b：环境动荡性正向调节创新精神与新颖型商业模式创新的正向关系。

企业家所具备的冒险精神意味在面临诸多不确定性时，企业会进行更为主动甚至激进的决策和行动，从而在推动商业模式创新活动中发挥更为积极和重要的作用。[②] 当企业在现有商业系统中革新交易方式，以降低交易成本且提升交易效率时，企业面临各种潜在风险：对现有交易方式的冲击，新的交易方式是否能够达到预期效果等。尤其在市场和技术环境充满不确定性的情境下，冒险精神对推动企业降低成本和提高效率方面进行商业革新，具有更为突出的价值。

当企业开发并推出新产品和服务，建立新的商业网络，开展新业务时，企业可能面临来自各方的阻力：企业内部由于路径依赖和组织

---

① Christensen J., "Innovative assets and interasset linkages: A resource-based approach to innovation", *Economics of Innovation & New Technology*, 1996, 4 (3): 193–210.

② Unger D. & Eppinger S., "Comparing product development processes and managing risk", *International Journal of Product Development*, 2009, 8 (4): 382–402.

惰性缘故，对新的交易方式存在抵触和不接受情况；企业外部合作伙伴反应并不明确，变革行动的前景充满不确定性，甚至是潜在风险。①在这种情况下，企业家所具备的冒险精神对推动这种变革意义重大，尤其在市场和技术环境充满动荡性的条件下，冒险精神在推动新业务开展、新伙伴构建等方面发挥着更积极的作用。因此，在面临外部不确定性时，冒险精神在推动企业构建新型商业网络、开发新业务等方面发挥更为关键的作用。

综上所述，包括商业模式创新在内的各项组织创新都受到外界环境的影响；当企业外部环境动荡性越强，意味着企业创新活动面临的风险水平越高，冒险精神在驱动商业模式创新中的作用就会越发突出。因此，本书提出如下假设：

H7c：环境动荡性正向调节冒险精神与效率型商业模式创新的正向关系。

H7d：环境动荡性正向调节冒险精神与新颖型商业模式创新的正向关系。

（二）环境动荡性与企业家社会资本

在本书中，企业家社会资本涵盖商业社会资本和政治社会资本，分别反映企业家所掌握的商业和政治层面的社会网络和社会资源，它们对制造型企业商业模式创新具有重要影响。其中，企业家商业社会资本代表企业家与重要商业伙伴，如供应商、中间商、关键客户，以及其他战略合作单位（科研机构等）建立的社会网络，以及运用这些网络获取一些信息、知识和技术等方面的重要商业资源。②当企业面临的外部环境动荡性增强时，企业家建立的社会网络和资源能够帮助企业获取和分享重要市场和技术信息，加强合作伙伴之间的信任和支持，深化彼此之间的业务嵌入水平，从而推动企业效率型商业模式创新。

---

① Shapira Z., "Risk taking: A managerial perspective", *NY, US: Russell Sage Foundation*, 1995.

② Lawrence P. & Lorsch J., "Organization and environment: Managing differentiation and integration", *Boston, MA: Graduate School of Business Administration, Harvard University*, 1967.

同时，企业家的商业网络和商业资源，能够有效地开拓新的市场机会和商业交易，形成新的业务联系。在动荡环境条件下，企业面临诸多外部不确定性，新产品和新服务开发面临新的挑战，构建和形成新的商业交易网络也将面临大量挑战。企业家商业社会资本能够更好地帮助企业克服这些挑战，为新的产品市场开发，新的业务模式构建提供积极支持。因此，当企业环境动荡性不断增强时，企业家商业社会资本在驱动新颖型商业模式创新过程中扮演更为重要的角色。

总之，当企业面临的市场和技术动荡性越强时，企业家所拥有的商业网络和商业资源，在推动商业生态系统中交易成本降低、交易效率提升，以及开发新的产品服务、构建新的商业网络方面发挥更为积极和关键的作用。因此，本书提出如下假设：

H8a：环境动荡性正向调节商业社会资本与效率型商业模式创新的正向关系。

H8b：环境动荡性正向调节商业社会资本与新颖型商业模式创新的正向关系。

对企业家政治社会资本或政治关联研究，是新兴经济体或转轨经济环境下管理研究的重要内容。在"发展转型"和"制度转型"的经济社会背景下，企业家掌握的政治资源或构建的政治网络能够为企业发展带来极具价值的各类资源。制造型企业商业模式创新活动也受到企业家政治社会资本的驱动；在动荡环境下，企业家政治网络或政治资源在企业创新驱动发展、革新商业模式方面发挥更为重要的作用。

在具有较强制度约束的经济环境中，企业家所具备的政治资源能够帮助企业有效地降低和缓解相对比较烦琐和严格的监管流程和审核机制，减少企业在商业交易中所经历的基本流程，从而有效地降低交易成本，提升交易效率。[①]特别是在市场和技术都极度动荡的环境条件下，通过政治网络获取企业提升效率的关键资源非常重要，也十分

---

① Peng M., Sun S., Pinkham B. & Chen C., "Institution-based view as a third leg for a strategy tripod", *Academy of Management Perspectives*, 2009 (1): 63–81.

有效。因此，环境动荡性越强，政治资源驱动效率型商业模式创新的作用也越显著。

新兴经济或转轨经济具有深度的政策导向特征，政府制定产业发展规划或者特定资助计划，以引导新产业和新市场的开发与发展。[①]企业家所具备的政治社会资本能够帮助企业更好地获取这些行业指导信息，以及产业发展方向规划，使企业能够更好地契合国家政策来组织自身经营活动。当企业面临的外部环境动荡性越强，市场和技术发展趋向不明显时，企业更倾向于借助政治网络和政治资源来获取企业决策和行动的关键信息，从而确保企业行为的准确性。[②] 由此可见，环境动荡性越强，企业为了避免商业模式创新中的不确定性，会更加依赖从企业家政治网络中获取关键资源。

综上所述，企业家政治社会资本为企业发展提供了重要的外部资源条件，当环境动荡性增强时，企业会更加依赖这样的外部资源集合；在商业模式创新方面，环境动荡性越强，企业家政治社会资本对商业模式创新的影响就越显著。基于此，本书提出如下假设：

H8c：环境动荡性正向调节政治社会资本与效率型商业模式创新的正向关系。

H8d：环境动荡性正向调节政治社会资本与新颖型商业模式创新的正向关系。

第二节　变量测量与问卷开发

本书运用问卷调查法收集实证数据以检验相关研究假设。本节基于研究方法视角探讨变量测量与问卷开发议题。从核心变量测量，以及基于量化分析的问卷开发等方面，对本书所运用的研究方法进行

---

① Oliver C., "Strategic responses to institutional processes", *Academy of Management Review*, 1991, 16 (1): 145 – 179.

② Goodstein J., "Institutional pressures and strategic responsiveness: Employer involvement in work – family issues", *Academy of Management Journal*, 1994, 37 (2): 350 – 382.

阐述。

一 核心变量测量

(一) 企业家精神

Zahra (1996) 比较早地从企业层面开发企业家精神测量工具,主要包含创新、风险投资和战略更新 3 个维度,该量表包含 14 个问项 (见表 6-1),主要由企业全体高管团队成员 (包括首席执行官) 提供评价。其中,对创新的测量主要借鉴 Lumpkin 及 Dess (1996) 和 Miller (1993) 等的研究,着力考察企业创新承诺水平;对风险投资的测量借鉴 Block 和 Mac-Millan (1993),以及 Zahra (1993) 等研究,主要对企业投资活动与创新业务进行考察;对战略更新的测量借

表 6-1　　Zahra (1996) 对企业家精神的测量问项

序号		问项 (n=138)	Cronbach's α
1		企业在研发方面的投入超过行业平均水平	创新 α=0.75
2		企业保持有行业一流的研发设备	
3		企业在市场新产品推出方面超过行业平均水平	
4		企业比主要竞争对手拥有更多专利	
5		企业引领了产业内的一些突破型创新	
6	过去三年	企业进入了许多新行业	风险投资 α=0.70
7		企业显著地拓展和增强国际化经营活动	
8		企业在不同行业并购了一些企业资产	
9		企业建立或资助了一些新创企业或机构	
10		企业关注现有业务绩效提升,而不是开拓新业务	
11		企业裁撤了一些盈利不佳的业务单元	战略更新 α=0.73
12		企业针对不同业务单元改变了竞争战略	
13		企业为提升业务单元生产率采取了新措施	
14		企业重组运营体系以强化不同业务单元间的协作与交流	

资料来源:Zahra S., "Goverance, Ownership, and Corporate Entrepreneurship: The Moderating Impact of Industry Technological Opportunities", *The Academy of Management Journal*, 1996, 39 (6): 1713-1735。

鉴 Sathe（1989）及 Hoskisson 和 Hitt（1994）等研究，主要衡量企业优化竞争水平，以及通过限制非营利运营、增强内部效率来优化业务领域。

国内研究者蒋春燕和赵曙明（2006）在研究社会资本和公司企业家精神与绩效的关系时，参考 He 和 Wong（2004）的测量量表，将公司企业家精神划分为渐进式与激进式两类，并通过 8 个问项进行测量（见表 6-2）。

表 6-2　蒋春燕和赵曙明（2006）对企业家精神的测量问项

序号	问项（n=179）	Cronbach's α
1	提高现有产品的质量	渐进式企业家精神 α=0.86
2	提高当前生产的灵活性	
3	降低现有生产成本	
4	高产品的产出和降低耗能	
5	引进全新一代的产品	激进式企业家精神 α=0.81
6	拓展全新的产品范围	
7	开发全新的市场	
8	进入全新的技术领域	

资料来源：蒋春燕、赵曙明：《社会资本和公司企业家精神与绩效的关系：组织学习的中介作用——江苏与广东新兴企业的实证研究》，《管理世界》2006 年第 10 期。

陈忠卫和郝喜玲（2008）在创业团队企业家精神与公司绩效关系的实证研究中，在 Miller（1983）的研究基础上，既采纳衡量企业家精神从创新、冒险和积极进取 3 个维度切入的一般性做法，又充分考虑创业团队层次的企业家精神在上述 3 个维度的特殊性，将创业团队企业家精神的本质特征提炼为集体创新、分享认知、共担风险、协作进取 4 个维度开发量表（见表 6-3）。

蔡华等（2009）开发的测量工具，主要是围绕民营企业家的企业家精神测量展开，量表从创新精神、合作精神、敬业精神、学习精神、责任精神五个方面进行测量，共计 29 个问项（见表 6-4）。

表 6-3　陈忠卫和郝喜玲 (2008) 对企业家精神的测量问项

序号	问项 (n=179)	Cronbach's α
1	比同行竞争对手率先抓住市场机会	协作进取 α=0.779
2	能对外部环境的动态变化保持敏感性	
3	比同行竞争对手更加重视市场机会的开发	
4	一致认同追求卓越的标准	
5	愿意采纳高管团队成员所提供的有价值的新观点	分享认知 α=0.696
6	拥有关于决策所需的新知识并愿意主动同大家分享	
7	对所讨论的问题有新观点并愿意积极地同大家分享	
8	项目实施出现挫折时团队成员愿意一起分析原因	共担风险 α=0.626
9	成员愿意就新项目的成本与收益进行深入讨论	
10	项目没有取得预期收益时各成员也不会相互指责	
11	多种资源获取方案的选择往往采用集体决策法	集体创新 α=0.628
12	公司喜欢以集体智慧来完善市场开发方案	

资料来源：陈忠卫、郝喜玲：《创业团队企业家精神与公司绩效关系的实证研究》，《管理科学》2008 年第 1 期，第 39—48 页。

表 6-4　蔡华等 (2009) 对企业家精神的测量问项

序号	问项 (n=412)	Cronbach's α
1	对新情况有敏锐的洞察力	创新精神 α=0.811
2	敢于做出变革	
3	有冒险精神，敢于承担风险	
4	决策果断，勇于创新	
5	善于抓住机遇	
6	主动与他人沟通、交流	合作精神 α=0.733
7	信守承诺	
8	良好的人际关系	
9	尊重他人	
10	团队精神	
11	凝聚力强	
12	宽容员工的失败	

续表

序号	问项（n = 412）	Cronbach's α
13	不怕困难，视挑战为机会	敬业精神 α = 0.679
14	对事业锲而不舍	
15	敢于牺牲，乐于奉献	
16	胸怀大志，有明确的目标和计划	
17	旺盛的工作热情	
18	求真务实，讲求效率	
19	学习国家及地方新政策	学习精神 α = 0.802
20	学习新知识，并用于指导实践	
21	独立思考	
22	带动他人一起学习知识	
23	注重市场导向，善于模仿	
24	具有民族使命感	责任精神 α = 0.758
25	对员工负责	
26	具有社会责任感，回报社会	
27	注重公众利益，保护环境	
28	尊重社会文化与习俗	
29	守法经营	

资料来源：蔡华、于永彦、蒋天颖：《民营企业家精神的测量与分析》，《统计与决策》2009 年第 16 期。

Lumpkin 等（2009）在研究自主性与公司企业家精神的关系时，借鉴 Covin 和 Slevin（1989）、Lumpkin（1998）及 Lumpkin 和 Dess（2001）的测量量表，从创新性、积极性和风险承担性三个维度对公司企业家精神进行测量。

表 6–5　Lumpkin 等（2009）对企业家精神的测量问项

序号	问项（n = 125）	维度
1	通常相对于强调研发、技术和创新，公司高管更加青睐于营销尝试和产品销售及服务	创新性
2	过去的五年里，公司没有建立新的产品和服务渠道	

续表

序号	问项（n = 125）	维度
3	公司的产品和服务渠道变化很小	创新性
4	公司高管倾向于自己探索和尝试解决问题，而不是模仿其他公司的解决方法	创新性
5	相对于引进别人的生产技术和方法，公司更倾向于设计自己的独特新工艺和生产方式	
6	应对竞争时，公司通常只是对竞争行为做出回应而不是发起竞争	
7	面对竞争时，公司很少第一个引进新产品和服务、管理方法和操作技术	积极性
8	公司通常竭力避免激烈的竞争冲突	
9	公司高管倾向于跟随行业趋势进入新领域或生产新产品，而不是领先于其他竞争者来引领行业发展趋势	
10	相对于高风险项目，公司高管更倾向于低风险项目	
11	公司高管偏好于小心谨慎地逐步探索市场环境，而不是通过大胆广泛的行为来实现公司目标	风险承担性
12	面临不确定性时，公司通常采取谨慎、观望的姿态，最大限度地降低决策成本	
13	面临问题障碍时，公司倾向于仔细研究之后制定方案解决它，而不是直接采用可能的解决方案	

资料来源：Lumpkin T., Cogliser C. & Schneider R., "Understanding and measuring autonomy: An entrepreneurial orientation perspective", *Entrepreneurship Theory & Practice*, 2009, 33 (1): 47-69。

冯海燕和王方华（2015）综合 Covin 和 Slevin（1989）、Lumpkin 和 Dess（2001）、Lumkin 等（2009）的三大量表，将企业家精神分为创新、风险承担、超前行动、竞争进取和自主 5 个维度，并采用 15 个题项进行测量；但在探索性因子分析和信度检验后确定两个因子：创新先动性与冒险进取性，最终形成包含 10 个问项的企业家精神测量工具（见表 6-6）。

表 6-6　冯海燕和王方华（2015）对企业家精神的测量问项

序号	问项（n = 127）	Cronbach's α
1	企业经常率先引进新产品、服务、管理方法和生产技术等	创新先动性 α = 0.717
2	高管团队高度重视研发活动、技术领先与创新	
3	最近 3 年，企业在市场上推出了很多新产品或新服务	
4	最近 3 年，企业的产品或服务进行了较大程度的更新	
5	高管团队强烈倾向先于竞争者引进新创意或新产品	
6	高管团队强烈偏好可能获得高回报的高风险项目	冒险进取性 α = 0.706
7	企业采用非常具有竞争性的、"消灭竞争对手"的姿态	
8	企业经常率先发起竞争行动，然后竞争对手被迫响应	
9	面对不确定性时，企业倾向于采取大胆、进取的姿态，以最大可能开发潜在机会	
10	高管团队相信由于环境，为实现经营目标，须采取大胆行动	

资料来源：冯海燕、王方华：《企业家精神何以落地：创业导向影响竞争优势的路径研究》，《经济与管理研究》2015 年第 7 期。

本书将企业家精神视为一种赋予现有资源新价值的革新意识与行为。创新精神和冒险精神是企业家精神的重要方面，既包括企业家在创造经济价值过程中体现出的创新意识，又涵盖企业家在不确定环境进行创新性活动的冒险精神。借鉴上述成熟测量工具，开发企业家精神测量工具如表 6-7 所示。

表 6-7　本书对企业家精神的测量问项

序号	问项	
EF01	企业高层管理者善于学习新知识，并用于指导实践	创新精神
EF02	相对于引进别人的生产技术和方法，企业高层管理者倾向于设计自己的独特新工艺和生产方式	
EF03	近年来，企业的产品或服务进行了较大程度的更新	
EF04	企业高层管理者高度重视研发活动、技术领先与创新	
EF05	企业高层管理者常常主张率先引进新产品、服务、管理方法和生产技术等	

续表

序号	问项	
EF06	企业高层管理者善于运用新理念来解决现有问题	创新精神
EF07	企业高层管理者倾向于自己探索和尝试解决问题，而不是模仿其他企业解决方法	
EF08	企业高层管理者具有开拓精神，敢于承担风险	冒险精神
EF09	企业高层管理者经常率先发起竞争行动，然后竞争对手被迫响应	
EF10	企业高层管理者不怕困难，视挑战为机会	
EF11	企业高层管理者相信风险越大，回报越高	
EF12	企业高层管理者相信由于环境挑战，为实现经营目标，须采取大胆行动	
EF13	企业高层管理者强烈偏好可能获得高回报的高风险项目	
EF14	企业高层管理者面对不确定性时，倾向于采取大胆进取姿态，以开发潜在机会	
EF15	企业高层管理者面临不确定性时，通常采取谨慎观望的姿态，最大限度地降低决策成本	

资料来源：笔者整理。

（二）企业家社会资本

Acquaah（2007）以加纳地区企业为例，研究新兴经济体地区管理者社会资本、战略导向与企业绩效之间的逻辑关系；他通过企业家个人所建立的社会关系来对企业家社会资本进行测量，这些社会关系包括企业家与政府官员的关系、与社区领袖的关系，以及与其他企业高管的关系，具体测量问项如表6-8所示。

表6-8　Acquaah（2007）对企业家社会资本的测量问项

序号	问项（n=115）	维度
1	市议会议员	
2	地方议会议员	
3	地方政府政治家或管理者	
4	中央政府政治家或管理者	

续表

序号	问项（n = 115）	维度
5	监管或支持机构（标准委员会、国内税务部门、环保机构等）官员	政治社会资本（来自政府官员）α = 0.73
6	产业或投资机构（投资委员会、出口保护机构、证券交易所等）官员	
7	地区国王、酋长或其他代理人	社区社会资本（来自社区领袖）α = 0.82
8	宗教领袖（例如，牧师、祭司、伊玛目）	
9	供应商	商业社会资本（来自其他企业高管）α = 0.83
10	客户	
11	竞争者	

资料来源：Acquaah M., "Managerial ties and firm performance in a transition economy: The nature of a micro – macro link", *Strategic Management Journal*, 2007, 28 (12): 1235 – 1255。

耿新和张体勤（2010）借鉴 Collins 和 Clark（2003）的方法，以企业家社会网络的规模、强度和异质性三个结构性指标，分别测量企业家对其商业社会资本、制度社会资本和技术社会资本的实际动员情况，测量方式如表 6 – 9 所示。

表 6 – 9　耿新和张体勤（2010）对企业家社会资本的测量问项

问项（n = 151）			维度
网络异质性	网络规模	网络强度	
客户	对应左栏分类，您分别有多少对公司业务帮助很大的商业伙伴或私人朋友？（人数）	其中，多少人每月与您有一次以上的联系（包括工作性质和非工作性质的联系）	企业家商业社会资本
供应商			
合作企业			
同行企业			
各级政府机关	对应左栏分类，您分别有多少对公司业务帮助很大的政府或金融机构朋友？（人数）		企业家制度社会资本
工商、税务等行政管理部门			
行业主管部门（包括开发区管委会和行业协会）			
银行和其他金融机构			

续表

问项（n=151）			维度
网络异质性	网络规模	网络强度	
高校及科研机构的技术专家	对应左栏分类，您分别有多少对公司业务帮助很大的技术领域的私人朋友？（人数）	其中，多少人每月与您有一次以上的联系（包括工作性质和非工作性质的联系）	企业家技术社会资本
国家或地方工程技术中心等技术中介机构人员			
其他企业中的行业技术专家			

资料来源：耿新、张体勤：《企业家社会资本对组织动态能力的影响——以组织宽裕为调节变量》，《管理世界》2010年第6期。

本书借鉴Peng和Luo（2000）对商业和政治两大视角解构企业管理者关系（Managerial Ties）的思想①，从商业社会资本和政治社会资本两方面对企业家社会资本进行测量，主要反映企业家建立的，能够为企业创造价值的社会网络，从社会网络的关系广度、信任深度和互动强度三方面进行考察（见表6-10）。

表6-10　　　　　本书对企业家社会资本的测量问项

序号	问项	
SC01	企业高层管理者与重要中间商和供应商建立了广泛联系	商业社会资本
SC02	企业高层管理者与企业重要客户建立了广泛联系	
SC03	企业高层管理者与企业重要合作伙伴（银行、证券等）建立了广泛联系	
SC04	企业高层管理者与重要中间商和供应商相互信任和支持	
SC05	企业高层管理者与企业重要客户相互信任和支持	
SC06	企业高层管理者与企业重要合作伙伴（银行、证券等）相互信任和支持	

---

① Peng W. & Luo Y., "Managerial ties and firm performance in a transition economy: The nature of a micro-macro link", *Academy of Management Journal*, 2000, 43 (3): 486-501.

续表

序号	问项	
SC07	企业高层管理者与重要中间商和供应商经常进行资讯互动交流	商业社会资本
SC08	企业高层管理者与企业重要客户经常进行资讯互动交流	
SC09	企业高层管理者与企业重要合作伙伴（银行、证券等）经常进行资讯互动交流	
SC10	企业高层管理者与政府主管部门（工商、税务等）建立了广泛联系	政治社会资本
SC11	企业高层管理者与行业协会管理部门建立了广泛联系	
SC12	企业高层管理者与政府主管部门（工商、税务等）相互信任和支持	
SC13	企业高层管理者与行业协会管理部门相互信任和支持	
SC14	企业高层管理者与政府主管部门（工商、税务等）经常进行资讯互动交流	
SC15	企业高层管理者与行业协会管理部门经常进行资讯互动交流	

资料来源：笔者整理。

（三）环境动荡性

环境动荡性的测量及其信效度检验，已在第五章相关部分进行详细说明，此处不再赘述。

（四）控制变量

在控制变量方面，本书主要涉及两类控制变量：①企业规模。在企业规模的测量方面，大多数研究是将企业雇员数量视为衡量企业规模的关键指标（例如，Delios 和 Henisz，2003；许晖等，2006；Flores 和 Aguilera，2007）；也有少数研究将企业的销售额作为衡量指标（例如，Rathaermel 等，2006）。为了遵循大多数研究的惯例，并考虑到被调查企业一般不愿意透露营业额数据的现实情况，本书运用企业正式员工的数量来衡量企业规模。②企业年龄。在企业年龄的考察方面，本书遵循此前研究惯例（例如，Flores 和 Aguilera，2007；纪春礼，2011），用企业成立年限（截至 2015 年 12 月）来进行衡量。

根据以上对核心概念测量的问项设计，初步形成包含 38 个问项（其中，企业家精神 15 问项、企业家社会资本 15 问项、环境动荡性 8

问项；对商业模式创新的测量及评价详见第四章）的预调研问卷。在该调查问卷中，除特别说明的问项外，其他问项均使用李克特7点量表：1=非常不同意，7=非常同意。

二 预调研与问卷修正

初步完成问卷开发后，本书仍然通过"预调研"与"问项提炼"两大步骤对预调研问卷进行检测和修正，以形成研究的正式调研问卷。

在对预调研所获取的样本数据进行整理后，运用SPSS 18.0软件，通过信度分析和探索性因子分析对预调查问卷中的测量问项进行检验与修正。对测量工具Cronbach's α值的整体判断和对各测量问项的提炼与修正是信度检验的基础和关键。根据Churchill（1979）[1]的观点，当测量量表的Cronbach's α值大于0.7时，表示问卷具有可以接受的信度水平；同时，在问卷的修正过程中，需要先剔除影响量表信度的"垃圾测量问项"后再进行探索性因子分析，这样能够避免多维度结果的出现，从而能更好地解释每个因子的含义。

在具体标准的运用上，本书对测量工具的信度分析采用Cronbach's α值作为衡量标准；按照一般研究惯例，通过删除对测量变量贡献较小或毫无贡献的问项，从而增进测量量表的信度。根据Zaichowsky（1985）[2]和Bagozzi等（1989）[3]的观点，本书运用以下三项指标：①修正问项总相关系数（CITC）应该等于或大于0.4；②相关系数的平方（SMC）应该大于或等于0.5；③删除后测量的信度系数显著增加（CAID），根据以上标准，对预调研问卷相关指标系数统计分析，结果如表6-11所示。

---

[1] Churchill, Gilbert A., Jr., "A paradigm for developing better measures of marketing constructs", *Journal of Marketing Research*, 1979, 16 (2): 64–73.

[2] Zaichkowsky J., "Measuring the involvement construct", *Journal of Consumer Research*, 1985, 12 (3): 341–352.

[3] Bagozzi P., Baumgartner J. & Yi Y., "An investigation into the role of intentions as mediators of the attitude–behavior relationship", *Journal of Economic Psychology*, 1989, 10 (1): 35–62.

表 6–11　　核心概念测量的相关指标系数

核心概念	预调研问项编号	CITC	SMC	CAID	是否保留	正式问卷问项编号
创新精神 ($\alpha = 0.897$)	EF01	0.584	0.607	0.795	Y	EF01
	EF02	0.351	0.424	0.912	N	
	EF03	0.616	0.704	0.735	Y	EF02
	EF04	0.579	0.635	0.708	Y	EF03
	EF05	0.614	0.657	0.695	Y	EF04
	EF06	0.575	0.593	0.726	Y	EF05
	EF07	0.362	0.407	0.906	N	
冒险精神 ($\alpha = 0.908$)	EF08	0.638	0.674	0.795	Y	EF06
	EF09	0.317	0.465	0.913	N	
	EF10	0.554	0.639	0.716	Y	EF07
	EF11	0.635	0.693	0.798	Y	EF08
	EF12	0.586	0.615	0.727	Y	EF09
	EF13	0.362	0.397	0.917	N	
	EF14	0.643	0.705	0.764	Y	EF10
	EF15	0.375	0.465	0.928	N	
商业社会资本 ($\alpha = 0.885$)	SC01	0.586	0.693	0.813	Y	SC01
	SC02	0.637	0.694	0.763	Y	SC02
	SC03	0.592	0.647	0.812	Y	SC03
	SC04	0.625	0.705	0.763	Y	SC04
	SC05	0.537	0.658	0.811	Y	SC05
	SC06	0.529	0.582	0.847	Y	SC06
	SC07	0.648	0.699	0.793	Y	SC07
	SC08	0.497	0.584	0.846	Y	SC08
	SC09	0.503	0.597	0.813	Y	SC09
政治社会资本 ($\alpha = 0.886$)	SC10	0.595	0.674	0.793	Y	SC10
	SC11	0.582	0.624	0.815	Y	SC11
	SC12	0.636	0.695	0.807	Y	SC12
	SC13	0.592	0.638	0.791	Y	SC13
	SC14	0.615	0.697	0.801	Y	SC14
	SC15	0.497	0.583	0.852	Y	SC15

注：商业模式创新测量的检验已在第三章进行，环境动荡性测量的检验已在第四章进行。

资料来源：笔者整理。

第六章 企业家因素与制造型企业商业模式创新

在进行信度检验和问项提炼后,本书使用探索性因子分析(EFA)检验量表的建构效度。在进行探索性因子分析之前,需要从以下两个方面检验量表和问项是否适合进行该项分析:一方面,如果在测量中原有概念之间相互独立,则无法提取共同因子。因此,在进行探索性因子分析之前,首先需要对本量表中各问项之间的相关关系进行检验。在本书中,通过计算概念的相关系数矩阵,结果表明各概念间的相关系数在 0.3 以上,具有较显著的相关关系,因此适合进行因子分析。另一方面,根据 Kaiser (1974)[①] 提出的标准,只有当 KMO 值介于 0.6—1.0 之间,且 Bartlett 球形检验中的卡方近似值越大并显著时,才适合进行因子分析。在本书中,模型各核心概念测量的检验结果显示(见表6-12),各测量概念的 KMO 值在 0.705—0.914 之间,且 Bartlett 球形检验的卡方统计值及显著性水平均达到相应标准。以上结论说明对企业家因素,以及环境动荡性等概念的测量数据适合进行探索性因子分析。

表 6-12　核心概念的 KMO 值和 Bartlett 球形检验

检验项 测量构念	KMO 值	Bartlett 球形检验		
		Approx. Chi-Square	df	Sig.
创新精神	0.758	884.639	48	<0.001
冒险精神	0.826	995.661	54	<0.001
商业社会资本	0.914	1269.473	61	<0.001
政治社会资本	0.705	834.276	45	<0.001
环境动荡性	0.807	1185.417	59	<0.001

资料来源:笔者整理。

在探索性因子分析中,本书采用主成分萃取因子法及最大变异转轴法,根据特征值大于 1 的标准,对因子分析结果中各主要测量变量进行了因子载荷提取(见表 6-13)。

[①] Kaiser H., "An index of factorial simplicity", *Psychometrika*, 1974, 39 (1): 31-36.

表 6-13　　核心概念探索性因子分析结果

测量概念		测量问项	因子载荷
创新精神	EF01	企业高层管理者善于学习新知识,并用于指导实践	0.814
	EF02	近年来,企业的产品或服务进行了较大程度的更新	0.793
	EF03	企业高层管理者高度重视研发活动、技术领先与创新	0.786
	EF04	企业高层管理者常常主张率先引进新产品、服务、管理方法和生产技术等	0.812
	EF05	企业高层管理者善于运用新理念来解决现有问题	0.807
冒险精神	EF06	企业高层管理者具有开拓精神,敢于承担风险	0.809
	EF07	企业高层管理者不怕困难,视挑战为机会	0.795
	EF08	企业高层管理者相信风险越大,回报越高	0.813
	EF09	企业高层管理者相信由于环境挑战,为实现经营目标,须采取大胆行动	0.788
	EF10	企业高层管理者面对不确定性时,倾向于采取大胆进取姿态,以开发潜在机会	0.774
商业社会资本	SC01	企业高层管理者与重要中间商和供应商建立了广泛联系	0.821
	SC02	企业高层管理者与企业重要客户建立了广泛联系	0.808
	SC03	企业高层管理者与企业重要合作伙伴(银行、证券等)建立了广泛联系	0.811
	SC04	企业高层管理者与重要中间商和供应商相互信任和支持	0.826
	SC05	企业高层管理者与企业重要客户相互信任和支持	0.803
	SC06	企业高层管理者与企业重要合作伙伴(银行、证券等)相互信任和支持	0.818
	SC07	企业高层管理者与重要中间商和供应商经常进行资讯互动交流	0.795
	SC08	企业高层管理者与企业重要客户经常进行资讯互动交流	0.784
	SC09	企业高层管理者与企业重要合作伙伴(银行、证券等)经常进行资讯互动交流	0.765

续表

测量概念		测量问项	因子载荷
政治社会资本	SC10	企业高层管理者与政府主管部门（工商、税务等）建立了广泛联系	0.813
	SC11	企业高层管理者与行业协会管理部门建立了广泛联系	0.827
	SC12	企业高层管理者与政府主管部门（工商、税务等）相互信任和支持	0.805
	SC13	企业高层管理者与行业协会管理部门相互信任和支持	0.823
	SC14	企业高层管理者与政府主管部门（工商、税务等）经常进行资讯互动交流	0.796
	SC15	企业高层管理者与行业协会管理部门经常进行资讯互动交流	0.783

资料来源：笔者整理。

探索性因子分析结果显示，在根据信度分析删除各维度中的部分问项后，其余问项的单一因子载荷都超过了0.5，且不存在明显的跨因子分布。因此，根据信度分析和探索性因子分析的结果，形成对自变量（创新精神、冒险精神、商业社会资本和政治社会资本）和调节变量（环境动荡性）测量的正式调研问卷（见附录）。

第三节　实证分析

本书运用正式问卷进行样本数据收集，并检验相关研究假设。本节首先对正式问卷所收集的研究数据质量进行评估，并对测量工具的信效度进行检验；然后运用回归分析等多元分析方法对组织因素（企业家精神和企业家社会资本）主效应，以及环境因素（环境动荡性）调节效应进行检验。

一　测量描述性统计分析

在对正式研究数据进行整理后，本书对核心概念测量问项进行描述性统计分析；分析的指标主要包括均值、标准差、偏度和峰度四项。均值主要反映测量问项的平均得分情况，而标准差则反映各问项得分情况的离散程度；偏度和峰度主要用于检验数据的正态性；只有符合正态分布的数据才适合运用极大似然法对结构模型进行估计。同时，样本的偏度与峰度越接近于0，则表示该变量的数据分布越接近正态性；数据的偏度小于2，同时峰度小于5，即可认为样本属于正态分布。[①] 从本书的数据结论看（见表6-14），各观测变量的偏度和峰度系数均在较为理想的范围，可以认为理论模型中核心概念测量问项的数据呈现近正态分布，不影响极大似然法估计的稳健性。

表6-14　　核心概念测量的描述性统计分析

问项	EF01	EF02	EF03	EF04	EF05	EF06	EF07	EF08
均值	5.198	5.054	4.857	5.092	5.163	5.118	4.842	5.185
标准差	0.974	0.838	0.739	1.153	1.094	1.129	0.795	1.015
偏度	-1.048	0.291	0.416	-0.795	-1.051	-0.973	1.096	-0.794
峰度	0.461	-0.473	-0.238	-0.147	0.429	0.764	-0.494	0.962
问项	EF09	EF10	SC01	SC02	SC03	SC04	SC05	SC06
均值	5.119	4.857	4.893	4.863	5.176	5.095	5.164	4.865
标准差	1.074	0.794	0.749	0.748	1.094	1.027	0.982	1.159
偏度	-1.125	1.175	-0.765	-0.931	-1.085	0.874	0.841	-1.174
峰度	0.948	0.833	0.472	-1.148	0.932	-0.983	-0.784	-0.955
问项	SC07	SC08	SC09	SC10	SC11	SC12	SC13	SC14
均值	5.051	5.036	5.164	4.838	4.877	5.158	4.975	4.984
标准差	1.078	0.847	1.073	0.712	0.912	1.127	0.753	0.969
偏度	0.793	-0.926	-0.756	1.163	-0.874	0.575	-0.854	-1.154
峰度	-1.169	-1.165	0.972	-0.812	-1.126	-0.932	-0.917	0.795
问项	SC15							
均值	4.869							
标准差	1.117							
偏度	-0.864							
峰度	-1.035							

资料来源：笔者整理。

---

① Ding L., Velicer W. & Harlow L., "Effects of estimation methods, number of indicators per factor, and improper solutions on structural equation modeling fit indices", *Structural equation modeling: A Multidisciplinary Journal*, 1995, 2 (2): 119-143.

二 信效度检验

变量测量的内部一致性运用 Cronbach's α 值和组合信度（CR）两项指标进行检验。结论表明（见表 6-15）：五个核心变量的 α 值介于 0.847—0.938 之间，均大于 0.7 水平；同时，各变量 AVE 值均大于 0.5 水平，且任意变量间相关系数不为 1，变量 AVE 值平方根均大于其所在行与列相关系数绝对值。可见，测量的信度及判别效度、收敛效度均比较理想。

表 6-15　　　　　　　　测量的信效度检验结果

变量	α 系数	AVE	1	2	3	4	5	6	7
1. 创新精神	0.892	0.585	0.765						
2. 冒险精神	0.875	0.571	0.136	0.756					
3. 商业社会资本	0.901	0.597	0.078	0.109	0.757				
4. 政治社会资本	0.894	0.584	0.059	0.088	0.053	0.761			
5. 效率型商业模式创新	0.836	0.561	0.185*	0.092	0.162*	0.107	0.749		
6. 新颖型商业模式创新	0.891	0.594	0.198**	0.204**	0.156*	0.158*	0.084	0.765	
7. 环境动荡性	0.883	0.573	0.025	0.011	0.047	0.073	0.021	0.036	0.753

注：对角线为潜变量的 AVE 值平方根；* 表示 $p<0.05$，** 表示 $p<0.01$。
资料来源：笔者计算整理。

本书所有测量问项均借鉴或改编自成熟量表，确保测量的内容效度达到要求。同时，运用验证性因子分析检验核心变量的结构效度。在输出的验证性因子模型中（见表 6-16），模型卡方值与自由度的比值（χ^2/df）均介于 1.0—2.0 区间，RMSEA 均小于 0.08 水平，绝对拟合度指标 GFI 和 AGFI 均超过 0.9 水平，简约拟合度指标 PGFI 和 PNFI 均达到 0.5 水平，表明变量的结构效度在可接受范围内。

表 6-16　　　　　　　　变量的验证性因子分析结果

变量	χ^2/df	RMSEA	GFI	AGFI	CFI	NFI	PGFI	PNFI
标准值	1.0—2.0	<0.08	>0.9	>0.9	>0.9	>0.9	>0.5	>0.5
创新精神	1.684	0.054	0.926	0.918	0.914	0.916	0.607	0.583
冒险精神	1.729	0.047	0.925	0.911	0.915	0.909	0.565	0.559
商业社会资本	1.337	0.061	0.919	0.914	0.909	0.907	0.559	0.564

续表

变量	χ^2/df	RMSEA	GFI	AGFI	CFI	NFI	PGFI	PNFI
政治社会资本	1.269	0.057	0.922	0.915	0.918	0.912	0.614	0.609
效率型商业模式创新	1.781	0.079	0.921	0.911	0.914	0.915	0.602	0.583
新颖型商业模式创新	1.824	0.072	0.918	0.906	0.913	0.908	0.594	0.552
环境动荡性	1.753	0.042	0.924	0.915	0.922	0.912	0.603	0.586

资料来源：笔者计算整理。

三　组织因素主效应检验

运用结构方程模型的路径分析方法来检验理论假设，依据研究假设建立路径关系模型。运用 Amos 8.0 软件输出模型结果，模型指标值显示（见表6-17）：预设模型 NC 值，即 χ^2/df 介于 1.0—2.0 之间，GFI 和 AGFI 均超过 0.9 的理想水平，RMSEA 达到小于 0.05 的理想水平，说明模型的整体拟合度良好，可用于检验研究假设。

表6-17　　　　　　　　结构方程模型的拟合度评估

指标		模型值	标准值	指标		模型值	标准值
绝对拟合度	χ^2/df	1.637	<2.0	增值拟合度	CFI	0.912	>0.9
	P	0.000	<0.05		NFI	0.914	>0.9
	RMSEA	0.052	<0.08		TFI	0.917	>0.9
	GFI	0.918	>0.9	简约拟合度	PGFI	0.602	>0.5
	AGFI	0.909	>0.9		PNFI	0.597	>0.5

资料来源：笔者计算整理。

路径分析结论显示（见表6-18）：首先，创新精神对效率型商业模式创新（$\beta = 0.203$，$p < 0.01$）和新颖型商业模式创新（$\beta = 0.217$，$p < 0.01$）均有显著正向影响，H5a 和 H5b 得到研究证实。其次，冒险精神对效率型商业模式创新（$\beta = 0.085$，$p > 0.05$）的影响并不显著，但对新颖型商业模式创新（$\beta = 0.296$，$p < 0.001$）有显著积极作用，H5c 未通过研究，H5d 得到数据支持。再次，商业社会

资本对效率型商业模式创新（$\beta = 0.273$，$p < 0.001$）和新颖型商业模式创新（$\beta = 0.258$，$p < 0.01$）均有积极影响作用，H6a 和 H6b 均得到研究支持。最后，政治社会资本对效率型商业模式创新（$\beta = 0.049$，$p > 0.05$）的正向作用不显著，但对新颖型商业模式创新（$\beta = 0.205$，$p < 0.01$）具有显著积极效应，H6c 未被证实，H6d 得到数据支持。

表 6-18　　　　　结构模型路径系数与假设检验结果

路径关系	路径系数	t 值	研究假设	结果
创新精神→效率型商业模式创新	0.203	16.154**	H5a	支持
创新精神→新颖型商业模式创新	0.217	16.683**	H5b	支持
冒险精神→效率型商业模式创新	0.085	8.671	H5c	不支持
冒险精神→新颖型商业模式创新	0.296	21.082***	H5d	支持
商业社会资本→效率型商业模式创新	0.273	19.381***	H6a	支持
商业社会资本→新颖型商业模式创新	0.258	17.384**	H6b	支持
政治社会资本→效率型商业模式创新	0.049	5.097	H6c	不支持
政治社会资本→新颖型商业模式创新	0.205	16.285**	H6d	支持

注：路径系数为标准化路径系数；* 表示 $p < 0.05$，** 表示 $p < 0.01$，*** 表示 $p < 0.001$。

资料来源：笔者计算整理。

四　环境动荡性调节效应检验

为深入剖析企业家因素驱动商业模式创新的内在机制，本书基于权变理论视角，运用 SmartPLS 2.0 软件检验环境动荡性对上述关系的调节效应。通过 PLS 方法，分两阶段检验变量之间的互动关系及显著性水平以确定调节效应。

第一阶段，分别将企业家精神（冒险精神和创新精神）和企业家社会资本（商业社会资本和政治社会资本）的平方、环境动荡性，以及效率型和新颖型商业模式创新等变量纳入结构方程，建立主效应模型。第二阶段，对各项指标进行标准化处理，然后分别将两类企业家精神和两类企业家社会资本，与环境动荡性的乘积项建立互动模型，分析结果如表6-19所示。

表6-19　　　　环境动荡性的调节效应分析结果

变量	效率型商业模式创新 第一阶段	第二阶段	f^2	新颖型商业模式创新 第一阶段	第二阶段	f^2
创新精神的平方	0.246	0.233	0.285	0.219	0.206	0.237
冒险精神的平方	-0.158	0.127	0.015	-0.208	-0.188	0.198
环境动荡性	0.104	0.101	—	0.114	0.117	—
创新精神的平方×环境动荡性		0.256	—		0.248	—
冒险精神的平方×环境动荡性		0.131	—		0.216	—
商业社会资本的平方	-0.283	-0.257	0.008	-0.216	-0.207	0.309
政治社会资本的平方	0.168	0.153	0.016	0.208	0.194	0.218
环境动荡性	0.104	0.101	—	0.114	0.117	—
商业社会资本的平方×环境动荡性		0.106	—		0.268	—
政治社会资本的平方×环境动荡性		0.098	—		0.204	—

资料来源：笔者计算整理。

此外，在研判变量之间路径系数以外，还需要综合考察模型中 R^2 值变化情况，以及反映整体调节效应水平的 f^2 值水平，计算公示如下：

$$f^2 = \frac{R^2_{(interaction-model)} - R^2_{(main-effects-model)}}{[1 - R^2_{(interaction-model)}]}$$

当 f^2 最低值为0.02时，表明调节变量的调节效应较小；当 f^2 值达到0.15时，表明调节变量具有中等调节效应；当 f^2 值达到0.35时，表明调节变量的调节效应非常显著。[1]

---

[1] Cohen J., *Statistical power analysis for behavioral sciences* (2nd ed.), NJ, Hillsdale: Lawrence Erlbaum, 1988, 138-141.

数据结论显示，在企业家精神方面，环境动荡性对创新精神与效率型商业模式创新关系，以及对市场导向与新颖型商业模式创新关系的整体调节效应 f^2 值分别仅为 0.285（$\beta = 0.256$，$p < 0.001$）和 0.163（$\beta = 0.248$，$p < 0.01$），结合主效应系数可知，环境动荡性对创新精神与效率型商业模式创新积极关系，以及对创新精神与新颖型商业模式创新积极关系均有显著的正向调节作用，即 H7a 和 H7b 均得到数据支持。环境动荡性对冒险精神与效率型商业模式创新关系，以及对冒险精神与新颖型商业模式创新关系的整体调节效应 f^2 值分别仅为 0.015 和 0.198（$\beta = 0.216$，$p < 0.01$），结合主效应系数可知，环境动荡性对冒险精神与效率型商业模式创新的调节效应不显著，而对冒险精神与新颖型商业模式创新的调节效应显著，即 H7c 未得到研究支持，H7d 通过数据验证。

在企业家社会资本方面，环境动荡性对商业社会资本与效率型商业模式创新积极关系，以及对商业社会资本与新颖型商业模式创新积极关系的整体调节效应 f^2 值分别仅为 0.008 和 0.309（$\beta = 0.268$，$p < 0.001$），结合主效应系数可知，环境动荡性对商业社会资本与效率型商业模式创新的调节效应不显著，而对商业模式与新颖型商业模式创新具有显著的正向调节作用，即 H8a 未被证实，H8b 得到支持。环境动荡性对政治社会资本与效率型商业模式创新正向关系，以及政治社会资本与新颖型商业模式创新关系的整体调节效应 f^2 值分别仅为 0.016 和 0.218（$\beta = 0.204$，$p < 0.01$），结合主效应系数可知，环境动荡性对政治社会资本与效率型商业模式创新的调节效应并不显著，而对政治社会资本与新颖型商业模式创新具有显著的正向调节作用，即 H8c 未得到数据支持，H8d 通过实证检验。

第四节 研究小结

本章运用 192 家制造型企业实证数据，对相关研究假设进行检验，结果如表 6-20 所示。基于假设检验的实证研究结论，揭示动荡环境条件下，企业家因素驱动商业模式创新的基本机制。主要结论包括：

表6-20　　　　　　　　　　本章研究假设检验结果

假设	假设内容	结论
H5a	创新精神对效率型商业模式创新有积极影响	支持
H5b	创新精神对新颖型商业模式创新有积极影响	支持
H5c	冒险精神对效率型商业模式创新有积极影响	不支持
H5d	冒险精神对新颖型商业模式创新有积极影响	支持
H6a	商业社会资本对效率型商业模式创新有积极影响	支持
H6b	商业社会资本对新颖型商业模式创新有积极影响	支持
H6c	政治社会资本对效率型商业模式创新有积极影响	支持
H6d	政治社会资本对新颖型商业模式创新有积极影响	不支持
H7a	环境动荡性正向调节创新精神与效率型商业模式创新的正向关系	支持
H7b	环境动荡性正向调节创新精神与新颖型商业模式创新的正向关系	支持
H7c	环境动荡性正向调节冒险精神与效率型商业模式创新的正向关系	不支持
H7d	环境动荡性正向调节冒险精神与新颖型商业模式创新的正向关系	支持
H8a	环境动荡性正向调节商业社会资本与效率型商业模式创新的正向关系	不支持
H8b	环境动荡性正向调节商业社会资本与新颖型商业模式创新的正向关系	支持
H8c	环境动荡性正向调节政治社会资本与效率型商业模式创新的正向关系	不支持
H8d	环境动荡性正向调节政治社会资本与新颖型商业模式创新的正向关系	支持

资料来源：笔者整理。

一　企业家精神与商业模式创新

第一，创新精神对效率型和新颖型商业模式创新均有显著正向作用。创新精神使高层管理者在管理和决策中能够运用新理念和新方法分析和处理问题，能够接受不同于现有思想和方法的观点和建议，因而不仅能够推动企业不断优化业务流程，并持续改进产品生产技术，从而提高生产经营效率；还可以创新性运用新的管理工具，提高管理和决策的有效性，帮助降低商业生态系统内交易成本。同时，通过积极挖掘市场机会，开发和推广新的价值主张，从而拓展和构建新的交易结构。因而,创新精神对效率型和新颖型商业模式创新都有积极作用。

第二,冒险精神仅对新颖型商业模式创新和市场绩效有积极作用,而对效率型商业模式创新作用并不显著。冒险精神促使企业高层管理者敢于投资于不确定市场,通过积极的突破式变革来实现对潜在市场机会的把握,因而表现出对新颖型商业模式创新的驱动效应。但是,效率型商业模式创新以成本降低和效率提升为重要内核,企业积极的风险承担行为并不能直接有助于降低商业生态系统内交易各方的成本,并带来交易效率的提升,因而没有发现冒险精神对效率型商业模式创新的正向作用。

二 企业家社会资本与商业模式创新

首先,商业社会资本对制造型企业效率型和新颖型商业模式创新均有积极作用。商业社会资本反映企业家与其他企业高层管理者建立社会网络水平,这种社会关系能够帮助企业获取有价值的关键信息,有助于形成重要的管理决策信息,并通过各方信息分享,降低交易壁垒,提升交易效率;还有助于运用基于商业社会资本所构建的商业信任,在交易过程中减少相关监督和核查环节,提升交易效率。同时,企业高层管理者与各类商业合作机构建立的良好社会网络,能够更好地发掘和抓住新的商业机会,从而构建产业内新的交易网络和交易方式,实现对新颖型商业模式创新的推动。

其次,政治社会资本仅对新颖型商业模式创新有积极影响,而对效率型商业模式创新作用并不明显。企业家政治社会资本代表企业家个人所掌握的政治资源和政治网络。企业家所拥有的政治网络和资源能够帮助企业获取关键的发展资源,例如最新的产业政策、产业发展指导性意见、创新项目资助信息等,这些关键的产业和市场发展情报,能够推动企业构建新的产品和服务体系,从而形成新的业务模式和网络,实现新颖型商业模式创新。而效率型商业模式创新聚焦于成本和产业内交易效率,企业家所掌握的政治资源和政治网络对当前产业内的既有交易影响并不能发挥显著的影响作用。

三 环境动荡性的调节效应

环境动荡性在企业家因素驱动商业模式创新的关系中发挥着差异化调节作用。在企业家精神方面，环境动荡性正向调节创新精神与效率型商业模式创新的正向关系，意味着当企业面临的外部市场和技术环境动荡水平越高时，企业家所具备的创新精神在推动效率型商业模式创新和新颖型商业模式创新方面都发挥着更加关键的作用。环境动荡性正向调节冒险精神与新颖型商业模式创新的正向关系，这表明，当企业所面临的市场和技术环境变化速率加快，以及变化程度和方向充满不确定性时，冒险精神更有助于推动企业开展新颖型商业模式创新活动。但是，效率型商业模式创新并没有在更为动荡的环境中，受到冒险精神的积极影响。这充分表明，冒险精神的运用不仅依赖企业所要达成的目标，更要依据企业所面临的外部经营环境。

在企业家社会资本方面，环境动荡性正向调节商业社会资本与新颖型商业模式创新的正向关系。这意味着，企业面临的外部环境动荡性程度越高，在推动企业开发新的产品/服务和新的顾客价值主张，形成新的交易网络和交易模式方面，企业家所掌握的商业网络和商业资源发挥着更为积极和显著的作用。环境动荡性正向调节政治社会资本与新颖型商业模式创新的正向关系，表明当企业所面临的市场和技术环境快速变化，且充满方向和程度不确定性时，企业家拥有的政治资源和政治网络，在帮助企业开发新的业务伙伴，形成新的交易模式方面具有非常重要的作用。

第七章 商业模式创新与市场效能

本章探究制造型企业商业模式创新驱动市场效能的机制；市场效能包括竞争优势和顾客资产两方面，分别涵盖竞争者和顾客两大维度。同时，考察营销动态能力对商业模式创新驱动市场效能作用的调节效应；通过制造型企业样本数据对相关研究假设进行实证检验，构建商业模式创新驱动市场效能的基本机制（见图7-1）。

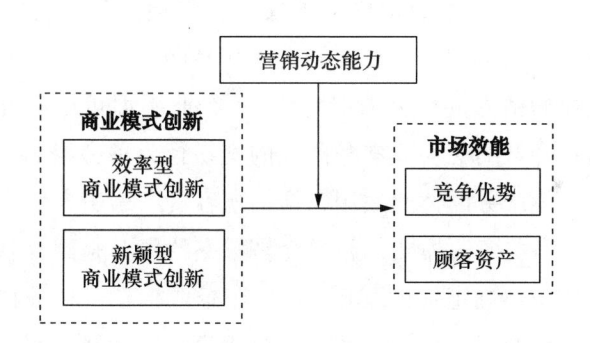

图7-1 商业模式创新与市场效能关系模型

第一节 商业模式创新驱动市场效能

本节从竞争优势和顾客资产两方面解构市场效能，并通过理论分析和研究假设，阐释商业模式创新的绩效输出。通过引入营销动态能力，探究市场领域的关键组织能力（营销动态能力）在商业模式创新驱动市场效能方面的作用。

一 效率型商业模式创新与市场效能

市场效能是企业行为在市场竞争中的综合性结果呈现,其涵盖竞争对手和顾客两个层面:在行业层面表现出的竞争优势反映企业相较于主要竞争对手,在市场占有率、顾客渗透率、顾客满意度以及产品与品牌影响力等方面取得优势的市场地位。顾客层面主要表现为顾客资产,是指企业产品或服务所提供的效用带来的顾客满意与忠诚,以及顾客关系建立和维持;它反映企业拥有顾客群体的总体品质。[1]

效率型商业模式创新并不强调效率本身,而是关注对交易成本的降低,使商业生态系统中交易参与各方获利。效率型商业模式创新可以提高商业生态系统中企业及其合作伙伴的交易效率,弱化市场环境中不确定因素的影响,降低各方交易成本(如相互沟通与协调产生的成本、风险成本等)[2],提升企业影响力和市场地位。同时,低成本企业可以降低产品或服务的价格,不仅能够促使现有顾客增加购买数量,还会吸引新顾客和新交易伙伴进入交易网络,提高交易规模和频率,增加企业的销售量和市场占有率。[3] 企业不但可以因此建立起竞争优势,而且降低的交易成本和高效的交易行为都会提高顾客及利益相关方对产品或服务的体验效用,增加顾客资产累积水平。

然而,效率型商业模式创新中交易效率的提升是建立在简化协调机制、弱化环境不确定性的基础上。[4] 在企业构建的商业网络中,如果对风险识别以及环境不确定性应对过于简化且超过临界值,可能会对参与各方绩效水平产生负面效应[5],进而损害市场效能。同时,企

---

[1] Rust T., Ambler T., Carpenter S., Kumar V. & Srivastava K., "Measuring marketing productivity: Current knowledge and future directions", *Journal of Marketing*, 2005, 68 (1): 76–89.

[2] Mendelson H., "Organizational architecture and success in the information technology industry", *Management Science*, 2000, 46 (4): 513–529.

[3] Doz Y. & Kosonen M., "Embedding strategic agility: A leadership agenda for accelerating business model renewal", *Long Range Planning*, 2010, 43 (2/3): 370–382.

[4] Zott C. & Amit R., "The fit between product market strategy and business model: Implications for firm performance", *Strategic Management Journal*, 2008, 29 (1): 1–26.

[5] Klang D., Wallnofer M. & Hacklin F., "The business model paradox: A systematic review and exploration of antecedents", *International Journal of Management Review*, 2014, 16 (4): 454–478.

业的资源与能力是有限的，若效率型商业模式创新超出了企业的承受范围，过高的创新成本会逐渐超过因效率型商业模式创新减少的交易成本，从而会弱化企业的竞争优势。另外，根据边际效用递减规律，企业提供产品或服务对顾客的边际效用随着效用的提高而递减，因此顾客的购买意愿将会逐渐减小；且一味地提高交易效率会忽略顾客的潜在需求和主观感受，顾客资产累计水平将会降低，并导致产品销量下降，市场占有率降低。[1]

综上所述，在商业生态系统中，企业对业务模式和交易方式等方面的效率改进，能够有效地推动竞争优势获取和顾客资产积累，但存在"效率边界"，即随着时间推移，效率改进在竞争优势和顾客资产方面的绩效输出边际效益不断递减。因此，本书提出如下研究假设：

H9a：效率型商业模式创新与竞争优势呈倒U形关系。

H9b：效率型商业模式创新与顾客资产呈倒U形关系。

二 新颖型商业模式创新与市场效能

新颖型商业模式创新重视交易伙伴类型和交易方式的革命性变化，强调在交易网络中创造新型交易方式，增加全新交易方式。首先，新颖型商业模式创新企业偏好于设计新的交易机制、开发新的价值主张或是构建新的合作模式和交易结构，拓展交易网络、增加交易数量，增强企业市场占有率和市场地位，从而建立竞争优势；其次，新颖的交易方式和交易体验能够吸引新的顾客与合作伙伴，并提高交易者的顾客满意程度。[2] 此外，商业模式创新的新颖性水平越高，企业越能在商业生态系统中占据主导地位，在交易过程中获得更高的议价能力，从而有效提升企业在市场方面绩效表现，扩大竞争优势。[3]

---

[1] Doz Y. & Kosonen M., "Embedding strategic agility: A leadership agenda for accelerating business model renewal", *Long Range Planning*, 2010, 43 (2/3): 370–382.

[2] 夏清华、娄汇阳：《商业模式刚性：组成结构及其演化机制》，《中国工业经济》2014年第8期。

[3] Zott C. & Amit R., "Business model design and the performance of entrepreneurial firms", *Organization Science*, 2007, 18 (2): 181–199.

虽然新颖型商业模式创新能够为企业竞争优势获取和顾客资产累积带来正面影响,但其效应可能并非线性关系:一方面,新颖型商业模式创新既具有创新扩散趋势,又存在模仿与复制的可能性。因此,随着交易模式与类型持续演进效应的外部性扩散,必然对整个行业交易网络和模式带来冲击与革新,进而使最先运用新兴模式的企业所拥有的相对竞争优势逐渐消失。① 另一方面,新颖效应仍然存在"边界"。根据边际效应递减规律,随着时间推移企业提供的新颖交易方式和新价值主张给供应商、经销商、顾客以及其他合作伙伴带来的积极效用将逐渐降低,在顾客黏性和吸引力方面逐步衰退,导致交易水平减少,致使顾客资产下降,企业的竞争优势将有所削弱。②

由此可见,新颖型商业模式创新存在"创新扩散"与"新颖边界",即企业在商业生态系统中进行新颖型商业模式创新有益于竞争优势和顾客资产,但随着竞争持续推进,竞争对手持续学习与跟进,新颖程度及其吸引力逐渐下降,因而对竞争优势与顾客资产的驱动作用也将逐渐减弱。据此,本书提出如下研究假设:

H9c:新颖型商业模式创新与竞争优势呈倒 U 形关系。

H9d:新颖型商业模式创新与顾客资产呈倒 U 形关系。

三 营销动态能力的内涵与维度

(一)营销动态能力的基本内涵

营销能力是企业差异化营销绩效的重要决定因素;以资源与技能整合、协调为内核的建构型营销能力对市场效能具有重要的促进作用。③ 随着市场不确定性和竞争强度不断增强,企业在营销职能方面的组织能力愈显不足,难以建立和维持市场竞争优势。企业静态的营

---

① Zott C. & Amit R., "The fit between product market strategy and business model: Implications for firm performance", *Strategic Management Journal*, 2008, 29 (1): 1 – 26.

② Markoczy L., Sun L., Peng M., et al., "Social network contingency, symbolic management and boundary stretching", *Strategic Management Journal*, 2013, 34 (11): 1367 – 1387.

③ Vorhies D., Morgan R. & Autry C., "Product – market Strategy and the Marketing Capabilities of the Firm: Impact on Market Effectiveness and Cash Flow Performance", *Strategic Management Journal*, 2009, 30 (12): 1310 – 1334.

销能力必须向动态转变，以适应市场环境和顾客需求的不断变化。[①]作为一种"改变能力的能力"的二阶能力，营销动态能力是企业建立、连接和配置技术与市场资源，以识别、创造和传递顾客价值的整合性组织流程。[②] 它通过加强对市场环境的感知与了解，促进企业内部各部门间的协调与合作，整合与重构现有资源，增强企业传递顾客价值的效率水平。

营销动态能力是企业营销管理领域的动态能力，聚焦于市场资源的重构和配置，以推动企业有效响应环境变化。对营销动态能力的理解主要包含两类理论视角：一类是继承 Teece 等（1997）的动态能力"能力观"[③]，将营销动态能力视为有效整合和协调市场资源与能力的二阶组织能力[④]，即"改变能力的能力"；另一类是响应 Eisenhardt 和 Martin（2000）的动态能力"流程观"[⑤]，认为营销动态能力是企业管理市场资源的特殊的、可识别的组织流程，即整合和配置资源的管理流程。[⑥] 无论是能力观还是流程观，都强调企业为响应市场环境变化而进行的主动性市场资源配置管理。

营销动态能力作为动态能力在组织营销管理领域的特定形式，既反映企业围绕顾客价值整合跨部门业务流程的反应性和效率，又是企业重构和配置营销相关资源，创造与传递顾客价值，以获取和维持竞争优势的高反应性和高效率组织流程。无论是从组织能力的外部特性（反应性与效率）或是内在形态（组织流程），已有研究都强调营销

[①] Day G., "Closing the Marketing Capabilities Gap", *Journal of Marketing*, 2011, 75 (4): 183 – 195.

[②] 李巍：《中小企业创新均衡对竞争优势的影响机理研究——营销动态能力的调节效应》，《研究与发展管理》2015 年第 6 期，第 10—18 页。

[③] Teece D., Pisano G. & Shuen A., "Dynamic Capabilities and Strategic Management", *Strategic Management Journal*, 1997, 18 (7): 509 – 533.

[④] 李巍：《中小企业创新均衡对竞争优势的影响机理研究——营销动态能力的调节效应》，《研究与发展管理》2015 年第 6 期，第 10—18 页。

[⑤] Fang E. & Zou S., "Antecedents and consequences of marketing dynamic capabilities in international joint ventures", *Journal of International Business Studies*, 2009, 40 (5): 742 – 761.

[⑥] 许晖、李巍、王梁：《市场知识管理与营销动态能力构建：基于天津奥的斯的案例研究》，《管理学报》2011 年第 3 期。

动态能力是企业积极响应市场环境变化、聚焦顾客价值创造及传递，以获取和维持竞争优势的二阶组织能力。本书借鉴李巍（2015）的观点，将营销动态能力视为多维度概念，它是企业建立、联结和配置市场资源，以识别、创造和传递顾客价值的整合性组织流程。[①]

（二）营销动态能力的结构维度

目前，关于营销动态能力内涵的理解学界观点较为一致，但对营销动态能力的结构维度的观点，围绕表现型维度和构成型维度两方面存在不同看法：一方面，大部分有关营销动态能力构成维度的观点均继承了 Fang 和 Zou（2009）的研究，将营销动态能力划分为顾客关系管理、供应链管理和产品开发管理等核心业务流程（例如，郭净等，2010；许晖等，2011；陈宁，2014，等等）；纪春礼（2011）在上述三个维度基础上增加市场调研和信息使用流程这一维度，构建营销动态能力的四维度模型。[②] 构成型维度的营销动态能力后续研究与探讨大多是在上述研究维度划分的基础上，发展其他管理流程作为营销动态能力结构维度。

总的来说，构成型维度划分方法聚焦于营销动态能力在营销管理中的具体表现，即营销动态能力通过上述核心业务流程得以体现，对研究初期理解营销动态能力具有积极意义。但是，对于那些实施业务外包，或者定位于产业链中采购和生产环节的企业，可能自身没有产品开发或顾客关系管理业务流程，营销动态能力的解释力便受到了挑战。因而，从表现型维度来解构营销动态能力存在一定缺陷。

另一方面，有研究试图从构成型维度视角，将营销动态能力划分为战略与策略两个层面：企业战略层面的营销动态能力包括企业价值观、企业学习、个人学习；策略层面的营销能力则是通过营销观念、环境分析能力、营销传播能力等构成维度将战略层面的营销动态能力

[①] 李巍：《营销动态能力的概念与量表开发》，《商业经济与管理》2015 年第 2 期。
[②] 纪春礼：《营销动态能力构成维度及其形成机理研究》，经济科学出版社 2011 年版。

外在化。① Tsai（2015）在探讨创业导向、市场导向与突破式创新商业化之间逻辑关系议题时，基于突破式创新及其产品商业化视角，将营销动态能力分为四类：市场知识管理能力、顾客价值共创能力、协作网络能力和企业品牌化能力。②

构成型维度的观点虽分析了营销动态能力的内部结构，但将营销动态能力的驱动要素如价值观、组织及个人学习行为与结构维度等同（王文超，2012），这忽略了营销动态能力聚焦于市场资源重构的本质属性，还有值得商榷之处；同时，Tsai（2015）对营销动态能力维度的划分缺乏内在一致性的理论逻辑。但是，构成型维度真实地反映了营销动态能力的本质内涵，对探讨企业作用机制具有重要意义。因此，本书赞同李巍（2015）的观点，认为营销动态能力是多维度概念，由市场感知能力、界面协同能力和顾客响应能力三项具备逻辑联系的子能力构成（见图7-2）；③ 这些子能力各自都包含着特殊的功能，服务于市场资源的联结、整合和配置。

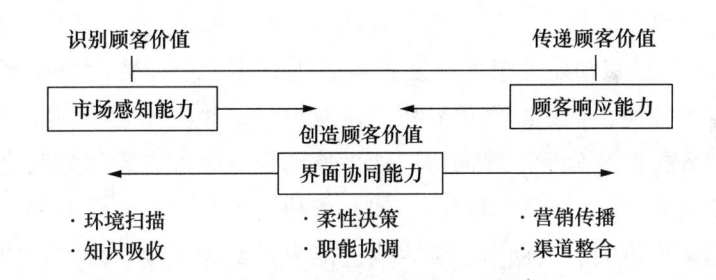

图7-2 营销动态能力的基本维度

资料来源：李巍：《营销动态能力的概念与量表开发》，《商业经济与管理》2015年第2期，第68—77页。

---

① 王文超：《企业营销动态能力的战略与策略构成研究》，《郑州大学学报》（哲学社会科学版）2012年第3期。
② Tsai S., "Dynamic marketing capabilities and radical innovation commercialisation", *International Journal of Technology Management*, 2015, 67（2/3/4）：174-195.
③ 李巍：《营销动态能力的概念与量表开发》，《商业经济与管理》2015年第2期。

其中，市场感知能力作为企业的"外→内"整合性管理流程，包含环境扫描和知识吸收两方面要素；它使企业有效识别市场机会与威胁，及时准确生成市场知识，并推动市场知识在企业内部的扩散和应用。界面协同能力作为企业"内→内"整合性管理流程，由柔性决策和职能协调两个环节构成。它使企业的营销决策具备及时性和适应性，并整合营销与研发、生产及财务等其他关键职能部门，保障职能部门之间在市场决策执行环节的理念与行动上的一致性。顾客响应能力是企业的"内→外"整合性管理流程，涵盖营销传播和渠道整合两方面。它的业务功能主要是建立和维护企业与顾客、渠道成员之间的关系，建立和管理进货与出货物流，提供销售支持和售后服务。企业通过这些关键子能力将市场资源有效地分配到诸如产品开发、供应链管理和顾客关系管理等营销关键业务流程，并通过跨部门资源重构实现对市场环境变化的有效回应。

与此同时，构成营销动态能力的各项子能力对企业识别、创造和传递顾客价值非常关键，也充分体现和继承 Teece（2007）"动态能力应包括机会识别与把握，以及对现有资源与能力进行重构"的理论观点。[①] 市场感知能力聚焦于发掘与识别顾客价值，帮助企业更好地分析竞争环境，识别顾客差异化需求与偏好，并将关键市场知识在企业内有效扩散和分享。界面协同能力推动企业决策方式的分散化和决策实施适应性，强化跨职能部门的业务功能整合与行动模式协调，实现对顾客价值的有效创造。顾客响应能力强调传递顾客价值，通过在产品渠道设计、营销传播等业务环节上的突出表现，使企业提供具有差异化特征的顾客价值，并实现与主要竞争者有效区隔。总之，市场感知能力、界面协同能力和顾客响应能力聚焦顾客价值，紧密衔接、相互作用，共同推动企业对市场变化的及时回应。

四 营销动态能力的调节效应

（一）效率型商业模式创新与市场效能

对于效率型商业模式创新，一方面，营销动态能力强化企业对市

---

① Teece D., "Explicating dynamic capabilities: The nature and microfoundations of (sustainable) enterprise performance", *Strategic Management Journal*, 2007, 28 (13): 1319 - 1350.

场环境的感知、深化对市场机会的认识和理解,通过对企业现有资源的创造性重构与配置,提升企业内部技术创新与现有资源进行跨部门配置的效率和水平,同时增强企业与利益相关者之间的沟通协调效率,从而提高商业生态系统内的交易效率水平,并降低企业内各部门和系统内各交易伙伴之间在协调与交易时因资源配置低效率而产生的成本,增强企业商业模式创新活动的综合效能。[①] 另一方面,通过对环境变化和利益相关者需求的感知,以及对市场资源快速有效地整合配置,营销动态能力促进企业提高商业模式创新如技术创新、服务创新等活动满足利益相关者需求的效率,及时地响应市场需求,提高顾客资产。[②]

综上所述,营销动态能力有助于提高企业效率型商业模式创新活动在商业生态系统内的交易效率,降低交易成本,提升竞争优势;同时强化企业对市场需求的响应速度和效率,获取顾客资产。因此,本书提出以下假设:

H10a:营销动态能力正向调节效率型商业模式创新与竞争优势的倒 U 形关系。

H10b:营销动态能力正向调节效率型商业模式创新与顾客资产的倒 U 形关系。

(二) 新颖型商业模式创新与市场效能

在新颖型商业模式创新方面,营销动态能力促使企业主动识别市场环境,积极探索市场机会,以求发现市场需求新变化和挖掘潜在市场需求。企业根据市场环境和市场需求的变化,快速有效地整合与配置企业资源,加速开发新的价值主张和构建新型交易方式;通过开发市场新需求和挖掘潜在市场需求,企业能够拓展商业生态系统内的交易网络,从而扩大竞争优势。[③] 顾客资产要求企业满足目标顾客群体

---

① 许晖、李巍、王梁:《市场知识管理与营销动态能力构建:基于天津奥的斯的案例研究》,《管理学报》2011 年第 3 期,第 323—331 页。

② Fang E. & Zou S., "Antecedents and consequences of marketing dynamic capabilities in international joint ventures", *Journal of International Business Studies*, 2009, 40 (5): 742–761.

③ 王文超:《企业营销动态能力的战略与策略构成研究》,《郑州大学学报》(哲学社会科学版) 2012 年第 3 期,第 73—75 页。

现有需求或潜在需求,以维持和强化顾客关系。营销动态能力增强企业与利益相关方的营销沟通效率,有助于企业及时感知利益相关方的各种需求,促进企业开发新的价值主张,快速地调整、重构资源配置,有效地传递顾客价值。[①]

总之,营销动态能力有利于企业开发新的价值主张、构建新型交易方式和拓展交易网络,促进企业新颖型商业模式创新活动,有效地创造、传递和维护顾客价值,从而建立竞争优势和获取顾客资产。据此,本书提出以下研究假设:

H10c:营销动态能力正向调节新颖型商业模式创新与竞争优势的倒 U 形关系。

H10d:营销动态能力正向调节新颖型商业模式创新与顾客资产的倒 U 形关系。

第二节　变量测量与问卷开发

本书运用问卷调查法收集实证数据以检验相关研究假设。本节基于研究方法视角探讨变量测量与问卷开发议题。从核心变量测量,以及基于量化分析的问卷开发等方面,对本书所运用的研究方法进行阐述。

一　核心变量测量

(一) 营销动态能力

Fang 和 Zou (2009) 在中国合资企业的研究中率先提出了"营销动态能力"概念,并通过发展量表进行实证测量;他们所开发的营销动态能力量表是从顾客关系管理、产品开发管理和供应链管理三方面进行测量,共 3 个问项(见表 7-1)。

[①] Hauser J., Tellis G. & Griffin A., "Research on innovation: A review and agenda for marketing science", *Marketing Science*, 2006, 25 (6): 687–717.

表7-1　　Fang 和 Zou（2009）对营销动态能力的测量问项

序号	问项（n=114）
1	跨功能流程设计的领域包括获取顾客信息并发挥其杠杆作用、建立和维护与顾客和渠道成员的关系、提供售后服务、为管理顾客关系提供支持，目的是掌握顾客需求以及更好地满足顾客需求
2	跨功能流程设计的领域包括确定顾客需求、设计试验性的新产品方案和模型、进行制造、协调设计中的部门关系、围绕产品的开发和工艺过程等方面，其目的是实现顾客价值和利益最大化
3	跨功能流程设计的领域包括选择和确定期望的供应商资格、建立和管理采购和销售物流、在产品/方案装配中设计工作流等方面，目的是设计、管理和整合与供应商和顾客的供应链

资料来源：Fang E. & Zou S.，"Antecedents and consequences of marketing dynamic capabilities in international joint ventures"，*Journal of International Business Studies*，2009，40（5）：742-761。

纪春礼（2011）基于中国国际化企业的实证数据，对营销动态能力结构维度和形成机理进行了研究；在 Fang 和 Zou（2009）的基础上，从产品开发管理流程、供应链管理流程、客户关系管理流程和市场调研与信息使用流程四个维度对营销动态能力进行测量（见表7-2）。

表7-2　　纪春礼（2011）对营销动态能力的测量问项

序号	问项（n=176）	
1	在新产品开发中，我们通常依赖使用者帮助我们界定并分清使用者的需求	
2	在新产品开发到一定程度时，我们通常会让消费者试用	
3	在产品开发过程中，我们通常会尽可能地将开发中的模型送到使用者手中	产品开发管理流程 $\alpha=0.932$
4	我们评价顾客对早期产品设计的反应	
5	在新产品的设计中我们使用跨功能团队（如研发、制造、销售等）	
6	在新产品的设计中我们使用跨组织的团队（如供应商和替代者）	
7	我们进行产品开发管理的目的是实现顾客价值和利益最大化	
8	我们适时地设计试验性的新产品方案和模型，并将其进行试验性制造	

续表

序号	问项（n=176）	
1	我们科学地选择和确定期望的供应链成员资格（包括原材料采购和产品销售）	供应链管理流程 $\alpha=0.972$
2	我们进行供应链管理目的是设计、管理和整合我们与供应商和顾客的供应链	
3	我们科学适时地在采购、销售、产品/方案装配中设计实施工作流	
4	我们进行供应链管理的目标是实现供应链过程中的准时传递、减少反应时间	
5	我们的供应链成员对于供应链管理有着共同的、一致的目标	
6	我们的供应链成员清楚地界定共同合作中各自的作用和义务	
7	我们的供应链成员积极地进行供应链实践与运作的标准化	
8	我们的供应链成员以相互协作的行为共同提高最终用户产品和服务的质量	
9	我们的供应链成员积极地涉入业务单元的新产品开发和商业化流程中	
10	我们的供应链成员共同地管理供应链中的物流和存货	
1	我们有一套正式的系统识别有价值的潜在顾客和渠道成员	客户关系管理流程 $\alpha=0.941$
2	我们积极建立与潜在顾客和渠道成员的关系	
3	我们积极尝试吸引潜在顾客和渠道成员，并从他们那里获得有价值的信息	
4	我们积极维护与顾客和渠道成员的关系	
5	我们积极与顾客和渠道成员保持互动交流	
6	我们公司很重视顾客忠诚或顾客保留计划	
7	我们试图与高价值顾客和渠道成员建立长期关系	
8	我们进行顾客关系管理的目的是掌握顾客需求以便更好地满足顾客需求	
1	我们企业经常使用正式或非正式市场调研方式持续地从顾客处收集信息	市场调研与信息使用流程 $\alpha=0.934$
2	我们企业持续地对先前调研中所获得信息的价值进行复查	
3	我们企业能够快速地察觉顾客产品偏好的变化	
4	我们企业能够快速地察觉我们所处行业的变化	
5	我们企业经常在营销部门和其他部门之间有效地共享信息	

续表

序号	问项（n=176）	
6	我们企业在营销部门内部有效地共享信息	市场调研与信息使用流程 α=0.934
7	当有关主要顾客的一些情况发生变化时，整个组织都能够及时地了解	
8	我们对于企业可获得的市场信息形成了共享型理解	
9	我们对于企业营销活动的执行形成了共享型理解	

资料来源：纪春礼：《营销动态能力构成维度及其形成机理研究》，经济科学出版社2011年版。

李巍（2015）基于构成型维度，从市场感知、界面协同和顾客响应三个维度开发了营销动态能力测量工具，包含22个问项，如表7-3所示。

表7-3　　李巍（2015）对营销动态能力的测量问项

序号	问项（n=327）	
1	企业周期性地对顾客、竞争者的现状进行系统评估	市场感知 α=0.904
2	企业对本产业的现状与发展趋势有较为准确的认识	
3	企业能够及时察觉市场需求的重要变化	
4	关键市场信息能够在企业不同部门有效地扩散和分享	
5	企业营销决策是建立在对市场信息充分收集和利用的基础上	
6	高层管理者经常对企业外部环境所发生的变化进行讨论和交流	
7	重要市场信息能够快速地传递到高层管理者	
8	各级管理者都拥有一定的市场决策权力	界面协同 α=0.907
9	管理者能够针对市场重要变化快速地进行决策	
10	企业重要营销决策能够在执行中根据环境变换进行适时调整	
11	企业的一线员工拥有一定的自主决策权力	
12	营销部门能够与其他关键职能部门有效协作	
13	企业各职能部门都围绕满足市场需求来开展本部门工作	
14	在面对市场重要变化时，企业各职能部门能够统一思想和行动	
15	维护企业整体利益是各职能部门开展工作的首要原则	

续表

序号	问项（n = 327）	
16	企业能够准确地向目标顾客传递产品等市场信息	顾客响应 α = 0.872
17	企业能够灵活运用多种媒介开展营销传播	
18	企业擅长综合使用多种手段向目标顾客进行营销推广	
19	企业的渠道设计能够有效地降低顾客购买成本	
20	企业综合运用多种渠道让目标顾客了解企业和产品	
21	目标顾客能够比较容易地知晓和购买到企业产品	
22	在本行业中，企业产品从研发到上市的时间进程比较短	

资料来源：李巍：《营销动态能力的概念与量表开发》，《商业经济与管理》2015 年第 2 期。

Tsai（2015）在创业导向与市场导向驱动突破式创新商业化的研究中，将营销动态能力视为重要的中介变量，并从市场知识管理能力（借鉴 Cepeda - Carrion 等，2012；Zelaya - Zamora 和 Senoo，2013 的量表）、顾客价值共创能力（借鉴 Bogers 和 West，2012；Vazifehdust 等，2012 的量表）、协作网络能力（借鉴 Kotabe 等，2011；Aarikka - Stenroos 和 Sandberg，2012 的量表）和企业品牌化能力（借鉴 Kim 和 Hyun，2011；Leek 和 Christodoulides，2012 的量表）四个方面对营销动态能力进行测量（见表 7 - 4）。

表 7 - 4　　Tsai（2015）对营销动态能力的测量问项

序号	问项（n = 251）	
1	运用科学的系统获取和分析信息	市场知识管理能力 α = 0.89
2	将市场信息转化为创新的流程标准化	
3	分享和讨论市场信息，使其能为创新活动充分利用	
4	为实现创新而存储和整理市场信息	
5	将顾客纳入价值创造过程以实现创新性产品	顾客价值共创能力 α = 0.91
6	与现有和潜在顾客共同进行创新性产品试验	
7	鼓励顾客对创新性产品的使用经历进行反馈	
8	邀请顾客为实现创新性产品价值最大化提供建议	

第七章　商业模式创新与市场效能 | 183

续表

序号	问项（n = 251）	
9	与外部合作伙伴建立网络，以传播创新性产品	协作网络能力 α = 0.87
10	与外部合作伙伴紧密共事，以降低创新性产品的市场壁垒	
11	动员外部合作伙伴说服顾客接受创新性产品	
12	通过外部合作伙伴将创新性产品的信息向市场进行传播	
13	构建突出而有意义的，创新且可靠产品提供者企业形象	企业品牌化能力 α = 0.88
14	将企业与具备突出能力和声誉的创新者形象关联起来	
15	使用广告、公共关系和其他营销工具推动企业品牌化	
16	定期地评估企业品牌化的效率，以确保企业的创新者形象得到广泛认知	

资料来源：Tsai S., "Dynamic marketing capabilities and radical innovation commercialisation", *International Journal of Technology Management*, 2015, 67 (2 - 4): 174 - 195。

本书借鉴李巍（2015）的测量工具，并充分考虑制造型企业所在行业环境，以及企业自身特性等因素，从市场感知、界面协同和顾客响应三方面构建测量工具（见表 7 - 5）。

表 7 - 5　　　　　　　本书对营销动态能力的测量问项

序号	问项	
MD01	企业对本产业的现状与发展趋势有较为准确的认识	市场感知
MD02	企业周期性地对顾客、竞争者的现状进行系统评估	
MD03	企业能够及时察觉市场需求的重要变化	
MD04	企业营销决策是建立在对市场信息充分收集和利用的基础上	
MD05	关键市场信息能够在企业不同部门有效地扩散和分享	
MD06	高层管理者经常对企业外部环境所发生的变化进行讨论和交流	
MD07	重要市场信息能够快速地传递到高层管理者	
MD08	管理者能够针对市场重要变化快速地进行决策	界面协同
MD09	各级管理者都拥有一定的市场决策权力	
MD10	企业的一线员工拥有一定的自主决策权力	
MD11	企业重要营销决策能够在执行中根据环境变换进行适时调整	
MD12	营销部门能够与其他关键职能部门有效协作	

续表

序号	问项	
MD13	企业各职能部门都围绕满足市场需求来开展本部门工作	界面协同
MD14	维护企业整体利益是各职能部门开展工作的首要原则	
MD15	在面对市场重要变化时,企业各职能部门能够统一思想和行动	
MD16	企业能够灵活运用多种媒介开展营销传播	顾客响应
MD17	企业能够准确地向目标顾客传递产品等市场信息	
MD18	目标顾客能够比较容易地知晓和购买到企业产品	
MD19	企业擅长综合使用多种手段向目标顾客进行营销推广	
MD20	企业的渠道设计能够有效地降低顾客购买成本	
MD21	企业综合运用多种渠道让目标顾客了解企业和产品	
MD22	在本行业中,企业产品从研发到上市的时间进程比较短	

资料来源:笔者整理。

(二) 市场效能

在营销管理及市场管理的研究中,Vorhies 等 (2009) 最早提出和界定市场效能这一概念,并借鉴 Clark (2000) 的观点开发量表进行测量,主要从市场份额、销售量以及市场地位三方面对市场效能进行测量(见表7-6)。

表7-6　　Vorhies 等 (2009) 对市场效能的测量问项

序号	问项 (n=270)
1	市场份额增长
2	销售量增长
3	预期市场地位获取

资料来源:Vorhies D., Morgan R. & Autry C., "Product – market strategy and the marketing capabilities of the firm: Impact on market effectiveness and cash flow performance", *Strategic Management Journal*, 2009, 30 (12): 1310 – 1334。

目前,对市场效能概念的直接测量和研究还非常少,因而本书除了借鉴有限的现有量表外,更多的是需要自行开发和设计量表。本书对市场效能的测量主要从竞争优势（Competition advantage）和顾客资产（Customer equity）两方面进行测量。竞争优势是对竞争者层面企业绩效输出水平的衡量，顾客资产是对企业顾客层面绩效输出的评价，主要涵盖顾客关系、顾客满意和顾客忠诚三方面。[①] 初步的问项设计如表7-7所示。

表7-7　　　　　　　　本书对市场效能的测量问项

序号	问项	
ME1	企业市场份额优于主要竞争对手	竞争优势
ME2	企业销售增长水平优于主要竞争对手	
ME3	企业技术水平优于主要竞争对手	
ME4	企业品牌影响力高于主要竞争对手	
ME5	企业产品在市场中处于优势地位	
ME6	企业产品或服务处于引领市场的位置	
ME7	相较于主要竞争对手，企业的顾客投诉率比较低	顾客资产
ME8	相较于主要竞争对手，企业的顾客满意度比较高	
ME9	相较于主要竞争对手，企业的顾客流失率比较低	
ME10	企业拥有良好的顾客口碑	
ME11	企业拥有很多长期顾客	
ME11	顾客常常为企业产品说好话	
ME13	企业新顾客中很大部分是老顾客推荐的	

资料来源：笔者整理。

（三）商业模式创新

商业模式创新的测量和检验在第四章已经进行，不再赘述。

（四）控制变量

在控制变量方面，本书主要涉及两类控制变量：①企业规模。在企业规模的测量方面，大多数研究是将企业雇员数量视为衡量企业规

---

① Nenonen S. & Storbacka K.，"Driving shareholder value with customer asset management：Moving beyond customer lifetime value"，*Industrial Marketing Management*，2016，52（1）：140-150.

模的关键指标（例如，Delios 和 Henisz，2003；许晖等，2006；Flores 和 Aguilera，2007）；也有少数研究将企业的销售额作为衡量指标（例如，Rathaermel 等，2006）。为了遵循大多数研究的惯例，并考虑到被调查企业一般不愿意透露营业额数据的现实情况，本书运用企业正式员工的数量来衡量企业规模。②企业年龄。在企业年龄的考察方面，本书遵循此前研究惯例（例如，Flores 和 Aguilera，2007；纪春礼，2011），用企业成立年限（截至 2015 年 12 月）来进行衡量。

根据以上对核心概念测量的问项设计，初步形成包含 35 个问项（其中，营销动态能力 22 问项、市场效能 13 问项；对商业模式创新的测量及评价详见第四章）的预调研问卷。在该调查问卷中，除特别说明的问项以外，其他问项均使用李克特 7 点量表：1 = 非常不同意，7 = 非常同意。

二 预调研与问卷修正

初步完成问卷开发后，本书仍然通过"预调研"与"问项提炼"两大步骤对预调研问卷进行检测和修正，以形成研究的正式调研问卷。预调研样本企业分布情况见第四章。

在对预调研所获取的样本数据进行整理后，运用 SPSS 18.0 软件，通过信度分析和探索性因子分析对预调查问卷中的测量问项进行检验与修正。对测量工具 Cronbach's α 值的整体判断和对各测量问项的提炼与修正是信度检验的基础和关键。根据 Churchill（1979）[1] 的观点，当测量量表的 Cronbach's α 值大于 0.7 时，表示问卷具有可以接受的信度水平；同时，在问卷的修正过程中，需要先剔除影响量表信度的"垃圾测量问项"后再进行探索性因子分析，这样能够避免多维度结果的出现，从而能更好地解释每个因子的含义。

在具体标准的运用上，本书对测量工具的信度分析采用 Cronbach's α 值作为衡量标准；按照一般研究惯例，通过删除对测量变量贡献较小或毫无贡献的问项，从而增进测量量表的信度。根据 Zai-

---

[1] Churchill, Gilbert A., Jr., "A paradigm for developing better measures of marketing constructs", *Journal of Marketing Research*, 1979, 16 (2): 64–73.

chowsky（1985）[①] 和 Bagozzi 等（1989）[②] 的观点，本书运用以下三项指标：①修正问项总相关系数（CITC）应该等于或大于 0.4；②相关系数的平方（SMC）应该大于或等于 0.5；③删除后测量的信度系数显著增加（CAID）。根据以上标准，对预调研问卷相关指标系数统计分析，结果如表 7-8 所示。

表 7-8　　　　　　　核心概念测量的相关指标系数

核心概念	预调研问项编号	CITC	SMC	CAID	是否保留	正式问卷问项编号
营销动态能力（α=0.862）	MD01	0.675	0.714	0.801	Y	MD01
	MD02	0.339	0.438	0.905	N	
	MD03	0.623	0.695	0.784	Y	MD02
	MD04	0.307	0.432	0.915	N	
	MD05	0.592	0.649	0.725	Y	MD03
	MD06	0.384	0.472	0.796	N	
	MD07	0.597	0.639	0.826	Y	MD04
	MD08	0.638	0.713	0.725	Y	MD05
	MD09	0.383	0.478	0.912	N	
	MD10	0.325	0.417	0.924	N	
	MD11	0.691	0.722	0.715	Y	MD06
	MD12	0.374	0.489	0.895	N	
	MD13	0.592	0.627	0.834	Y	MD07
	MD14	0.317	0.469	0.898	N	
	MD15	0.637	0.715	0.792	Y	MD08
	MD16	0.303	0.415	0.927	N	
	MD17	0.672	0.738	0.751		MD09
	MD18	0.392	0.487	0.895	N	
	MD19	0.593	0.674	0.816		MD10
	MD20	0.627	0.718	0.805		MD11
	MD21	0.592	0.686	0.821		MD12
	MD22	0.358	0.419	0.893	N	

[①] Zaichkowsky J., "Measuring the involvement construct", *Journal of Consumer Research*, 1985, 12 (3): 341-352.

[②] Bagozzi P., Baumgartner J. & Yi Y., "An investigation into the role of intentions as mediators of the attitude-behavior relationship", *Journal of Economic Psychology*, 1989, 10 (1): 35-62.

续表

核心概念	预调研问项编号	CITC	SMC	CAID	是否保留	正式问卷问项编号
竞争优势 ($\alpha = 0.896$)	ME01	0.582	0.659	0.787	Y	ME01
	ME02	0.621	0.687	0.735	Y	ME02
	ME03	0.348	0.403	0.921	N	
	ME04	0.658	0.715	0.719	Y	ME03
	ME05	0.592	0.634	0.825	Y	ME04
	ME06	0.361	0.474	0.913	N	
顾客资产 ($\alpha = 0.905$)	ME07	0.603	0.695	0.778	Y	ME05
	ME08	0.371	0.438	0.925	N	
	ME09	0.579	0.638	0.825	Y	ME06
	ME10	0.318	0.406	0.931	N	
	ME11	0.642	0.734	0.796	Y	ME07
	ME12	0.533	0.607	0.821	Y	ME08
	ME13	0.382	0.495	0.917	N	

注：商业模式创新测量的检验已在第四章进行。
资料来源：笔者整理。

在进行信度检验和问项提炼后，本书使用探索性因子分析（EFA）检验量表的建构效度。在进行探索性因子分析之前，需要从以下两个方面检验量表和问项是否适合进行该项分析：一方面，如果在测量中原有概念之间相互独立，则无法提取共同因子。因此，在进行探索性因子分析之前，首先需要对本量表中各问项之间的相关关系进行检验。在本书中，通过计算概念的相关系数矩阵，结果表明各概念间的相关系数在 0.3 以上，具有较显著的相关关系，因此适合进行因子分析。另一方面，根据 Kaiser（1974）[1] 提出的标准，只有当 KMO 值介于 0.6—1.0 之间，且 Bartlett 球形检验中的卡方近似值越大并显著时，才适合进行因子分析。在本书中，模型各核心概念测量的检验结果显示（见表 7-9）：各测量概念的 KMO 值在 0.711—0.902

---

[1] Kaiser H., "An index of factorial simplicity", *Psychometrika*, 1974, 39（1）: 31-36.

之间，且 Bartlett 球形检验的卡方统计值及显著性水平均达到相应标准。以上结论说明对营销动态能力、市场效能及商业模式创新等概念的测量数据适合进行探索性因子分析。

表 7-9 核心概念的 KMO 值和 Bartlett 球形检验

测量构念	KMO 值	Bartlett 球形检验		
		Approx. Chi-Square	df	Sig.
营销动态能力	0.711	968.475	55	<0.001
竞争优势	0.884	1174.681	47	<0.001
顾客资产	0.902	1286.592	48	<0.001
效率型商业模式创新	0.814	1157.653	52	<0.001
新颖型商业模式创新	0.825	1093.618	53	<0.001

资料来源：笔者整理。

在探索性因子分析中，本书采用主成分萃取因子法及最大变异转轴法，根据特征值大于 1 的标准，对因子分析结果中各主要测量变量进行了因子载荷提取（见表 7-10）。

表 7-10 核心概念探索性因子分析结果

测量概念		测量问项	因子载荷
营销动态能力	MD01	企业对本产业的现状与发展趋势有较为准确的认识	0.758
	MD02	企业能够及时察觉市场需求的重要变化	0.717
	MD03	关键市场信息能够在企业不同部门有效地扩散和分享	0.765
	MD04	重要市场信息能够快速地传递到高层管理者	0.638
	MD05	管理者能够针对市场重要变化快速地进行决策	0.729
	MD06	企业重要营销决策能够在执行中根据环境变换进行适时调整	0.701
	MD07	企业各职能部门都围绕满足市场需求来开展本部门工作	0.783
	MD08	在面对市场重要变化时，企业各职能部门能够统一思想和行动	0.811

续表

测量概念		测量问项	因子载荷
营销动态能力	MD09	企业能够准确地向目标顾客传递产品等市场信息	0.725
	MD10	企业擅长综合使用多种手段向目标顾客进行营销推广	0.686
	MD11	企业的渠道设计能够有效地降低顾客购买成本	0.759
	MD12	企业综合运用多种渠道让目标顾客了解企业和产品	0.723
竞争优势	ME01	企业市场份额优于主要竞争对手	0.819
	ME02	企业销售增长水平优于主要竞争对手	0.748
	ME03	企业品牌影响力高于主要竞争对手	0.738
	ME04	企业产品在市场中处于优势地位	0.779
顾客资产	ME05	相较于主要竞争对手，企业的顾客投诉率比较低	0.776
	ME06	相较于主要竞争对手，企业的顾客流失率比较低	0.748
	ME07	企业拥有很多长期顾客	0.722
	ME08	顾客常常为企业产品说好话	0.738

资料来源：笔者整理。

探索性因子分析结果显示，在根据信度分析删除各维度中的部分问项后，其余问项的单一因子载荷都超过了 0.5，且不存在明显的跨因子分布。因此，根据信度分析和探索性因子分析的结果，形成对因变量（竞争优势和顾客资产）和调节变量（营销动态能力）测量的正式调研问卷（见附录）。

第三节　实证分析

本书运用正式调查问卷进行样本数据收集，并实证检验相关研究假设。本节首先对正式问卷所收集的研究数据质量进行评估，并对测量工具的信效度进行检验；然后运用回归分析等多元分析方法对效率型与新颖型商业模式创新的主效应，以及营销动态能力的调节效应进行检验。

一　测量描述性统计分析

在对正式研究数据进行整理后，本节对核心概念测量问项进行描述性统计分析；分析的指标主要包括均值、标准差、偏度和峰度四项。均值主要反映测量问项的平均得分情况，而标准差则反映各问项得分情况的离散程度；偏度和峰度主要用于检验数据的正态性；只有符合正态分布的数据才适合运用极大似然法对结构模型进行估计。同时，样本的偏度与峰度越接近于 0，则表示该变量的数据分布越接近正态性；数据的偏度小于 2，同时峰度小于 5，即可认为样本属于正态分布。[①] 从本书的数据结论看（见表 7 - 11），各观测变量的偏度和峰度系数均在较为理想的范围，可以认为理论模型中核心概念测量问项的数据呈现近正态分布，不影响极大似然法估计的稳健性。

表 7 - 11　　　　　核心概念测量的描述性统计分析

问项	MD01	MD02	MD03	MD04	MD05	MD06	MD07	MD08
均值	5.127	5.268	4.975	4.851	5.233	4.823	4.917	5.079
标准差	0.871	0.927	1.057	1.115	0.986	1.084	0.981	0.838
偏度	-1.109	0.781	-0.812	0.381	-1.185	-0.753	-1.127	-0.682
峰度	-0.592	-0.379	0.487	-0.257	-0.291	-0.691	0.673	-0.654
问项	MD09	MD10	MD11	MD12	ME01	ME02	ME03	ME04
均值	5.283	5.175	5.182	4.939	5.038	5.116	5.091	4.927
标准差	0.961	0.812	1.108	0.958	1.129	0.861	0.874	1.071
偏度	1.056	1.108	-0.973	-0.922	1.167	0.795	0.936	1.108
峰度	-0.589	-0.828	0.761	0.484	-0.412	-0.927	-0.753	0.918
问项	ME05	ME06	ME07	ME08				
均值	4.893	5.167	5.085	4.926				
标准差	1.178	0.960	1.148	0.896				
偏度	-0.838	-0.783	0.722	1.095				
峰度	1.074	-1.102	-0.831	-0.279				

资料来源：笔者整理。

二　信效度检验

变量测量的内部一致性运用 Cronbach's α 值和组合信度（CR）

[①] Ding L., Velicer W. & Harlow L., "Effects of estimation methods, number of indicators per factor, and improper solutions on structural equation modeling fit indices", *Structural equation modeling: A Multidisciplinary Journal*, 1995, 2 (2): 119 - 143.

两项指标进行检验。结果表明（表7-12），五个核心变量的α值介于0.795—0.891之间，均大于0.7水平；同时，各变量AVE值均大于0.5水平，且任意变量间相关系数不为1，变量AVE值平方根均大于其所在行与列相关系数绝对值。可见，测量的信度及判别效度、收敛效度均比较理想。

表7-12　　　　　　　　　测量的信效度检验结果

变量	α系数	AVE	均值	标准差	1	2	3	4	5
1. 效率型商业模式创新	0.836	0.561	6.043	1.137	0.781				
2. 新颖型商业模式创新	0.891	0.594	5.872	1.064	0.093	0.739			
3. 营销动态能力	0.846	0.551	5.126	0.967	0.075	0.107	0.742		
4. 竞争优势	0.795	0.608	4.981	1.125	0.185*	0.179*	0.126	0.780	
5. 顾客资产	0.837	0.557	5.062	1.034	0.167	0.191*	0.182*	0.174*	0.746

注：对角线为潜变量的AVE值平方根；*表示$p<0.05$，**表示$p<0.01$。

资料来源：笔者计算整理。

本书所有测量问项均借鉴或改编自成熟量表，确保测量的内容效度达到要求。同时，运用验证性因子分析检验核心变量的结构效度。在输出的验证性因子模型中（见表7-13），模型卡方值与自由度的比值（χ^2/df）均介于1.0—2.0区间，RMSEA均小于0.08水平，绝对拟合度指标GFI和AGFI均超过0.9水平，简约拟合度指标PGFI和PNFI均达到0.5水平，表明变量的结构效度在可接受范围内。

表7-13　　　　　　　　　变量的验证性因子分析结果

变量	χ^2/df	RMSEA	GFI	AGFI	CFI	NFI	PGFI	PNFI
标准值	1.0—2.0	<0.08	>0.9	>0.9	>0.9	>0.9	>0.5	>0.5
效率型商业模式创新	1.781	0.079	0.921	0.911	0.914	0.915	0.602	0.583
新颖型商业模式创新	1.824	0.072	0.918	0.906	0.913	0.908	0.594	0.552
营销动态能力	1.468	0.051	0.925	0.913	0.917	0.916	0.603	0.595
竞争优势	1.572	0.058	0.919	0.911	0.913	0.921	0.584	0.572
顾客资产	1.701	0.049	0.918	0.907	0.917	0.911	0.582	0.579

资料来源：笔者计算整理。

三 商业模式创新主效应检验

本书使用 SPSS 18.0 软件，采用多元线性回归技术对商业模式创新与市场效能关系进行检验。依据一般研究惯例，在进行回归分析以前采用方差膨胀因子指数法（VIF）来检测多重共线性问题。经过计算得出自变量效率型商业模式创新与新颖型商业模式创新的 VIFmax 分别为 6.981 和 7.082，因变量竞争优势与顾客资产的 VIFmax 分别为 2.647 和 2.038，均处于（0，10）合理区间。可见，各类变量无多重共线性现象存在，可以运用多元回归分析以检验调节效应。

本书具体采用多元线性回归分析中的按所选中变量分别进入的方法来进行。首先，将控制变量纳入回归方程中对竞争优势和顾客资产进行线性回归，分别得到模型 1 和模型 2，结论显示企业年龄、规模与市场效能没有直接关联。其次，将自变量效率型商业模式创新及其平方项分别纳入回归方程，得到模型 3 和模型 4。最后，将自变量新颖型商业模式创新及平方项分别纳入回归方程，得到模型 5 和模型 6。

在回归分析中（见表 7-14），模型 1 到模型 3 的 F 统计值的显著性概率均小于 0.001，说明各个回归模型均通过了检验；模型 1 到模型 4 的常数项对应的 t 检验统计值显著性概率均小于 0.01，说明常数项显著地异于 0，回归方程及其系数适宜采用非标准化值。[1]

回归结果显示，效率型商业模式创新平方项与竞争优势的回归系数 $\beta = -0.217$（$p < 0.01$），与顾客资产的回归系数 $\beta = 0.203$（$p < 0.05$）；表明效率型商业模式创新与竞争优势呈倒 U 形关系，与顾客资产呈 U 形关系，即 H9a 得到验证，H9b 未被支持。新颖型商业模式创新平方项与竞争优势的回归系数 $\beta = 0.249$（$p < 0.01$），与顾客资产的回归系数 $\beta = -0.235$（$p < 0.01$）。说明新颖型商业模式创新与竞争优势呈 U 形关系，与顾客资产呈倒 U 形关系，即 H9c 未被验证，H9d 得到支持。

---

[1] Hair J. & Anderson R., *Multivariate data analysis*, US, NJ: Prentice Hall, 2006, 149-151.

表 7-14　　商业模式创新与市场效能回归分析结果

变量	竞争优势			顾客资产		
	模型 1	模型 3	模型 5	模型 2	模型 4	模型 6
控制变量						
企业年龄	0.054	0.049	0.042	-0.107	-0.096	-0.092
企业规模	0.104	0.101	0.097	0.083	0.065	0.054
自变量						
效率型商业模式创新		0.291***	0.283**		-0.168*	-0.157*
效率型商业模式创新的平方		-0.217**	-0.196*		0.203*	0.189*
新颖型商业模式创新			-0.165*			0.316***
新颖型商业模式创新的平方			0.249**			-0.235**
模型统计值						
R^2	0.279	0.304	0.312	0.264	0.297	0.309
ΔR^2		0.035	0.043		0.033	0.045
F-value	19.267***	21.308***	24.571***	18.619***	20.684***	23.782***
ΔF		2.041***	5.304***		2.065***	5.163***

注：*表示 $p<0.05$，**表示 $p<0.01$，***表示 $p<0.001$。

四 营销动态能力调节效应检验

为深入剖析商业模式创新驱动市场效能的内在机制，本书从组织市场领域方面能力视角，运用 SmartPLS 2.0 软件检验营销动态能力对上述关系的调节效应。研究通过 PLS 方法，分两阶段检验变量之间的互动关系及显著性水平以确定调节效应。

第一阶段，将效率型和新颖型商业模式创新平方、营销动态能力，以及竞争优势与顾客资产等变量纳入结构方程，建立主效应模型。第二阶段，对各项指标进行标准化处理，然后将两类商业模式创新与营销动态能力的乘积项分别建立互动模型。

此外，在研判变量之间路径系数以外，还需要综合考察模型中 R^2 值变化情况，以及反映整体调节效应水平的 f^2 值水平，计算公式如下：

$$f^2 = \frac{R^2_{(\text{interaction}-\text{model})} - R^2_{(\text{main}-\text{effects}-\text{model})}}{[1 - R^2_{(\text{interaction}-\text{model})}]}$$

当 f^2 最低值为 0.02 时，表明调节变量的调节效应较小；当 f^2 值达到 0.15 时，表明调节变量具有中等调节效应；当 f^2 值达到 0.35 时，表明调节变量的调节效应非常显著。[1]

数据结论显示（见表7-15），营销动态能力对效率型商业模式创新与竞争优势关系，以及对效率型商业模式创新与顾客资产关系的整体调节效应 f^2 值分别仅为 0.018 和 0.021，结合主效应系数，可以认为，营销动态能力对上述关系的调节效应并不显著，即 H10a 和 H10b 均未被实证数据支持。营销动态能力对新颖型商业模式创新与竞争优势关系的整体调节效应 f^2 值为 0.217（$\beta = 0.229$，$p < 0.01$），对新颖型商业模式创新与顾客资产关系的整体调节效应 f^2 值为 0.263（$\beta = 0.286$，$p < 0.001$），表明营销动态能力的调节效应显著，即 H10c 和 H10d 均得到验证。

表7-15　　　　　　营销动态能力调节效应分析结果

变量	竞争优势			顾客资产		
	第一阶段	第二阶段	f^2	第一阶段	第二阶段	f^2
效率型商业模式创新的平方	-0.225	-0.217	0.018	0.215	0.197	0.021
新颖型商业模式创新的平方	0.273	0.254	0.217	-0.263	-0.254	0.263
营销动态能力	0.167	0.126	—	0.198	0.175	—
效率型商业模式创新的平方乘以营销动态能力		0.107	—		0.096	—
新颖型商业模式创新的平方乘以营销动态能力		0.229			0.286	

资料来源：笔者计算整理。

---

[1] Cohen J., *Statistical Power Analysis for Behavioral Sciences*, Hillsdale: Lawrence Erlbaum, 1988, 138-141.

第四节　研究小结

本章运用 192 家制造型企业实证数据，对相关研究假设进行检验，结果如表 7-16 所示。基于假设检验的实证研究结论，揭示在营销动态能力的调节效应下，效率型和新颖型商业模式创新影响市场效能的基本机制。主要结论包括：

表 7-16　　　　　　　　　本章研究假设检验结果

假设	假设内容	结论
H9a	效率型商业模式创新与竞争优势呈倒 U 形关系	支持
H9b	效率型商业模式创新与顾客资产呈倒 U 形关系	不支持
H9c	新颖型商业模式创新与竞争优势呈倒 U 形关系	支持
H9d	新颖型商业模式创新与顾客资产呈倒 U 形关系	不支持
H10a	营销动态能力正向调节效率型商业模式创新与竞争优势的倒 U 形关系	不支持
H10b	营销动态能力正向调节效率型商业模式创新与顾客资产的倒 U 形关系	不支持
H10c	营销动态能力正向调节新颖型商业模式创新与竞争优势的倒 U 形关系	支持
H10d	营销动态能力正向调节新颖型商业模式创新与顾客资产的倒 U 形关系	支持

资料来源：笔者整理。

一　效率型商业模式创新与市场效能

在制造型企业商业模式创新与竞争优势关系方面，效率型商业模式创新与竞争优势呈倒 U 形关系，而与顾客资产呈 U 形关系。结论表明，效率型商业模式创新在驱动竞争优势过程中存在"效率边界"，即随着时间的推移，效率型商业模式创新对竞争优势的驱动效应在逐渐下降，边际效应逐步趋近于零。同时，效率型商业模式创新在帮助提升企业顾客资产方面的机理却并不符合"效率边界"假设，而是呈现一种"先降后升"的影响轨迹，本书称为"效率转换"。也就是说，企业在效率型商业模式创新过程中，对顾客资产的影响并不是立竿见影的，改进效率的各类交易方式需要一定的时间来被顾客有效地接受，因而存在一种效率延迟的现象。

二 新颖型商业模式创新与市场效能

新颖型商业模式创新与竞争优势呈 U 形关系，而与顾客资产呈倒 U 形关系。新颖型商业模式创新对竞争优势的驱动效应呈 U 形曲线，即来自交易方式和交易对象的革新性变化，在初期容易造成不适应情况，因而对竞争优势的影响呈下降趋势；当交易各方更好地适应了新的游戏规则和交易方式，新颖型商业模式创新对竞争优势的驱动效应就得到很好的体现，本书将这种现象称为"新颖效应"。与此相对，商业模式在新颖性方面的革命改进，因其差异化和独特性而得到顾客群体的关注，表现出对顾客资产的积极作用；但随着创新扩散和模仿，模式新颖性持续下降，顾客可感知差异化价值边际效应不断降低，从而导致对顾客资产的驱动效力逐渐减弱，这种现象可以视为"新颖边界"。

三 营销动态能力的调节效应

营销动态能力在效率型商业模式与市场效能关系中的调节效应没有被发现，但对新颖型商业模式创新与市场效能积极关系的正向调节作用被证实。营销动态能力作为动态能力在企业市场管理领域的重要表现形式，对企业应对环境变化、增强市场响应能力具有重要价值。但是，营销动态能力发挥作用的基本前提是对现有资源的整合与重置，形成新的资源和能力优势。从这个前提条件看，效率型商业模式本质上没有改变企业交易模式和游戏规则，只是进行效率提升与资源优化；而新颖型商业模式创新已构建新的交易网络、交易规则和方式，更需要对现有资源进行重构和改造。因此，营销动态能力仅仅对新颖型商业模式创新与市场效能关系产生积极的调节效应。

第八章 商业模式创新与经营绩效

本章分析制造型企业商业模式影响经营绩效的基本机理。从市场绩效和财务绩效两方面解构经营绩效,同时考察双元能力对商业模式创新驱动经营绩效的调节效应。运用中国制造型企业样本数据,对相关研究假设进行验证,构建商业模式创新驱动经营绩效的关系模型(见图8-1)。

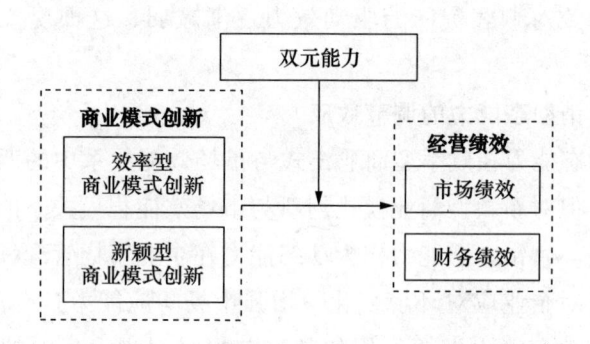

图 8-1 商业模式创新与经营绩效关系模型

第一节 商业模式创新驱动经营绩效

一 效率型商业模式创新与经营绩效

商业模式被视为竞争优势的重要来源[①],商业模式创新对经营绩

---

① Christensen M., "The past and future of competitive advantage", *MIT Sloan Management Review*, 2001, 42 (2): 105–109.

效有着积极驱动效应。效率型商业模式创新是指企业在商业生态系统中实施能够获得交易效率的各项活动[①]；它并不强调效率本身，而关注对交易成本的降低，进而使商业生态系统中交易参与各方获利。

效率型商业模式创新聚焦于企业在商业生态系统中，实施能够提高交易效率、降低交易成本的创造性活动。效率型商业模式创新倡导通过提高商业生态系统中交易参与各方的交易效率，弱化生态环境中不确定因素的影响和各种交易风险，同时减少各方交易时相互沟通与协调成本，从而使系统内交易参与各方获得更高的收益。[②] 效率型商业模式创新企业通过降低系统内交易成本，以较低产品价格吸引新顾客和合作者进入商业生态系统，拓展交易网络并促使现有顾客增加购买数量，进而实现高水平交易数量和规模收益。[③]

效率型商业模式创新不仅能够有效提高企业与商业生态系统成员间的交易效率，降低企业交易风险，减少交易参与各方的交易成本；还能拓展企业交易网络，提高交易频率和交易数量，从而获得较高的规模收益，有助于提升企业的经营绩效水平。

与此同时，在聚焦效率提升的商业模式创新中，交易成本降低既可能来自对产业生态环境不确定性和复杂性的弱化，也可能来自降低交易参与各方协调成本与交易风险。通过降低交易成本，效率型商业模式能够带来更高水平交易量，同时新顾客将进入企业所构建的商业网络，而现有顾客则将增加交易频率以获得更低水平交易成本。[④] 因此，以增强商业网络中利益相关方交易效率为中心的商业模式创新有助于企业提升经营绩效。同时，效率型商业模式创新中，交易效率的提升是建立在简化协调机制弱化环境不确定性的交易成本降低的基础

[①] Zott C. & Amit R., "The fit between product market strategy and business model: Implications for firm performance", *Strategic Management Journal*, 2008, 29 (1): 1-26.

[②] Mendelson H., "Organizational architecture and success in the information technology industry", *Management Science*, 2000, 46 (4): 513-529.

[③] Doz Y. & Kosonen M., "Embedding strategic agility: A leadership agenda for accelerating business model renewal", *Long Range Planning*, 2010, 43 (2-3): 370-382.

[④] Ibid..

上；在企业所构建的商业网络中，如果对风险识别，以及环境不确定性与复杂性应对过度简化且超过临界值，可能会对参与各方绩效水平产生负面效应。[1]

综上所述，效率型商业模式创新通过企业商业网络中的降低交易成本，增强交易效率，从而提升企业绩效水平。但在既定商业网络中，交易效率提升的边际效益持续递减，即存在"效率边界"；同时企业为降低交易成本而简化协调机制与弱化环境不确定性影响，若超过一定限度，反而会对经营绩效产生负面影响。基于此，本书提出以下研究假设：

H11a：效率型商业模式创新与市场绩效呈倒 U 形关系。

H11b：效率型商业模式创新与财务绩效呈倒 U 形关系。

二 新颖型商业模式创新与市场绩效

新颖型商业模式创新是指企业与不同利益相关方之间构建新的交易方式，如选择新的合作伙伴或为各参与方构建新的交易方式和设计新的交易机制。[2] 新颖型商业模式创新重视交易参与方类型和交易方式的革命性变化。

新颖型商业模式创新关注企业在商业生态系统中开发全新价值主张、构建新型交易方式和拓展交易网络的创造性活动。[3] 新颖型商业模式创新企业关注于商业生态系统内各个组成部分之间的交易方式，通过设计新的交易机制、开发新的价值主张或是构建新的合作形式，以吸引新顾客与合作伙伴，拓展交易网络、增加交易数量，增强企业在商业生态系统内的发展潜力，从而构建企业竞争优势。[4] 企业创新

---

[1] Klang D., Wallnöfer M. & Hacklin F., "The business model paradox: A systematic review and exploration of antecedents", *International Journal of Management Review*, 2014, 16 (4): 454 – 478.

[2] Mendelson H., "Organizational architecture and success in the information technology industry", *Management Science*, 2000, 46 (4): 513 – 529.

[3] Zott C. & Amit R. "The fit between product market strategy and business model: Implications for firm performance", *Strategic Management Journal*, 2008, 29 (1): 1 – 26.

[4] Casadesus‐Masanell R. & Ricart J., "How to design a winning business model", *Harvard Business Review*, 2011, (1/2): 1 – 9.

商业模式的新颖性水平越高，企业越能在商业生态系统中占据主导地位，成为系统内其他成员不可或缺的交易伙伴，获得更高的议价能力，带来更高的企业价值。[1]

可见，新颖型商业模式创新能够有效拓展企业交易网络，扩大交易规模，提升企业在商业生态系统内的位势，还能获得更高议价能力，从而降低交易成本。因此，新颖型商业模式创新能够提高企业成长潜力并建立竞争优势，有效提升企业在市场和财务方面的绩效表现。

新颖型商业模式创新强调在交易各方中创造并实施新的经济交换方式，新颖型的首要目标是创造新型交易，例如增加交易类型数量；同时也强调企业在与其他合作伙伴交易过程中的议价能力。商业模式的新颖水平越高，使顾客、供应商、经销商，以及其他合作伙伴缺乏有效的交易替代者，进而带来更高转换成本。[2] 因此，增强商业模式设计的新颖性，企业不仅可以在交易过程中获得更高价格水平，同时还能够凭借持续增加的议价能力，在多方交易中持续降低交易成本，有效提升企业经营绩效水平。[3] 但企业间交易类型数量的增加，一旦超过企业实际掌控能力，就会对经营绩效产生负面效应；同时，有关企业社会网络的研究表明，交易模式的新颖性若超越利益相关方接受能力的边界，可能导致其主动离开现有企业网络，从而有损企业绩效。[4]

总之，新颖型商业模式创新通过利益相关方之间在交易内容、交易结构和交易治理方式方面的革新，能够提升绩效水平；然而，一旦新颖程度超过一定界限，即越过"新颖边界"便会对经营绩效产生负面效应。因此，本书提出以下研究假设：

---

[1] Zott C. & Amit R., "Business model design and the performance of entrepreneurial firms", *Organization Science*, 2007, 18 (2): 181–199.

[2] Ibid..

[3] Zott C. & Amit R., "The fit between product market strategy and business model: Implications for firm performance", *Strategic Management Journal*, 2008, 29 (1): 1–26.

[4] Markóczy L., Sun L., Peng M. et al., "Social network contingency, symbolic management and boundary stretching", *Strategic Management Journal*, 2013, 34 (11): 1367–1387.

H11c：新颖型商业模式创新与市场绩效呈倒 U 形关系。

H11d：新颖型商业模式创新与财务绩效呈倒 U 形关系。

三　双元能力的内涵与维度

（一）双元理论的产生与发展

双元理论（Ambidexterity Theory）是组织行为和战略管理研究中的新兴理论，近年来呈现快速发展态势。双元理论萌芽于 20 世纪 70 年代对组织如何有效适应环境变化的探讨。组织变革理论认为，在日益动荡的经营环境下，成功的企业必须具备高效营运当前业务，同时积极适应未来竞争需求的双重特征。[1] 组织在生存和发展过程中时常面临两难选择，一方面，存在"组织生产率悖论"[2]，即企业过于追求标准化以寻求效率改进，会有损于组织柔性；而过度追求柔性，则很难形成规模效应。另一方面，也存在"组织创新悖论"[3]，即过于依赖渐进性创新则会阻碍突破式创新，而过于追求突破式创新同样会形成对渐进性创新的排斥。

Duncan（1976）在已有研究（如 Burns 和 Stalker，1961；Thompson，1967）的基础上[4]，提出构建双元型组织以平衡并协调发展过程中的悖论问题，指出企业为长期成功需要双元组织结构，由不同部门来发起和实施不同类型创新活动。然而，双元思想在相当长一段时期并没有得到关注，直到 March（1991）引发开发式（Exploitative，也有研究译为利用式）学习与探索式（Exploratory）学习双元关系的大讨论之后[5]，才开始被管理研究接受。March（1991）基于组织双元

---

[1] Todnem R., "Organisational change management: A critical review", *Journal of Change Management*, 2005, 5 (4): 369 – 380.

[2] 刘洋、魏江等：《组织二元性：管理研究的一种新范式》，《浙江大学学报》（人文社科版）2011 年第 11 期。

[3] 董小英、晏梦灵、余艳：《企业创新中探索与利用活动的分离—集成机制—领先企业双元能力构建研究》，《中国软科学》2015 年第 12 期。

[4] Duncan R., "The ambidextrous organization: Designing dual structures for innovation", In Killman R., Pondy L. & Sleven D (Eds). The management of organization, New York: North Holland, 1976: 167 – 188.

[5] March J., "Exploration and exploitation in organizational learning", *Organization Science*, 1991, 2 (1): 71 – 87.

性视角界定开发与探索两类活动：开发活动以"筛选、精练、效率和执行"为主要特征，将企业已有知识和技能进行扩散式运用；探索活动以"试验、选择、冒险和革新"为特征，探寻新的知识与技能、流程与结构。因此，从狭义角度讲，双元能力是企业平衡开发与探索活动的能力；而从广义角度看，双元能力则是企业同时实施差异化甚至是竞争性战略行动的能力。[1]

（二）双元理论的运用

双元理论在多层次上得到了广泛的应用研究：①个体层次。个体层次的双元性主要是指，在特定时间内管理者关于探索与开发相关活动的整合行为导向。[2] 双元性管理者特质往往包括处理矛盾、多任务执行，以及同时精练和更新自身的知识、技能和专业知识。[3] ②团队层次。这方面研究主要聚焦于组织高层管理团队如何设计和构建一个双元性组织系统，以处理看似矛盾的战略、结构、文化和程序，从而帮助组织适应环境。[4] ③组织层次。此类研究认为正式的组织结构和非正式的社会关系会影响组织双元性；[5] 处理正式层级结构与非正式层级结构是双元性理论运用的重要方面。[6] ④组织间层次。组织间层次的相关研究相对较少，主要集中于企业联盟领域。[7]

---

[1] O'Reilly C. & Tushman M., "Organizational ambidexterity: Past, present, and future", *The Academy of Management Perspectives*, 2013, 27 (4): 324-338.

[2] Mom T., van den Bosch. & Volberda H., "Understanding variation in managers' ambidexterity: Investigating direct and interaction effects of formal structural and personal coordination mechanisms", *Organization Science*, 2009, 20 (4): 812-828.

[3] Cao Q., Gedajlovic E. & Zhang H., "Unpacking organizational ambidexterity: Dimensions, contingencies, and synergistic effects", *Organization Science*, 2009, 20 (4): 781-796.

[4] Voss. G. & Voss Z., "Strategic ambidexterity in small and medium-sized enterprises: Implementing exploration and exploitation in product and market domains", *Organization Science*, 2013, 24 (5): 1459-1477.

[5] Raisch S. & Birkinshaw J. "Organizational ambidexterity: Antecedents, outcomes, and moderators", *Journal of Management*, 2008, 34 (3): 375-409.

[6] Sarkees M. & Hulland J., "Ambidextrous organizations and firm performance: the role of marketing function implementation", *Journal of Strategic Marketing*, 2010, 8 (2): 165-185.

[7] Tollin K. & Schmidt M., "Marketing logics, ambidexterity and influence", *Journal of Strategic Marketing*, 2013, 20 (6): 509-534.

四 双元能力的调节效应

(一) 效率型商业模式创新与经营绩效

无论狭义还是广义视角,双元能力本质上涵盖开发与探索两种截然不同的知识基础、功能与目标的组织能力。[①] 具备高水平双元能力的企业能够有效地平衡组织开发与探索活动:双元能力推动企业对已有知识与技能的优化与运用,通过资源优化和传统惯例承袭,以增强企业经营活动的可靠性和稳定性,确保企业在市场竞争中更好地发挥自身优势,把握市场机会。[②] 从效率提升的角度看,这有利于以效率优化为核心的商业模式创新活动有效发挥其功能价值。

基于以上分析,高水平双元能力可以帮助企业更好地开发现有市场机会,并探索新市场机会;在双元能力推动下,无论是效率型还是新颖型的商业模式创新,与经营绩效的关系都将得到强化。据此,提出以下假设:

H12a:双元能力正向调节效率型商业模式创新与市场绩效的倒U形关系。

H12b:双元能力正向调节效率型商业模式创新与财务绩效的倒U形关系。

(二) 新颖型商业模式创新与经营绩效

新颖型商业模式聚焦于新产品开发和新市场满足,通过建立新的交易网络和交易模式来提升企业在市场和财务方面的绩效水平。当企业具备高水平双元能力时,能够更好地平衡把握当前市场和开发潜在市场之间的平衡,特别是企业探索活动聚焦于发掘新的组织实践,以及新技术、方法与流程等革命性进步。从商业模式创新视角看,双元能力能够帮助企业更好地发现新的交易模式,探索新的交易机制与方式,从而强化新颖型商业模式创新对经营绩效的积极效应。

综上所述,当企业具备高水平双元能力时,企业能够综合平衡资

[①] 张玉利、李乾文:《公司创业导向、双元能力与组织绩效》,《管理科学学报》2009年第1期。

[②] March J., "Exploration and exploitation in organizational learning", *Organization Science*, 1991, 2 (1): 71–87.

源在未来市场和现有市场的投放，特别是在发掘潜在市场方面，契合新颖型商业模式创新的方向，从而能够最大化其价值，对企业在市场和财务绩效方面的改善产生更为积极的作用。因此，本书提出以下假设：

H12c：双元能力正向调节新颖型商业模式创新与市场绩效的倒U形关系。

H12d：双元能力正向调节新颖型商业模式创新与财务绩效的倒U形关系。

第二节 变量测量与问卷开发

本书运用问卷调查法收集实证数据以检验相关研究假设。本节基于研究方法视角探讨变量测量与问卷开发议题。从核心变量测量，以及基于量化分析的问卷开发等方面，对本书所运用的研究方法进行阐述。

一 核心变量测量

（一）双元能力

杨东（2011）在双元能力影响企业绩效的研究中认为，探索能力就是指从事变异、试验、柔性、冒险和创新等活动的能力。应用能力包括从事提高效率、复制、选择和实施等活动的能力；开发10个问项对双元能力进行测量（见表8-1）。

表8-1 杨东（2011）对双元能力的测量问项

序号	问项（n=72）	
1	新技术与新流程的创造者	探索能力 $\alpha = 0.910$
2	创造全新产品或者服务多	
3	获取全新的管理与组织方法，从而提高创新的效率	
4	率先掌握某些领域的新技能	
5	学习全新的产品开发方法与流程	

续表

序号	问项（n=72）	
6	巩固我们所熟悉的产品与技术的现有知识与技能从而提高生产率	
7	将资源投入到应用成熟技术的技能上	应用能力
8	构建逐步改进现有客户问题解决方案的能力	$\alpha=0.805$
9	巩固现有产品开发流程的技能	
10	增加项目知识与技能，从而提高现有创新活动的效率	

资料来源：杨东：《双元能力对企业绩效的影响：对软件接包企业的实证研究》，《软科学》2011年第7期。

Chandrasekaran等（2012）在对高科技企业产品开发的研究中，借鉴He和Wong（2004）的研究结论，从产品项目的视角开发量表对双元能力进行测量，包含探索能力和开发能力两方面（见表8-2）。

表8-2　Chandrasekaran等（2012）对双元能力的测量问项

序号	问项（n=313）		
1	与本行业平均水平相比，下列陈述反映本企业能力的程度（1=非常差；7=非常好）：	引进新一代产品	探索能力
2		进入新的技术领域	$\alpha=0.83$
3		打开新市场	
4		延伸产品系列	
5		改善现有产品质量	开发能力
6		增强柔性	$\alpha=0.71$
7		降低成本	

资料来源：Chandrasekaran A., Linderman K. & Schroeder R., "Antecedents to ambidexterity competency in high technology organizations", *Journal of Operations Management*, 2012, 30 (1/2): 134-151.

何红渠等（2012）探讨不确定环境下中国国际化企业双元能力与绩效之间的逻辑关系，从动机双元性、进入模式双元性、战略双元性和竞合双元性四个方面对双元能力进行测量，具体测量方式如表8-3所示。

表 8-3　何红渠等（2012）对双元能力的测量问项

序号	问项（n = 188；α = 0.885）
1	动机双元性（战略效能动机—经济效能动机）（5 问项）
2	进入模式双元性（资源获取型进入模式—市场拓展型进入模式）（5 问项）
3	战略双元性（市场区分战略—成本领先战略）（6 问项）
4	竞合双元性（竞争—合作）（6 问项）

资料来源：何红渠、沈鲸：《环境不确定性下中国国际化企业双元能力与绩效关系》，《系统工程》2012 年第 8 期。

孙永磊等（2014）主要借鉴何红渠等（2012）和 Chandrasekaran 等（2012）理论观点，对探索能力和开发能力进行测量（见表 8-4）。在双元能力的测度方面，现有研究主要存在以下三种操作方法：①使用两个变量差异的绝对值，测度双元的差异不平衡程度；②对两个变量求和，代表其整体双元能力水平；③通过计算两个变量的乘积，用以衡量二者交互均衡程度。为了更好地诠释双元能力对合作创新绩效的影响，研究使用差异不平衡、整体水平和交互均衡三种方法验证双元能力。

表 8-4　孙永磊等（2014）对双元能力的测量问项

序号	问项（n = 251）	
1	我们不断创造新技术和新流程	探索能力 α = 0.730
2	我们拥有并创造了网络中最多的全新产品或服务	
3	我们可以快速准确地获取网络中全新的管理和组织方法	
4	在网络中我们总是能够率先掌握全新的技术和技能	
5	通过学习我们能够掌握新的产品或技术的原理和方法	
6	我们倾向于将资源投入到利用成熟技术的技能上	开发能力 α = 0.716
7	巩固我们所熟悉产品和技术的现有知识和技能	
8	我们会持续完善现有产品开发和生产的流程	
9	我们会通过不断的学习提升现有创新活动的效率	

资料来源：孙永磊、党兴华、宋晶：《基于网络惯例的双元能力对合作创新绩效的影响》，《管理科学》2014 年第 2 期。

本书从开发能力（EiC）和探索能力（EoC）两方面解构企业双元能力（AC），并借鉴现有研究基础，开发包含 15 个问项的测量工具（见表 8-5）；双元能力本质上反映开发能力与探索能力的平衡水平。因此，借鉴 Jansen 等（2009）和 Chandrasekaran 等（2012）的计算方法，运用开发能力与探索能力之差的绝对值，即"AC = | EiC - EoC |"来衡量双元能力；为方便解释，用 7 减 | EiC - EoC | 进行表示，该值越高，则双元能力水平越高。

表 8-5　　　　　　　　本书对双元能力的测量问项

序号	问项	
AC01	企业能够通过持续学习提升业务效率	开发能力
AC02	企业能够有效地将成熟技术运用于产品开发	
AC03	企业能够熟练地将成熟的方法运用于业务开拓	
AC04	企业致力于持续改进现有产品开发和生产流程	
AC05	企业致力于持续改进现有业务流程	
AC06	企业倾向于在成熟技术应用方面投入更多资源和精力	
AC07	企业擅长对现有资源整合和利用，而不是寻求和发掘新资源	
AC08	企业致力于不断发现和利用新技术	探索能力
AC09	企业总是尝试运用新方法和新技术解决所遇到的技术问题	
AC10	企业是行业实现新技术快速商业化和产业化的典范	
AC11	企业投入大量资源和精力开发新市场和顾客	
AC12	企业擅长发掘新的资源，以开拓新的市场	
AC13	企业总能够在行业中率先运用新的方法或技术	
AC14	企业近年来推出了不少新产品和服务	
AC15	企业总是尝试运用新的管理方法和技术提升管理效率	

资料来源：笔者整理。

（二）经营绩效

国内外学者对经营绩效的测量包括客观指标评价和主观绩效评价两种方式。在客观测量方式方面，研究者均利用上市公司数据库、行业数据库等数据资源，对经营绩效进行测量。例如，徐莉萍等

(2006)从客观指标对经营绩效衡量进行测量,包括资产回报率(ROA)、资产现金流量回报率(CFOA)、销售利润率(ROS)、资产周转率(AT)、销售成本率(CGS)、资产费用率(EXP)、销售成长率(CRO)和生产效率(单位员工销售净额SEMP和单位员工占用资产AEMP)。

ROA和CFOA分别用于衡量按照会计收益和按照现金流量收益计算的公司盈利能力,ROS是盈利能力的另一个衡量指标(衡量的实际上是边际利润率水平)。AT、CGS和EXP用于衡量经营效率,有助于解释利润和回报的具体来源。CRO用于衡量公司的成长性,生产效率指标是SEMP和AEMP(见表8-6)。

表8-6　徐莉萍等(2006)对经营绩效的测量问项

测量维度	具体指标	指标定义
盈利能力	ROA	t年营业利润/t年总资产均值
	CFOA	t年经营现金净流量/t年总资产均值
	ROS	t年营业利润/t年销售收入净额
经营效率	AT	t年销售收入净额/t年总资产均值
	CGS	t年销售成本/t年销售收入净额
	EXP	t年期间费用/t年总资产均值
成长性	CRO	(t年销售收入净额-t-1年销售收入净额)/t-1年销售收入净额
生产效率	SEMP	t年销售收入净额/t年员工人数
	AEMP	t年总资产均值/t年员工人数

资料来源:徐莉萍、辛宇、陈工孟:《控股股东的性质与公司经营绩效》,《世界经济》2006年第10期。

陆玉梅等(2011)认为,运用客观指标方式检验企业绩效水平通常有两种方法:一是通过检验资本市场的收益率,这是资本市场对于公司业绩的评价,是前瞻性的;二是通过检验公司的财务指标,这是一种回溯式的评价方法。他们认为,中国公司的财务指标还是基本能够反映公司的真实业绩水平的,因此采用财务指标而非市场指标来衡量公司业绩,并利用主成分分析法计算公司综合经营绩效。选取反映企业盈利能力、营运能力和成长能力的 7 个常用指标及 1 个反映企业偿债能力的指标（长期资产适合率）。具体测量方式见表 8-7。

表 8-7　　　陆玉梅等（2011）对经营绩效的测量问项

序号	具体指标	计算公式
X1	主营业务利润率	主营业务利润/主营业务收入×100%
X2	净资产收益率	净利润/净资产×100%
X3	资产报酬率	主营业务利润/资产平均总额×100%
X4	销售净利率	净利润/主营业务收入×100%
X5	主营业务收入增长率	（本期主营业务收入－上期主营业务收入）/上期主营业务收入×100%
X6	资本积累率	（本期期末所有者权益－期初所有者权益）/期初所有者权益×100%
X7	总资产周转率	主营业务收入/总资产平均总额（次）
X8	长期资产适合率	（所有者权益＋长期负债）/（固定资产＋长期投资）×100%

资料来源：陆玉梅、王春梅：《R&D 投入对上市公司经营绩效的影响研究：以制造业、信息技术业为例》，《科学管理研究》2011 年第 5 期。

在主观测量方面，张洪兴和耿新（2011）对企业经营绩效的测量，参考丁岳枫（2009）的研究成果，通过 5 个问项对经营绩效进行测量（见表 8-8）。

表 8-8　　　张洪兴和耿新（2011）对经营绩效的测量问项

序号	问项（Cronbach's α = 0.845）
1	公司市场份额增长情况
2	公司销售总额增长情况
3	公司利润增长情况
4	公司员工增长情况
5	公司整体竞争力

资料来源：张洪兴、耿新：《企业家社会资本如何影响经营绩效：基于动态能力中介效应的分析》，《山东大学学报》（哲学社会科学版）2011 年第 4 期。

综上所述，在经营绩效测量方面，绝对绩效数字（如销售利润率、投资回报率、资产回报率、销售量、市场份额、销售增长率等）对于比较那些不同规模、市场和行业，不同财务标准和市场界定方法的企业是非常困难的。例如，在高成长行业与低成长行业，不同企业绝对绩效数字的比较则缺乏有效性和准确性。但是，企业高管对绩效的认知和判断已经在诸多研究中被使用，并显示出与客观测量高度的一致性。[①] 因此，本书通过对比主要行业平均水平和竞争者来进行主观绩效的测量。经营绩效主要是通过市场绩效、财务绩效的系列指标（问项）进行判断（见表8-9）。被访者被要求在量表上判断每项的结果是否优于或者差于其主要的竞争对手，这类绩效测量方式，在基于问卷调查数据的实证研究中已经非常普遍（例如，Akyol 和 Akehurst，2003；Zhou 等，2005；Vorhies 等，2007；李先江，2009，2012；Morgan 等，2009；李巍等，2010，2013；等等）。

表8-9　　　　　　　　本书对经营绩效的测量问项

序号	问项	
BP01	企业对过去3年市场份额的变化比较满意	市场绩效
BP02	企业对过去3年的市场占有率比较满意	
BP03	企业过去3年的产品退货率、合同取消率都比较低	
BP04	企业对过去3年的顾客关系建立比较满意	
BP05	企业产品的顾客满意度及企业本身的美誉度比较高	
BP06	企业对目前市场年销售额比较满意	
BP07	相较于行业平均水平，企业对投资回报率比较满意	财务绩效
BP08	相较于行业平均水平，企业对销售利润率比较满意	
BP09	相较于行业平均水平，企业对生产效率比较满意	
BP10	相较于行业平均水平，企业对产品毛利率比较满意	

资料来源：笔者整理。

[①] Hooley G., Broderick A. & Möller K., "Competitive Positioning and the Resource - Based View of the Firm", *Journal of Strategic Marketing*, 1998 (6): 97 - 115.

（三）商业模式创新

商业模式创新的测量和检验在第四章已经进行，不再赘述。

（四）控制变量

在控制变量方面，本书主要涉及两类控制变量：①企业规模。在企业规模的测量方面，大多数研究是将企业雇员数量视为衡量企业规模的关键指标（例如，Delios 和 Henisz，2003；许晖等，2006；Flores 和 Aguilera，2007）；也有少数研究将企业的销售额作为衡量指标（例如，Rathaermel 等，2006）。为了遵循大多数研究的惯例，并考虑到被调查企业一般不愿意透露营业额数据的现实情况，本书运用企业正式员工的数量来衡量企业规模。②企业年龄。在企业年龄的考察方面，本书遵循此前研究惯例（例如，Flores 和 Aguilera，2007；纪春礼，2011），用企业成立年限（截至 2015 年 12 月）来进行衡量。

根据以上对核心概念测量的问项设计，初步形成包含 25 个问项（其中，双元能力 15 个问项、经营绩效 10 个问项；对商业模式创新的测量及评价详见第四章）的预调研问卷。在该调查问卷中，除特别说明的问项以外，其他问项均使用李克特 7 点量表：1 = 非常不同意，7 = 非常同意。

二 预调研与问卷修正

初步完成问卷开发后，本书仍然通过"预调研"与"问项提炼"两大步骤对预调研问卷进行检测和修正，以形成研究的正式调研问卷。预调研样本企业分布情况见第四章。

在对预调研所获取的样本数据进行整理后，运用 SPSS 18.0 软件，通过信度分析和探索性因子分析对预调查问卷中的测量问项进行检验与修正。对测量工具 Cronbach's α 值的整体判断和对各测量问项的提炼与修正是信度检验的基础和关键。根据 Churchill（1979）[1] 的观点，当测量量表的 Cronbach's α 值大于 0.7 时，表示问卷具有可以接受的信度水平；同时，在问卷的修正过程中，需要先剔除影响量表信度的"垃圾测量问项"后再进行探索性因子分析，这样能够避免多维度结

---

[1] Churchill, Gilbert A., Jr., "A paradigm for developing better measures of marketing constructs", *Journal of Marketing Research*, 1979, 16 (2): 64-73.

果的出现，从而能更好地解释每个因子的含义。

在具体标准的运用上，本书对测量工具的信度分析采用 Cronbach's α 值作为衡量标准；按照一般研究惯例，通过删除对测量变量贡献较小或毫无贡献的问项，从而增进测量量表的信度。根据 Zaichowsky（1985）[①] 和 Bagozzi 等（1989）[②] 的观点，本书运用以下三项指标：①修正问项总相关系数（CITC）应该等于或大于0.4；②相关系数的平方（SMC）应该大于或等于0.5；③删除后测量的信度系数显著增加（CAID）。根据以上标准，对预调研问卷相关指标系数进行统计分析，结果如表8-10所示。

表8-10　　　　　核心概念测量的相关指标系数

核心概念	预调研问项编号	CITC	SMC	CAID	是否保留	正式问卷问项编号
双元能力 （α=0.876）	AC01	0.372	0.426	0.912	N	
	AC02	0.587	0.615	0.827	Y	AC01
	AC03	0.637	0.685	0.798	Y	AC02
	AC04	0.565	0.672	0.805	Y	AC03
	AC05	0.362	0.454	0.908	N	
	AC06	0.593	0.658	0.776	Y	AC04
	AC07	0.602	0.698	0.808	Y	AC05
	AC08	0.584	0.625	0.817	Y	AC06
	AC09	0.476	0.538	0.825	Y	AC07
	AC10	0.309	0.426	0.796	N	
	AC11	0.625	0.684	0.823	Y	AC08
	AC12	0.365	0.412	0.887	N	
	AC13	0.576	0.615	0.898	Y	AC09
	AC14	0.312	0.435	0.917	N	
	AC15	0.477	0.563	0.925	Y	AC10

[①] Zaichkowsky J., "Measuring the involvement construct", *Journal of Consumer Research*, 1985, 12 (3): 341-352.

[②] Bagozzi P., Baumgartner J. & Yi Y., "An investigation into the role of intentions as mediators of the attitude-behavior relationship", *Journal of Economic Psychology*, 1989, 10 (1): 35-62.

续表

核心概念	预调研问项编号	CITC	SMC	CAID	是否保留	正式问卷问项编号
市场绩效 (α = 0.849)	BP01	0.487	0.539	0.805	Y	BP01
	BP02	0.383	0.425	0.896	N	
	BP03	0.502	0.597	0.793	Y	BP02
	BP04	0.376	0.581	0.902	N	
	BP05	0.469	0.602	0.792	Y	BP03
	BP06	0.527	0.618	0.804	Y	BP04
财务绩效 (α = 0.863)	BP07	0.586	0.673	0.792	Y	BP05
	BP08	0.602	0.715	0.767	Y	BP06
	BP09	0.375	0.411	0.904	N	
	BP10	0.489	0.562	0.817	Y	BP07

资料来源：笔者整理。

在进行信度检验和问项提炼后，本书使用探索性因子分析（EFA）检验量表的建构效度。在进行探索性因子分析之前，需要从以下两个方面检验量表和问项是否适合进行该项分析：一方面，如果在测量中原有概念之间相互独立，则无法提取共同因子。因此，在进行探索性因子分析之前，首先需要对本量表中各问项之间的相关关系进行检验。在本书中，通过计算概念的相关系数矩阵，结果表明各概念间的相关系数在 0.3 以上，具有较显著的相关关系，因此适合进行因子分析。

另一方面，根据 Kaiser（1974）[①] 提出的标准，只有当 KMO 值介于 0.6—1.0 之间，且 Bartlett 球形检验中的卡方近似值越大并显著时，才适合进行因子分析。在本书中，模型各核心概念测量的检验结果显示（见表 8 – 11）：各测量概念的 KMO 值在 0.711—0.902 之间，且 Bartlett 球形检验的卡方统计值及显著性水平均达到相应标准。以上结论说明对营销动态能力、市场效能，以及商业模式创新等概念的测量数据适合进行探索性因子分析。

---

① Kaiser H., "An Index of Factorial Simplicity", *Psychometrika*, 1974, 39 (1): 31 – 36.

表 8-11　　核心概念的 KMO 值和 Bartlett 球形检验

检验项 测量概念	KMO 值	Bartlett 球形检验		
		Approx. Chi – Square	df	Sig.
双元能力	0.872	1078.365	52	<0.001
市场绩效	0.856	951.258	49	<0.001
财务绩效	0.894	1192.364	49	<0.001
效率型商业模式创新	0.814	1157.653	52	<0.001
新颖型商业模式创新	0.825	1093.618	53	<0.001

资料来源：笔者整理。

在探索性因子分析中，本书采用主成分萃取因子法及最大变异转轴法，根据特征值大于 1 的标准，对因子分析结果中各主要测量变量进行了因子载荷提取（见表 8-12）。

表 8-12　　　　　　核心概念探索性因子分析结果

测量概念		测量问项	因子载荷
双元能力	AC01	企业能够有效地将成熟技术运用于产品开发	0.695
	AC02	企业能够熟练地将成熟的方法运用于业务开拓	0.724
	AC03	企业致力于持续改进现有产品开发和生产流程	0.738
	AC04	企业倾向于在成熟技术应用方面投入更多资源和精力	0.621
	AC05	企业擅长对现有资源整合和利用，而不是寻求和发掘新资源	0.683
	AC06	企业致力于不断发现和利用新技术	0.713
	AC07	企业总是尝试运用新方法和新技术解决所遇到的技术问题	0.722
	AC08	企业投入大量资源和精力开发新市场和顾客	0.793
	AC09	企业总能够在行业中率先运用新的方法或技术	0.785
	AC10	企业总是尝试运用新的管理方法和技术提升管理效率	0.717
市场绩效	BP01	企业对过去 3 年市场份额的变化比较满意	0.763
	BP02	企业过去 3 年的产品退货率、合同取消率都比较低	0.812
	BP03	企业产品的顾客满意度及企业本身的美誉度比较高	0.785
	BP04	企业对目前市场年销售额比较满意	0.747
财务绩效	BP05	相较于行业平均水平，企业对投资回报率比较满意	0.791
	BP06	相较于行业平均水平，企业对销售利润率比较满意	0.756
	BP07	相较于行业平均水平，企业对产品毛利率比较满意	0.729

资料来源：笔者整理。

探索性因子分析结果显示，在根据信度分析删除各维度中的部分问项后，其余问项的单一因子载荷都超过了0.5，且不存在明显的跨因子分布。因此，根据信度分析和探索性因子分析的结果，形成对因变量（市场绩效和财务绩效）和调节变量（双元能力）测量的正式调研问卷（见附录）。

第三节　实证分析

本书运用正式调查问卷进行样本数据收集，并实证检验相关研究假设。本节首先对正式问卷所收集的研究数据质量进行评估，并对测量工具的信效度进行检验；然后运用回归分析等多元分析方法对效率型与新颖型商业模式创新的主效应，以及营销动态能力的调节效应进行检验。

一　测量描述性统计分析

在对正式研究数据进行整理后，本节对核心概念测量问项进行描述性统计分析；分析的指标主要包括均值、标准差、偏度和峰度四项。均值主要反映测量问项的平均得分情况，而标准差则反映各问项得分情况的离散程度；偏度和峰度主要用于检验数据的正态性；只有符合正态分布的数据才适合运用极大似然法对结构模型进行估计。同时，样本的偏度与峰度越接近于0，则表示该变量的数据分布越接近正态性；数据的偏度小于2，同时峰度小于5，即可认为样本属于正态分布。[1] 从本书的数据结论看（见表8-13），各观测变量的偏度和峰度系数均在较为理想的范围，可以认为理论模型中核心概念测量问项的数据呈现近正态分布，不影响极大似然法估计的稳健性。

---

[1] Ding L., Velicer W. & Harlow L., "Effects of estimation methods, number of indicators per factor, and improper solutions on structural equation modeling fit indices", *Structural equation modeling: A Multidisciplinary Journal*, 1995, 2 (2): 119-143.

表 8-13　　　　　核心概念测量的描述性统计分析

问项	AC01	AC02	AC03	AC04	AC05	AC06	AC07	AC08
均值	5.105	5.233	4.986	4.967	5.143	4.984	4.872	5.069
标准差	0.563	0.782	0.471	1.054	1.047	0.648	0.619	0.953
偏度	1.025	0.913	-0.897	0.662	1.017	-0.725	-1.053	-0.916
峰度	-0.682	0.475	-0.492	-0.389	-0.317	-0.361	-0.362	0.257
问项	AC09	AC10	BP01	BP02	BP03	BP04	BP05	BP06
均值	5.158	4.895	5.086	4.268	4.631	5.107	4.471	4.361
标准差	1.037	0.925	1.112	0.976	1.05	1.257	0.974	1.108
偏度	1.125	-1.063	-0.922	0.901	-1.025	-0.716	0.341	1.073
峰度	0.289	-0.469	-0.375	-0.482	0.379	-0.852	-0.921	-0.426
问项	BP07							
均值	4.279							
标准差	1.121							
偏度	-1.164							
峰度	-0.329							

资料来源：笔者整理。

二　信效度检验

变量测量的内部一致性运用 Cronbach's α 值和组合信度（CR）两项指标进行检验。结论表明（见表 8-14）：五个核心变量的 α 值介于 0.836—0.903 之间，均大于 0.7 水平；同时，各变量 AVE 值均大于 0.5 水平，且任意变量间相关系数不为 1，变量 AVE 值平方根均大于其所在行与列相关系数绝对值。可见，测量的信度及判别效度、收敛效度均比较理想。

本书所有测量问项均借鉴或改编自成熟量表，确保测量的内容效度达到要求。同时，运用验证性因子分析检验核心变量的结构效度。在输出的验证性因子模型中（见表 8-15），模型卡方值与自由度的比值（χ^2/df）均介于 1.0—2.0 区间，RMSEA 均小于 0.08 水平，绝对拟合度指标 GFI 和 AGFI 均超过 0.9 水平，简约拟合度指标 PGFI 和 PNFI 均达到 0.5 水平，表明变量的结构效度在可接受范围内。

表 8 – 14　　　　　　　　测量的信效度检验结果

变量	α系数	AVE	均值	标准差	1	2	3	4	5
1. 效率型商业模式创新	0.836	0.561	6.043	1.137	0.781				
2. 新颖型商业模式创新	0.891	0.594	5.872	1.064	0.093	0.739			
3. 双元能力	0.903	0.598	5.126	0.967	0.127	0.082	0.757		
4. 市场绩效	0.852	0.612	4.975	1.216	0.191*	0.729*	0.108	0.776	
5. 财务绩效	0.876	0.584	4.836	1.137	0.124	0.186*	0.117	0.189*	0.751

注：对角线为潜变量的 AVE 值平方根；*表示 $p<0.05$，**表示 $p<0.01$。

资料来源：笔者计算整理。

表 8 – 15　　　　　　　　变量的验证性因子分析结果

变量	χ^2/df	RMSEA	GFI	AGFI	CFI	NFI	PGFI	PNFI
标准值	1.0—2.0	<0.08	>0.9	>0.9	>0.9	>0.9	>0.5	>0.5
效率型商业模式创新	1.781	0.079	0.921	0.911	0.914	0.915	0.602	0.583
新颖型商业模式创新	1.824	0.072	0.918	0.906	0.913	0.908	0.594	0.552
双元能力	1.726	0.043	0.922	0.914	0.913	0.909	0.612	0.583
市场绩效	1.425	0.045	0.917	0.908	0.911	0.916	0.547	0.592
财务绩效	1.638	0.055	0.927	0.919	0.921	0.915	0.626	0.637

资料来源：笔者计算整理。

三　商业模式创新主效应检验

本书使用 SPSS 18.0 软件，采用多元线性回归技术对商业模式创新与经营绩效关系进行检验。依据一般研究惯例，在进行回归分析以前采用方差膨胀因子指数法（VIF）来检测多重共线性问题。经过计算得出自变量效率型商业模式创新与新颖型商业模式创新的 VIFmax 分别为 6.981 和 7.082，因变量市场绩效与财务绩效的 VIFmax 分别为 4.752 和 4.833，均处于（0，10）合理区间。可见，各类变量无多重共线性现象存在，可以运用多元回归分析以检验调节效应。

本书具体采用多元线性回归分析中的按所选中变量分别进入的方法来进行。首先将控制变量纳入回归方程中对竞争优势和顾客资产进行线性回归，分别得到模型 7 和模型 8，结果显示企业年龄、规模与市场效能没有直接关联。然后，将自变量效率型商业模式创新及其平方项分别纳入回归方程，得到模型 9 和模型 10。最后，将自变量新颖型商业模式创新及平方项分别纳入回归方程，得到模型 11 和模型 12。

在回归分析中（见表 8-16），模型 7 到模型 12 的 F 统计值的显著性概率均小于 0.001，说明各个回归模型均通过了检验；模型 7 到模型 12 的常数项对应的 t 检验统计值显著性概率均小于 0.01，说明常数项显著地异于 0，回归方程及其系数适宜采用非标准化值。[1]

表 8-16　　　　商业模式创新与经营绩效回归分析结果

变量	市场绩效			财务绩效		
	模型 7	模型 9	模型 11	模型 8	模型 10	模型 12
控制变量						
企业年龄	0.087	0.079	0.063	0.098	0.074	0.072
企业规模	0.112	0.109	0.097	0.065	0.052	0.049
自变量						
效率型商业模式创新		0.301***	0.297**		-0.172*	-0.164*
效率型商业模式创新的平方		-0.286***	-0.255*		0.187*	0.181*
新颖型商业模式创新			0.147			0.308***
新颖型商业模式创新的平方			-0.107			-0.294***
模型统计值						
R^2	0.279	0.304	0.312	0.264	0.297	0.309
ΔR^2		0.035	0.043		0.033	0.045
F-value	19.267***	21.308***	24.571***	18.619***	20.684***	23.782***
ΔF		2.041***	5.304***		2.065***	5.163***

注：* 表示 $p<0.05$，** 表示 $p<0.01$，*** 表示 $p<0.001$。

回归结果显示，效率型商业模式创新平方项与市场绩效的回归系数 β = -0.286（$p<0.001$），与财务绩效的回归系数 β = 0.187（$p<0.05$）；数据结论表明，效率型商业模式创新与市场绩效和市场绩效

---

[1] Hair J. & Anderson R., "Multivariate data analysis", US, NJ: Prentice hall, 2006, 149-151.

均呈倒 U 形关系，即 H9a 和 H9b 均得到研究数据支持。新颖型商业模式创新平方项与市场绩效的回归系数 β = 0.107（p > 0.05），与财务绩效的回归系数 β = -0.294（p < 0.001）；分析结果说明，新颖型商业模式创新与市场绩效的倒 U 形关系并不显著，而财务绩效之间存在显著的倒 U 形关系，即 H9c 未被验证，H9d 得到支持。

四　双元能力调节效应检验

为深入剖析商业模式创新驱动市场效能的内在机制，本书从组织市场领域方面能力视角，运用 SmartPLS 2.0 软件检验双元能力对上述关系的调节效应。通过 PLS 方法，分两阶段检验变量之间互动关系及显著性水平以确定调节效应。

第一阶段，将效率型和新颖型商业模式创新平方、双元能力，以及市场绩效与财务绩效等变量纳入结构方程，建立主效应模型。第二阶段，对各项指标进行标准化处理，然后将两类商业模式创新与双元能力的乘积项分别建立互动模型。

此外，在研判变量之间路径系数以外，还需要综合考察模型中 R^2 值变化情况，以及反映整体调节效应水平的 f^2 值水平，计算公示如下：

$$f^2 = \frac{R^2_{(interaction-model)} - R^2_{(main-effects-model)}}{[1 - R^2_{(interaction-model)}]}$$

当 f^2 最低值为 0.02 时，表明调节变量的调节效应较小；当 f^2 值达到 0.15 时，表明调节变量具有中等调节效应；当 f^2 值达到 0.35 时，表明调节变量的调节效应非常显著。[①]

数据结论显示（见表 8-17），双元能力对效率型商业模式创新与市场绩效关系（β = 0.236，p < 0.01），以及对效率型商业模式创新与财务绩效关系（β = 0.114，p > 0.05）的整体调节效应 f^2 值分别仅为 0.236 和 0.013，结合主效应系数，可以认为，双元能力对效率型商业模式创新与市场绩效的积极关系有显著调节效应，而对效率型

---

① Cohen J., "Statistical Power Analysis for Behavioral Sciences" (2nd ed.), NJ, Hillsdale: Lawrence Erlbaum, 1988, 138-141.

商业模式创新与财务绩效的正向关系调节作用不显著，即 H10a 得到数据支持，而 H10b 未通过实证检验。双元能力对新颖型商业模式创新与市场绩效竞争优势关系的整体调节效应 f^2 值为 0.016（$\beta = 0.118$，$p > 0.05$），对新颖型商业模式创新与财务关系的整体调节效应 f^2 值为 0.238（$\beta = 0.205$，$p < 0.01$），表明双元能力对新颖型商业模式创新与市场绩效的关系的调节效应不显著，而对新颖型商业模式创新与财务绩效的积极关系具有显著调节作用，即 H10c 未得到支持，H10d 得到数据验证。

表 8-17　　　　　　双元能力调节效应分析结果

变量	市场绩效 第一阶段	市场绩效 第二阶段	f^2	财务绩效 第一阶段	财务绩效 第二阶段	f^2
效率型商业模式创新的平方	-0.286	-0.257	0.236	0.187*	0.197	0.013
新颖型商业模式创新的平方	-0.106	-0.103	0.016	-0.294***	-0.272	0.238
双元能力	0.147	0.135	—	0.188	0.179	—
效率型商业模式创新的平方乘以双元能力		0.236	—		0.114	—
新颖型商业模式创新的平方乘以双元能力		0.118	—		0.205	—

资料来源：笔者计算整理。

第四节　研究小结

本章运用 192 家制造型企业实证数据，对相关研究假设进行检验，结果如表 8-18 所示。基于假设检验的实证研究结论，揭示在企业双元能力的调节效应下，效率型和新颖型商业模式创新影响经营绩效的基本机制。主要结论包括：

表 8–18　　　　　　　　本章研究假设检验结果

假设	假设内容	结论
H11a	效率型商业模式创新与市场绩效呈倒 U 形关系	支持
H11b	效率型商业模式创新与财务绩效呈倒 U 形关系	支持
H11c	新颖型商业模式创新与市场绩效呈倒 U 形关系	不支持
H11d	新颖型商业模式创新与财务绩效呈倒 U 形关系	支持
H12a	双元能力正向调节效率型商业模式创新与市场绩效的倒 U 形关系	支持
H12b	双元能力正向调节效率型商业模式创新与财务绩效的倒 U 形关系	不支持
H12c	双元能力正向调节新颖型商业模式创新与市场绩效的倒 U 形关系	不支持
H12d	双元能力正向调节新颖型商业模式创新与财务绩效的倒 U 形关系	支持

资料来源：笔者整理。

一　效率型商业模式创新与经营绩效

效率型商业模式创新与市场绩效和财务绩效的关系均呈倒 U 形关系。结论表明，效率型商业模式创新在驱动经营绩效的过程中存在"效率边界"，即随着时间的推移，效率型商业模式创新对市场绩效和财务绩效的驱动效应在逐渐下降，边际效应逐步趋近于零。同时，效率型商业模式创新在帮助提升企业顾客资产方面的机理却并不符合"效率边界"假设，而是呈现一种"先降后升"的影响轨迹，本节称为"效率转换"。也就是说，企业在效率型商业模式创新过程中，对顾客资产的影响并不是立竿见影的，改进效率的各类交易方式被顾客有效地接受，需要一定时间与过程，因而存在一种效率延迟的现象。

二　新颖型商业模式创新与经营绩效

新颖型商业模式创新与市场绩效呈 U 形关系，而与财务绩效呈倒 U 形关系。新颖型商业模式创新对市场绩效的驱动效应呈 U 形曲线，即来自交易方式和交易对象的革新性变化，在初期容易造成不适应情况，因而对竞争优势的影响呈下降趋势；当交易各方更好地适应了新的游戏规则和交易方式，新颖型商业模式创新对市场绩效的驱动效应就得到很好的体现，本书将这种现象称为"新颖效应"。与此相对，商业模式在新颖性方面的革命改进，因其差异化和独特性而得到顾客群体的关注，甚至是进入缺乏足够竞争强度的"蓝海市场"，表现出对财务绩效的积极作用；但随着创新扩散和模仿，模式新颖性持续下降，顾客可感知差异化价值边际效应不断降低，从而导致对财务绩效的驱动效力逐渐减弱，这种现象可以视为"新颖边界"。

新颖型商业模式创新立足于新价值主张开发、新交易伙伴链接、新交易模式构建，即创造新市场或创造新交易方式，这样的"蓝海竞争"有助于企业改善财务水平；但是，可能由于缺乏足够市场规模，以及商业生态系统内各方对新事物渐进式的接受和采纳，因而新颖型商业模式创新对市场绩效的驱动并不显著。

三 双元能力的调节效应

双元能力在商业模式创新与经营绩效的逻辑关系中存在差异化调节效应。双元能力正向调节效率型商业模式创新与市场绩效倒 U 形关系，但对效率型商业模式创新与财务绩效倒 U 形关系的调节作用没有被发现。双元能力对新颖型商业模式创新与市场绩效倒 U 形关系的调节效应没有获得证实，但对新颖型商业模式创新与财务绩效正向关系的调节作用非常显著。双元能力企业实现探索与开发动态平衡的重要组织能力，对平衡利用现有市场和发掘未来市场具有重要的价值。双元能力发挥作用的基本前提是对现有资源的整合与重置，形成新的资源和能力优势。从这个前提条件看，效率型商业模式本质上没有改变企业交易模式和游戏规则，只是进行效率提升与资源优化；而新颖型商业模式创新已构建新的交易网络、交易规则和方式，更需要对现有资源进行重构和改造。因此，双元能力仅对效率型商业模式创新与市场绩效倒 U 形关系，以及对新颖型商业模式创新与财务绩效倒 U 形关系有显著调节效应。

结　语

一　主要研究结论

(一) 商业模式创新的内涵理解

本书借鉴 Zott 和 Amit 系列研究成果和观点，从商业生态视角指出，商业模式创新的本质是"企业对商业生态系统内现有的资源和交易网络进行创新性的优化重组，是商业生态系统演化在组织模式层面的表现"。

同时，本书从效率型和新颖型两种维度对商业模式创新的类型进行解构：效率型商业模式创新是指企业在商业生态系统中实施的能够提高交易效率、降低交易成本的创造性活动；新颖型商业模式创新是指企业在商业生态系统中开发全新价值主张、构建新型交易方式和拓展交易网络的创造性活动。

激烈市场竞争已不仅是产品或单个企业之间的比拼，而是新兴商业模式下企业种群之间的较量。"实施创新驱动发展战略，加强商业模式创新"已上升为国家意识；商业模式创新也被中央视为"调整产业结构、化解产能过剩的根本出路之一"。尤其对资源能力相对缺乏，发展十分依赖大型企业的制造型企业而言，依托特定商业生态系统开展商业模式创新具有特殊价值。在中国，大多数制造型企业资源能力相对有限，整合资源、借力发展是重要的生存法宝；而商业模式创新相较于产品创新、技术创新更容易帮助制造型企业实现独立化与自主化发展，因而整合产业生态系统演化与商业模式创新研究是制造型企业实现"创新驱动发展"战略的重要努力方向。

在对商业模式创新的内涵和类型进行界定和分析的基础上，本书借鉴现有研究成果，并结合制造型企业的特征，开发商业模式创新测量工具，为后续实证研究提供工具基础，也为商业模式创新的量化研究提供方法借鉴。

（二）组织因素与商业模式创新

1. 战略导向与商业模式创新

市场导向和技术导向是战略导向的核心内容：一方面，市场导向对效率型商业模式创新有积极影响，而对新颖型商业模式创新的作用并不显著。作为组织文化的市场导向，使企业坚持顾客导向、竞争者导向与跨部门协调，从而聚焦于发掘、理解并预测市场需求；通过强化在市场知识累积、关键知识跨部门运用等方面持续资源投入，使企业对产业环境理解与反应水平更高，这有利于企业设计以提高效率、降低成本的商业模式革新措施。与此相对，新颖型商业模式创新更聚焦于对新交易对象、新价值主张，以及新交易模式的建立，但市场导向更多的是对现有产业环境的理解与响应，因而对新颖型商业模式创新的影响作用并不显著。

另一方面，技术导向对效率型和新颖型商业模式创新均有显著影响。第一，技术导向使企业在技术资产方面投入更多资源，推动新产品开发管理具备更高效率水平；通过对新兴技术的产品化和商品化，形成革命性产品，有助于企业开发新价值主张，链接新的交易伙伴，建立新的交易模式，从而实现对新颖型商业模式创新的推动。第二，在技术导向推动下，企业重视对技术资产（如专利等）的持续投资，有助于企业建立商业生态系统内的技术平台，形成具有较强影响力的技术辐射。技术平台的构建与运用能够显著地降低商业生态系统内各参与方的交易成本，提升交易效率，进而实现对效率型商业模式创新的推动作用。

2. 组织学习与商业模式创新

本书从开发式和探索式组织学习两方面，探讨组织学习与商业模式创新关系：首先，开发式学习对效率型商业模式创新有显著影响，而对新颖型商业模式创新影响作用不显著。开发式学习关注对企业已有知识的整合与利用，强调对知识的筛选、精练和吸收，以及后续的行动与实施，它对效率型商业模式创新具有重要驱动作用。开发式学习能够推动企业充分发掘和利用现有市场知识,理解商业伙伴的各类需求,并通过创新商业生态系统内的交易方式,降低各方参与交易的成本,提供系统内交易效率。这类以成本降低和效率提升为主要内容的业务模式改进,从本质上而言,属于效率型商业模式创新范畴。

其次,探索式学习对效率型商业模式创新影响不显著,而对新颖型商业模式创新具有显著效应。一方面,探索式学习能够帮助企业理解潜在的顾客需求,将市场知识和技术知识进行整合,创造性地开发新产品或服务以形成新的顾客价值主张。另一方面,探索式学习会推动企业探索建立有别于既有的商业体系,从而实现企业在交易方式、交易结构方面的进化,或者帮助企业革新原有商业模式,开拓新的价值创造体系。因此,可以认为探索式学习对推动以新顾客价值、新的商业链接和模式为特征的新颖型商业模式创新具有重要的促进作用。

3. 环境动荡性的调节效应

环境的权变效应在组织因素与商业模式创新中发挥重要角色,环境动荡性在组织因素驱动商业模式创新关系中发挥差异化调节效应。第一,环境动荡性正向调节市场导向与新颖型商业模式创新的正向关系,当环境动荡性越强,先前并不显著的市场导向驱动新颖型商业模式创新关系得到证实。第二,环境动荡性正向调节技术导向与新颖型商业模式创新的正向关系。在动荡的环境条件下,技术导向驱动新颖型商业模式创新的作用更加显著。第三,环境动荡性正向调节开发式学习与新颖型商业模式创新的正向关系。开发式学习在动荡的环境条件下,对新颖型商业模式创新产生积极效应。第四,环境动荡性正向调节探索式学习与效率型商业模式创新的正向关系。当企业外部环境动荡性程度越高时,探索式学习影响效率型商业模式的正向效应得到证实。

(三) 企业家因素与商业模式创新

1. 企业家精神与商业模式创新

本书从创新精神和冒险精神两方面对企业家精神进行解构:首先,创新精神对效率型和新颖型商业模式创新均有显著正向作用。创新精神使高层管理者在管理和决策中能够运用新理念和新方法分析和处理问题，能够接受不同于现有思想和方法的观点和建议，因而不仅能够推动企业不断优化业务流程，并持续改进产品生产技术，从而提高生产经营效率；还可以创新性地运用新的管理工具，提高管理和决策的有效性，帮助降低商业生态系统内交易成本。同时，通过积极挖掘市场机会，开发和推广新的价值主张，从而拓展和构建新的交易结构。因而，创新精神对效率型和新颖型商业模式创新都有积极作用。

其次，冒险精神仅对新颖型商业模式创新和市场绩效有积极作用，而对效率型商业模式创新作用并不显著。冒险精神促使企业高层管理者敢于投资于不确定市场，通过积极的突破式变革来实现对潜在市场机会的把握，因而表现出对新颖型商业模式创新的驱动效应。但是，效率型商业模式创新以成本降低和效率提升为重要内核，企业积极的风险承担行为并不能直接有助于降低商业生态系统内交易各方的成本，并带来交易效率的提升，因而没有发现冒险精神对效率型商业模式创新的正向作用。

2. 企业家社会资本与商业模式创新

企业家所拥有的商业社会资本和政治社会资本是企业家社会资本的核心内容：一方面，商业社会资本对制造型企业效率型和新颖型商业模式创新均有积极作用。商业社会资本反映企业家与其他企业高层管理者建立社会网络的水平，这种社会关系能够帮助企业获取有价值的和关键信息，有助于形成重要的管理决策信息，并通过各方信息分享，降低交易壁垒，提升交易效率；还有助于运用基于商业社会资本所构建的商业信任，在交易过程中减少相关监督和核查环节，提升交易效率。同时，企业高层管理者与各类商业合作机构建立的良好社会网络，能够更好地发掘和抓住新的商业机会，从而构建产业内新的交易网络和交易方式，实现对新颖型商业模式创新的推动。

另一方面，政治社会资本仅对新颖型商业模式创新有积极影响，而对效率型商业模式创新作用并不明显。企业家政治社会资本代表企业家个人所掌握的政治资源和政治网络。企业家所拥有的政治网络和资源能够帮助企业获取关键的发展资源，例如最新的产业政策、产业发展指导性意见、创新项目资助信息等，这些关键的产业和市场发展情报，能够推动企业构建新的产品和服务体系，从而形成新的业务模式和网络，实现新颖型商业模式创新。而效率型商业模式创新聚焦于成本和产业内交易效率，企业家所掌握的政治资源和政治网络对当前产业内的既有交易并不能发挥显著的影响作用。

3. 环境动荡性的调节效应

环境动荡性在企业家因素驱动商业模式创新的关系中发挥着差异化调节作用。在企业家精神方面：环境动荡性正向调节创新精神与效率型商业模式创新的正向关系，意味着当企业面临的外部市场和技术环境动荡水平越高时，企业家所具备的创新精神在推动效率型商业模式创新和新颖型商业模式创新方面都发挥着更加关键的作用。环境动荡性正向调节冒险精神与新颖型商业模式创新的正向关系，这表明，当企业所面临的市场和技术环境变化速率加快，以及变化程度和方向充满不确定性时，冒险精神更有助于推动企业开展新颖型商业模式创新活动。但是，效率型商业模式创新并没有在更为动荡的环境中，受到冒险精神的积极影响；这充分表明，冒险精神的运用不仅依赖企业所要达成的目标，更要依据企业所面临的外部经营环境。

在企业家社会资本方面：环境动荡性正向调节商业社会资本与新颖型商业模式创新的正向关系；这意味着，企业面临的外部环境动荡性程度越高，在推动企业开发新的产品/服务和新的顾客价值主张，形成新的交易网络和交易模式方面，企业家所掌握的商业网络和商业资源发挥着更为积极和显著的作用。环境动荡性正向调节政治社会资本与新颖型商业模式创新的正向关系，表明当企业所面临的市场和技术环境快速变化，且充满方向和程度不确定性时，企业家拥有的政治资源和政治网络，在帮助企业开发新的业务伙伴，形成新的交易模式方面具有非常重要的作用。

（四）商业模式创新与市场效能

1. 效率型商业模式创新与市场效能

市场效能包含竞争优势和顾客资产两方面内容。在制造型企业商业模式创新与竞争优势关系方面：效率型商业模式创新与竞争优势呈倒U形关系，而与顾客资产呈U形关系。结论表明，效率型商业模式创新在驱动竞争优势过程中存在"效率边界",即随着时间的推移,效率型商业模式创新对竞争优势的驱动效应在逐渐下降,边际效应逐步趋近于零。同时,效率型商业模式创新在帮助提升企业顾客资产方面的机理却并不符合"效率边界"假设,而是呈现一种"先降后升"的影响轨迹,本书称为"效率转换"。也就是说,企业在效率型商业模式创新过程中,对顾客资产的影响并不是立竿见影的,改进效率的各类交易方式需要一定的时间来被顾客有效地接受,因而存在一种效率延迟的现象。

2. 新颖型商业模式创新与市场效能

新颖型商业模式创新与竞争优势呈 U 形关系,而与顾客资产呈倒 U 形关系。新颖型商业模式创新对竞争优势的驱动效应呈 U 形曲线,即来自交易方式和交易对象的革新性变化,在初期容易造成不适应情况,因而对竞争优势的影响呈下降趋势;当交易各方更好地适应了新的游戏规则和交易方式,新颖型商业模式创新对竞争优势的驱动效应就得到很好的体现,本书将这种现象称为"新颖效应"。与此相对,商业模式在新颖性方面的革命改进,因其差异化和独特性而得到顾客群体的关注,表现出对顾客资产的积极作用;但随着创新扩散和模仿,模式新颖性持续下降,顾客可感知差异化价值边际效应不断降低,从而导致对顾客资产的驱动效力逐渐减弱,这种现象可以视为"新颖边界"。

3. 营销动态能力的调节效应

营销动态能力在效率型商业模式与市场效能关系中的调节效应没有被发现,但对新颖型商业模式创新与市场效能积极关系的正向调节作用被证实。营销动态能力作为动态能力在企业市场管理领域的重要表现形式,对企业应对环境变化、增强市场响应能力具有重要价值。但是,营销动态能力发挥作用的基本前提是对现有资源的整合与重置,形成新的资源和能力优势。从这个前提条件看,效率型商业模式本质上没有改变企业交易模式和游戏规则,只是进行效率提升与资源优化;而新颖型商业模式创新已构建新的交易网络、交易规则和方式,更需要对现有资源进行重构和改造。因此,营销动态能力仅仅对新颖型商业模式创新与市场效能关系具有积极的调节效应。

(五) 商业模式创新与经营绩效

1. 效率型商业模式创新与经营绩效

本书从市场绩效和财务绩效两方面来分析商业模式创新与经营绩效的关系。效率型商业模式创新与市场绩效和财务绩效的关系均呈倒U形关系。结论表明，效率型商业模式创新在驱动经营绩效的过程中存在"效率边界"，即随着时间的推移，效率型商业模式创新对市场绩效和财务绩效的驱动效应在逐渐下降，边际效应逐步趋近于零。同时，效率型商业模式创新在帮助提升企业顾客资产方面的机理却并不符合"效率边界"假设，而是呈现一种"先降后升"的影响轨迹，本书称之为"效率转换"。也就是说，企业在效率型商业模式创新过程中，对顾客资产的影响并不是立竿见影的，改进效率的各类交易方式被顾客有效地接受，需要一定时间与过程，因而存在一种效率延迟的现象。

2. 新颖型商业模式创新与经营绩效

新颖型商业模式创新与市场绩效呈U形关系，而与财务绩效呈倒U形关系。新颖型商业模式创新对市场绩效的驱动效应呈U形曲线，即来自交易方式和交易对象的革新性变化，在初期容易造成不适应情况，因而对竞争优势的影响呈下降趋势；当交易各方更好地适应了新的游戏规则和交易方式，新颖型商业模式创新对市场绩效的驱动效应就得到很好的体现，本书将这种现象称为"新颖效应"。与此相对，商业模式在新颖性方面的革命改进，因其差异化和独特性而得到顾客群体的关注，甚至是进入缺乏足够竞争强度的"蓝海市场"，表现出对财务绩效的积极作用；但随着创新扩散和模仿，模式新颖性持续下降，顾客可感知差异化价值边际效应不断降低，从而导致对财务绩效的驱动效力逐渐减弱，这种现象可以视为"新颖边界"。

新颖型商业模式创新立足于新价值主张开发、新交易伙伴链接、新交易模式构建，即创造新市场或创造新交易方式，这样的"蓝海竞争"有助于企业改善财务水平；但是，可能由于缺乏足够市场规模，以及商业生态系统内各方对新事物渐进式的接受和采纳，因而新颖型商业模式创新对市场绩效的驱动并不显著。

3. 双元能力的调节效应

双元能力在商业模式创新与经营绩效的逻辑关系中存在差异化调节效应。双元能力正向调节效率型商业模式创新与市场绩效倒 U 形关系，但对效率型商业模式创新与财务绩效倒 U 形关系的调节作用没有被发现。双元能力对新颖型商业模式创新与市场绩效倒 U 形关系的调节效应没有获得证实，但对新颖型商业模式创新与财务绩效正向关系的调节作用非常显著。双元能力企业实现探索与开发动态平衡的重要组织能力，对平衡利用现有市场和发掘未来市场具有重要的价值。双元能力发挥作用的基本前提是对现有资源的整合与重置，形成新的资源和能力优势。从这个前提条件看，效率型商业模式本质上没有改变企业交易模式和游戏规则，只是进行效率提升与资源优化；而新颖型商业模式创新已构建新的交易网络、交易规则和方式，更需要对现有资源进行重构和改造。因此，双元能力仅对效率型商业模式创新与市场绩效倒 U 形关系，以及对新颖型商业模式创新与财务绩效倒 U 形关系有显著调节效应。

二　研究意义

（一）商业模式创新的内涵理解

以往商业模式创新的理解和探讨大都基于战略、技术或营销视角，本书借鉴 Zott 和 Amit 系列研究观点，从商业生态视角对制造型企业商业模式创新进行内涵界定；并依据商业模式创新的本质特征，从效率型和新颖型两种维度对商业模式创新的类型进行解构。

一方面，从商业生态系统的视角认为商业模式创新本质是"企业对商业生态系统内现有的资源和交易网络进行创新性的优化重组，是商业生态系统演化在组织模式层面的表现"，有别于以往从职能层面对商业模式创新的探讨。

另一方面，从商业生态系统演化的视角，本书从效率型和新颖型两种维度对商业模式创新的类型进行解构：效率型商业模式创新是指企业在商业生态系统中实施的能够提高交易效率、降低交易成本的创造性活动；新颖型商业模式创新是指企业在商业生态系统中开发全新价值主张、构建新型交易方式和拓展交易网络的创造性活动。深化了对商业模式创新内涵及结构的理解。

此外，本书在商业模式创新的内涵和类型界定和分析基础上，结合制造型企业的特征，开发商业模式创新测量工具，为后续实证研究提供工具基础，也为商业模式创新的量化研究提供方法借鉴。

从商业生态系统视角界定商业模式创新具有重要理论意义：一方面，有别于现有研究从战略视角、技术视角和营销视角对商业模式创新进行探究，为深入理解商业模式创新的基本内涵提供了新理论视角和基础。另一方面，制造型企业与互联网企业、服务型企业等企业类型有本质的差异，而现有的商业模式创新研究大多基于互联网企业、新兴服务企业等新型企业类型，针对制造型企业的商业模式研究还比较缺乏。本书在商业生态系统及其演化视角下的商业模式创新研究，非常契合制造型企业所在的行业特征和企业性质，并为制造型企业商业模式创新研究取得理论突破提供了概念和实证基础。

(二) 商业模式创新前置因素研究

商业模式创新的价值已经得到普遍认可，但对其前置因素的探讨仍比较缺乏。本书基于中国制造型企业实证数据，从组织因素和企业家因素两方面对商业模式创新前置因素进行探讨，具有一定理论价值。

首先，本书从组织因素层面，研究战略导向和组织学习对商业模式创新的影响机制：市场导向和技术导向被视为战略导向的核心内容，探讨其驱动商业模式创业的机制；利用式和探索式学习是组织学习的基本类型，它们对制造型企业商业模式创新也有差异化影响。本书从组织因素层面，拓展了商业模式创新的前置因素研究，识别了关键的组织驱动因素，深化了商业模式创新影响机制的理论认识。

其次，本书从企业家因素层面，探讨企业家精神和企业家社会资本驱动商业模式创新的实现机制。企业家精神中的创新精神和冒险精神对商业模式创新有显著差异化影响，而企业家商业社会资本和政治社会资本同样对商业模式创新有积极作用。本书从企业家因素层面，丰富了商业模式创新的前置因素探讨，特别是对企业家政治社会资本的研究，符合转型经济环境下的中国制造型企业发展现状，兼具理论和现实意义。

最后，市场和技术两方面的环境因素在本书中得到充分讨论，相关结论深化了商业模式创新前置因素的研究，同时为商业模式创新的相关研究增加了环境要素。

(三) 商业模式创新绩效结果研究

商业模式创新的关键价值体现在获取差异化竞争优势和有价值顾客群体，以及改善企业经营绩效水平。然而，现有研究对商业模式发挥作用的内在机制还缺乏讨论，相关实证研究更不多见。本书在区分效率型和新颖型商业模式创新基础上，从营销动态能力和双元能力视角，探讨商业模式创新驱动市场效能和经营绩效的内在机理，具有一定价值。

一方面，现有大多数对商业模式创新价值的探讨更多的是运用典型案例分析和理论阐释方法，缺乏量化研究，特别是大样本数据分析。本书运用中国制造型企业的实证数据进行量化研究，从方法论层面弥补目前商业模式创新量化研究的不足。同时，少量有关商业模式创新的绩效结果实证研究，均强调商业模式绩效输出的线性效应。而本书发现商业模式创新驱动市场效能和经营绩效大多都是非线性关系，从而深化对商业模式创新绩效输出机制的理论认知。

另一方面，以往研究探讨商业模式创新更多的是对经营绩效，包括财务绩效和市场绩效的影响。事实上商业模式创新带来的价值体现在针对竞争者和顾客两方面的良好绩效输出，这是高水平经营绩效的基础。本书对商业模式创新驱动市场效能机制的研究，深化了对商业模式创新价值的现实理解，丰富了商业模式创新效应的影响，特别是在市场效能研究方面，是国内较早对商业模式创新与市场效能关系机制的研究；对营销动态能力观点的引入，深化了对上述关系的理解。双元能力作为"组织二元性"研究在能力领域的重要拓展，深化对商业模式创新驱动经营绩效关系的理解。本书所研究的作用机制关系，均是针对U形关系（正U形和倒U形）的探讨，有别于以往认为商业模式创新驱动经营绩效的正向线性关系理解。从实证研究结果来看，相关研究结论更加贴合商业模式创新在实践中的表现，比线性关系理解更为科学。

此外，本书还引入了重要的组织能力因素：双元能力和营销动态能力，以深化对商业模式创新绩效结果的理解。相关研究及结论，从组织能力观视角，拓展了商业模式创新研究的理论基础，丰富了商业模式创新绩效输出的分析框架。在商业模式创新与市场效能关系方面，结合市场效能的特定内涵，引入营销动态能力概念，以深化对商业模式创新驱动市场效能机制的理解；在商业模式创新与经营绩效方面，结合经营绩效的长期与短期特质，引入双元能力概念，丰富商业模式创新与经营绩效关系的内涵。

三　研究可能的创新与价值

商业模式创新是继技术创新和管理创新后，企业践行创新驱动发展战略的又一关键路径；是企业在不确定环境下获取和维持持续竞争优势，实现持续成长的重要驱动力。商业模式创新因其独特的重要性而受到国内外研究者的广泛关注。

目前，来自战略管理（例如，Chesbrough，2007，2010；Teece，2012；肖挺等，2013；肖挺和刘华，2015）、创新管理（例如，Johnson 和 Christensen，2008；Casadesus-Masanell 和 Ricart，2010）、技术管理（例如，吴晓波等，2013；易加斌等 2015；曾萍等，2015）、运营管理（例如，Hedman 和 Kalling，2003；张向国和吴应良，2005；刘颖琦等，2014），以及市场营销（例如，Stewart 等，2000；Olson 等，2005；周飞等 2015；董洁林和陈娟，2015）等领域的研究者均从各自的理论视角探讨企业商业模式创新议题，并形成了大量研究成果。

虽然商业模式创新近年来得到国内外研究者的大量关注和探讨，并取得显著的研究成果，但这些研究仍然存在一些不足或缺陷，主要体现在：

（1）在研究内容方面，当前商业模式创新研究议题相对比较集中，研究广泛程度和深度还有待加强。首先，多数研究议题聚焦于商业模式创新的理论基础、概念内涵或作用机理等方面，对商业模式创新的绩效结果和前置因素的研究不足。目前，高管团队异质性等因素已被证实为商业模式创新的重要驱动因素，缺乏其他企业家因素的探讨，对企业家在商业模式创新所扮演的角色探讨还严重不足。

其次，因主客观因素制约（如路径依赖、专有资产等），企业已有商业模式存在一定"刚性"，严重阻碍组织的商业模式创新活动，因而需要有效识别商业模式创新的重要前置因素，以推动组织创新活动开展；但是，目前商业模式创新研究大多集中于概念分类、构成要素或作用机制等方面，对商业模式创新组织层面的驱动因素探究稍显不足。

最后，在商业模式创新绩效输出研究中，为数不多的量化研究均将商业模式创新与企业绩效关系假设为单纯线性关系，即认为商业模式创新对企业财务或市场绩效具有正向直线关系。但是，通过对企业实践的观察可以发现，企业革新商业模式，必然会对现有企业惯例和模式产生冲击，因而企业商业模式创新对企业绩效影响作用可能不是简单的线性关系；同时，企业商业模式创新发生作用还依赖于组织内部因素的良好匹配，如战略导向、组织能力等，以及与外部因素的协调，如环境条件。但上述方面的相关研究还比较缺乏，理论认识还存在不足。

（2）在研究方法方面，当前商业模式及创新研究大多是质化研究方法（理论研究和案例研究），量化研究相对较少。现有商业模式创新研究绝大多数运用概念性或描述性分析方法，或者是案例研究方法，对商业模式的内涵与价值进行了探索，但相关研究结论缺乏实证数据的检验，结论的普适性和有效性并没有得到足够证明。

（3）在研究对象方面，现有商业模式创新研究大多是基于"互联网+"时代背景，以互联网企业、新创企业或高科技业为分析对象，对传统企业，如制造型企业的关注不够。但是，在"中国制造2025"国家战略背景，以及工业4.0和智能制造背景下，制造型企业同样迫切需要创新商业模式，实现企业转型升级，但基于新兴企业（互联网企业和新兴企业）类型的商业模式创新研究成果，对中国制造型企业创新商业模式缺乏理论指导。

基于以上分析，在新的政策和技术背景条件下，将中国制造型企业转型升级嵌入商业模式创新研究，运用实证研究方法对制造型企业商业模式创新的内涵、前置因素和绩效结果进行研究具有重要的理论价值和现实意义。

（一）理论层面

1. 从商业生态系统视角对商业模式创新的内涵、类型和测量进行系统研究

本书借鉴 Zott 和 Amit 系列研究观点，从商业生态视角对制造型企业商业模式创新进行内涵界定；并依据商业模式创新的本质特征，从效率型和新颖型两种维度对商业模式创新的类型进行解构。

从商业生态系统视角界定商业模式创新具有重要理论意义：一方面，有别于现有研究从战略视角、技术视角和营销视角对商业模式创新进行探究，为深入理解商业模式创新的基本内涵提供了新的理论视角和基础。另一方面，制造型企业与互联网企业、服务型企业等企业类型有本质的差异，而现有的商业模式创新研究大多基于互联网企业、新兴服务企业等新型企业类型，针对制造型企业的商业模式研究还比较缺乏。本书在商业生态系统及其演化视角下的商业模式创新研究，非常契合制造型企业所在的行业特征和企业性质，并为制造型企业商业模式创新研究取得理论突破提供了概念和实证基础。

2. 从组织和企业家双重视角，探究商业模式创新的形成机制

本书在探讨商业模式创新的前置因素及作用机制方面，基于组织与企业家双重因素：组织因素从战略导向（技术导向—市场导向）和组织学习（开发式学习—探索式学习）两方面，企业家因素从企业家精神（创新精神和冒险精神）和企业家社会资本（商业社会资本和政治社会资本）两方面，研究商业模式创新的关键影响因素，并考察环境动荡性的调节效应，以深化对商业模式创新形成机制的理解。

本书从组织与企业家双重视角探究商业模式创新的形成机制，为商业模式创新前置因素研究提供了理论框架，并有效地整合两类因素驱动商业模式创新的基本效应。有别于以往研究大多比较离散的分析框架，特别是考察来自外部因素（市场与技术层面）的影响效应，丰

富对组织和企业家因素驱动商业模式创新机制的理解，特别是从企业家社会资本的考察非常契合中国制造型企业现状，也有别于互联网企业等新兴企业类型的商业模式创新特征。

3. 基于组织能力开发，探讨商业模式创新的作用机制

本书研究商业模式创新对市场效能（竞争优势和顾客资产）、经营绩效（市场绩效和财务绩效）的作用机制，并从组织能力视角，深化对上述机制的理解。在商业模式创新与市场效能关系方面，结合市场效能的特定内涵，引入营销动态能力概念，以深化对商业模式创新驱动市场效能机制的理解；在商业模式创新与经营绩效方面，结合经营绩效的长期与短期特质，引入双元能力概念，丰富商业模式创新与经营绩效关系的内涵。

本书丰富了商业模式创新效应的影响，特别是在市场效能研究方面，是国内较早对商业模式创新与市场效能关系机制的研究；对营销动态能力观点的引入，深化了对上述关系的理解。双元能力作为"组织二元性"研究在能力领域的重要拓展，深化对商业模式创新驱动经营绩效关系的理解。本书探讨的作用机制关系，均是针对 U 形关系（正 U 形和倒 U 形）的探讨，有别于以往认为商业模式创新驱动经营绩效的正向线性关系理解。从实证研究结果来看，相关研究结论更加贴合商业模式创新在实践中的表现，比线性关系理解更为科学。

（二）实践意义

1. 为中国制造型企业关注关键组织和企业家因素，推动商业模式创新提供了管理路径

"企业以创新驱动发展，制造型企业运用模式创新推动转型升级"已经成为中国制造业在"供给侧改革"政策背景，以及工业 4.0 和智能制造技术背景下的重要发展路径。本书从组织因素和企业家因素两方面，探究驱动商业模式创新的重要因素。在组织因素方面，战略导向中的市场导向和技术导向驱动不同类型的商业模式创新，利用式学习和探索式学习也驱动不同类型的商业模式创新；同时，企业家精神和企业家社会资本对不同商业模式创新具有差异化影响。此外，不同外部环境下，上述关系存在差异性。

因此，研究结论为制造型企业针对不同外部环境（政策和市场动荡性），实现不同商业模式创新目标（效率型商业模式创新和新颖型商业模式创新）提供差异化管理路径。

2. 为制造型企业聚焦组织能力构建，优化商业模式创新绩效输出提供行动路径

针对选择不同商业模式创新路径的制造型企业，效率型和新颖型商业模式创新驱动市场效能与经营绩效的路径关系存在差异，当引入不同类型组织能力时，这些关系更为复杂。营销动态能力在商业模式创新与市场效能关系方面扮演重要角色，双元能力在商业模式创新与经营绩效关系方面具有重要价值。因此，中国制造型企业在转型升级中要充分实现商业模式创新的价值，必须重视相关职能领域组织能力培育。

通过组织能力构建（营销动态能力、双元能力），推动商业模式创新实现企业差异化目标（竞争优势与顾客资产，市场绩效与财务绩效），这为中国制造型企业实施创新驱动发展战略提供了重要的抓手，也为优化商业模式创新的绩效输出提供了重要的行动指南。

（三）管理建议

本书及相关结论给中国制造型企业转型升级，以及商业模式创新提供了若干管理建议和路径启示：

首先，在组织因素层面，坚持市场导向的企业，实施效率型商业模式创新是最佳选择。通过提升商业生态系统内交易效率，降低交易成本，可以有效地改善市场和财务两方面绩效。推崇技术导向的企业，选择效率型和新颖型商业模式创新都能够对经营绩效带来积极效应。但从企业绩效结果来看，企业先实施效率型商业模式创新，进而过渡到新颖型商业模式创新，即先降低商业生态系统内交易效率，再开发新的价值主张、拓展新的交易类型，更有利于保证市场与财务两方面绩效的稳定。

其次，在企业家因素层面，无论是效率型还是新颖型商业模式创新都依赖高级管理者创新精神的积极作用，因而企业管理者具备的创新精神是企业推动商业模式创新的基本前提。实施新颖型商业模式创

新的企业需要着力培养并形成一定冒险精神，这有助于企业在商业生态系统内开发全新价值主张，或创造性地构建新型交易结构。此外，关注市场绩效改善的企业，应该首先进行效率型商业模式创新，从降低产业内交易成本、提升交易效率方面帮助企业改善绩效。

　　新颖型和效率型商业模式在驱动市场效能方面的机制不同，对竞争优势与顾客资产也存在差异化的影响作用。企业在实施商业模式创新过程中，确保二者在不同时段的匹配和协调，对于获取稳定的竞争优势和顾客资产意义重大。营销动态能力在提升新颖型商业模式创新效力方面具有重要意义；企业着力培育和开发营销动态能力，对运用新颖型商业模式创新，强化竞争优势和构建顾客资产具有关键价值，是最大限度发挥新颖型商业模式创新作用的重要努力方向。

附　录

调查问卷

尊敬的先生/女士：

您好！非常感谢您在百忙中填写这份问卷。

我们正在进行一项有关中国制造型企业商业模式创新的学术研究课题。鉴于贵单位在企业转型升级过程中所取得的出色业绩，我们真诚地希望您能参与我们的研究，为我们提供相关信息，让我们共同推动中国企业进步！

在此，我们郑重地向您声明：本次问卷调查不会收集任何有关您个人及单位经营活动的信息和数据，也不涉及任何个人隐私和商业机密；所收集到的全部资料仅供学术研究使用，绝无任何商业用途；我们将对相关资料严格保密。因此，恳请您大力支持，据实填写问卷。同时，如您需要本调查的分析结果或有其他的要求，请与我们联系。我们不胜荣幸！

谢谢您的支持！祝愿您的事业蒸蒸日上！

重庆理工大学课题组

联系方式：librajason@sina.com

1. 贵单位的全称是＿＿＿＿＿＿＿＿＿＿＿＿＿＿（请填写）。
2. 贵单位成立于＿＿＿＿＿＿年（请填写）。
3. 您的职务是＿＿＿＿＿＿（请填写），您从事中高层管理工作的年限是：

□5 年以下　□5—9 年　□10—14 年　□15 年及以上

4. 截至目前，贵单位的正式员工人数为（单项选择，请在正确答案前画"√"）：

□100 人以下　□101—300 人　□301—500 人　□500 人及以上

5. 截至目前，贵单位的所有制性质是（单项选择，请在正确答案前画"√"）：

□私营企业　　　　　　□上市企业（非国有控股）
□上市企业（国有控股）　□国有独资企业
□三资企业　　　　　　□外资企业

6. 截至目前，您对本单位经营绩效总体评价是（单项选择，请在正确答案前画"√"）：

□非常满意　□基本满意　□不太满意　□非常不满意

7. 企业转型升级已成为当前时代主题，您认为本单位：

□已经完成转型升级　　□正在进行转型升级
□即将进行转型升级　　□不需要进行转型升级

8. 贵单位产品主要销往地区包括（可多项选择，请在正确答案前画"√"）：

□省内市场
□本省周边市场
□全国大部分市场
□国外市场（东南亚地区）
□国外市场（欧美发达地区）
□国外市场（非洲、南美洲等欠发达地区）
□其他（请注明）_____

一　商业模式创新的测量

以下问项是对贵单位组织能力的测量，请您根据您所掌握的企业实际情况对各个问项进行评价。"1"表示非常不同意，"7"表示非常同意，"1"至"7"之间表示您对本问项认同程度由低到高的变化，请您在您认可的数字下面画"√"。

序号	题项	非常不同意 1	比较不同意 2	基本不同意 3	不确定 4	基本同意 5	比较同意 6	非常同意 7
BM01	企业业务伙伴的存货成本都极大地降低							
BM02	企业尽可能从客户视角让交易变得简单							
BM03	商业模式使交易过程中犯错可能性很低							
BM04	商业模式降低了企业业务伙伴的其他成本（如营销和销售、沟通、交易处理等）							
BM05	商业模式使业务伙伴能够有充分信息进行决策							
BM06	企业与业务伙伴交易是透明的，现金流、信息使用、服务及产品等能够被清楚地核查							
BM07	作为交易的一部分，信息充分提供给业务伙伴，以降低他们所交易产品或服务评价时的信息不对称程度							
BM08	商业模式使需求变得集中和稳定							
BM09	商业模式使交易更迅速而高效							
BM10	商业模式提供新的产品、服务和信息组合							
BM11	商业模式带来新的业务伙伴							
BM12	交易中，对业务伙伴提供了新的激励措施							
BM13	商业模式让更多业务伙伴参与进来，以创造更好产品							
BM14	商业模式用新颖的方式联结交易参与各方							
BM15	知识产权和专利技术在企业与业务伙伴交易中扮演重要角色							
BM16	企业在本产业中积极借鉴其他产业的创新型交易模式							
BM17	企业在现有商业模式中持续地引入创新想法与行为							

二 组织因素的测量

以下问项是对贵单位组织因素测量,请您根据您所掌握的企业实际情况对各个问项进行评价。"1"表示非常不同意,"7"表示非常同意,"1"至"7"之间表示您对本问项认同程度由低到高的变化,请您在您认可的数字下面画"√"。

序号	题项	非常不同意 1	比较不同意 2	基本不同意 3	不确定 4	基本同意 5	比较同意 6	非常同意 7
SO01	企业紧密地监控和评估在满足顾客需求方面的承诺水平							
SO02	顾客满意驱动着企业的业务目标							
SO03	在我们企业中,销售人员分享关于竞争者的信息							
SO04	企业的高层管理者经常性地讨论竞争者的优势和劣势							
SO05	运用竞争优势满足顾客需求是企业的首要目标							
SO06	企业十分重视售后顾客服务							
SO07	销售人员能够有效分享竞争者信息							
SO08	企业能对竞争者行为做出快速回应							
SO09	高层管理人员经常讨论竞争者的战略							
SO10	主要竞争者的市场行为是企业行动的重要依据							
SO11	企业各职能部门间能有效分享市场信息							
SO12	所有职能部门共同致力于顾客价值创造							
SO13	企业的市场竞争战略由各个部门共同制定							
SO14	在企业中,无论什么工作都有许多明确而细致的规则和要求							
SO15	企业员工必须根据企业已有的清晰工作程序展开各项工作							
SO16	在完成具体工作时,企业员工拥有自主权							

续表

序号	题项	非常不同意	比较不同意	基本不同意	不确定	基本同意	比较同意	非常同意
		1	2	3	4	5	6	7
SO17	企业努力使产品的生产工艺水平在行业处于领先							
SO18	企业使产品功能多样化,以满足顾客更多需求							
SO19	企业在产品设计中充分运用自动化与工程设计技术							
SO20	企业在产品开发中充分利用外部资源(如外包或购买部分专利),以提高研发效率							
OL01	组织学习的目标是搜寻信息以改进在解决产品规划中相关问题的常规思路与方法							
OL02	组织学习的目标是搜寻那些能有效实施确保生产效率的想法与信息,而不是那些可能导致我们在产品规划和市场中犯错的信息							
OL03	企业寻求被普遍运用和证明的方法或措施来解决产品开发问题							
OL04	企业使用信息获取方法(如顾客和竞争者调查)以帮助理解或更新企业现有计划和市场经验							
OL05	企业强调与现有产品计划经验相关知识的运用							
OL06	在信息搜寻中,企业关注获取那些具有试验性和高风险市场的知识							
OL07	企业更倾向于收集与掌握有关潜在市场的信息							
OL08	组织学习的目标是获取新知识,以实施新计划帮助企业进入新的市场或技术领域							
OL09	企业收集并吸收与现有市场和技术经验不同的新颖观念与资讯							
OL10	组织学习的目标是收集新资讯,推动在产品开发计划中新事物的学习和掌握							

三 企业家因素的测量

以下问项是对贵单位企业家因素的测量，请您根据您所掌握的企业实际情况对各个问项进行评价。"1"表示非常不同意，"7"表示非常同意，"1"至"7"之间表示您对本问项认同程度由低到高的变化，请您在您认可的数字下面画"√"。

序号	题项	非常不同意 1	比较不同意 2	基本不同意 3	不确定 4	基本同意 5	比较同意 6	非常同意 7
EF01	企业高层管理者善于学习新知识，并用于指导实践							
EF02	近年来，企业的产品或服务进行了较大程度的更新							
EF03	企业高层管理者高度重视研发活动、技术领先与创新							
EF04	企业高层管理者常常主张率先引进新产品、服务、管理方法和生产技术等							
EF05	企业高层管理者善于运用新理念来解决现有问题							
EF06	企业高层管理者具有开拓精神，敢于承担风险							
EF07	企业高层管理者不怕困难，视挑战为机会							
EF08	企业高层管理者相信风险越大，回报越高							
EF09	企业高层管理者相信由于环境挑战，为实现经营目标，须采取大胆行动							
EF10	企业高层管理者面对不确定性时，倾向于采取大胆进取姿态，以开发潜在机会							
SC01	企业高层管理者与重要中间商和供应商建立了广泛联系							
SC02	企业高层管理者与企业重要客户建立了广泛联系							

续表

序号	题项	非常不同意	比较不同意	基本不同意	不确定	基本同意	比较同意	非常同意
		1	2	3	4	5	6	7
SC03	企业高层管理者与企业重要合作伙伴（银行、证券等）建立了广泛联系							
SC04	企业高层管理者与重要中间商和供应商相互信任和支持							
SC05	企业高层管理者与企业重要客户相互信任和支持							
SC06	企业高层管理者与企业重要合作伙伴（银行、证券等）相互信任和支持							
SC07	企业高层管理者与重要中间商和供应商经常进行资讯互动交流							
SC08	企业高层管理者与企业重要客户经常进行资讯互动交流							
SC09	企业高层管理者与企业重要合作伙伴（银行、证券等）经常进行资讯互动交流							
SC10	企业高层管理者与政府主管部门（工商、税务等）建立了广泛联系							
SC11	企业高层管理者与行业协会管理部门建立了广泛联系							
SC12	企业高层管理者与政府主管部门（工商、税务等）相互信任和支持							
SC13	企业高层管理者与行业协会管理部门相互信任和支持							
SC14	企业高层管理者与政府主管部门（工商、税务等）经常进行资讯互动交流							
SC15	企业高层管理者与行业协会管理部门经常进行资讯互动交流							

四 组织能力与环境因素测量

以下问项是对贵单位组织能力与环境的测量，请您根据您所掌握的企业实际情况对各个问项进行评价。"1"表示非常不同意，"7"表示非常同意，"1"至"7"之间表示您对本问项认同程度由低到高的变化，请您在您认可的数字下面画"√"。

序号	题项	非常不同意 1	比较不同意 2	基本不同意 3	不确定 4	基本同意 5	比较同意 6	非常同意 7
ET01	在本产业中，顾客的产品需求偏好一直在不断地变化							
ET02	我们的顾客总是期待新产品							
ET03	在顾客购买以前，企业能察觉他们对产品和服务的需求							
ET04	在本产业中，通过技术突破使许多新产品构思变得可行							
ET05	在本产业中，技术变革提供了在市场上的大量机会							
ET06	本产业主流技术发展趋势可以被很好地研判							
MD01	企业对本产业的现状与发展趋势有较为准确的认识							
MD02	企业能够及时察觉市场需求的重要变化							
MD03	关键市场信息能够在企业不同部门有效地扩散和分享							
MD04	重要市场信息能够快速地传递到高层管理者							
MD05	管理者能够针对市场重要变化快速地进行决策							
MD06	企业重要营销决策能够在执行中根据环境变化进行适时调整							

续表

序号	题项	非常不同意 1	比较不同意 2	基本不同意 3	不确定 4	基本同意 5	比较同意 6	非常同意 7
MD07	企业各职能部门都围绕满足市场需求来开展本部门工作							
MD08	在面对市场重要变化时，企业各职能部门能够统一思想和行动							
MD09	企业能够准确地向目标顾客传递产品等市场信息							
MD10	企业擅长综合使用多种手段向目标顾客进行营销推广							
MD11	企业的渠道设计能够有效地降低顾客购买成本							
MD12	企业综合运用多种渠道让目标顾客了解企业和产品							
AC01	企业能够有效地将成熟技术运用于产品开发							
AC02	企业能够熟练地将成熟的方法运用于业务开拓							
AC03	企业致力于持续改进现有产品开发和生产流程							
AC04	企业倾向于在成熟技术应用方面投入更多资源和精力							
AC05	企业擅长对现有资源整合和利用，而不是寻求和发掘新资源							
AC06	企业致力于不断发现和利用新技术							
AC07	企业总是尝试运用新方法和新技术解决所遇到的技术问题							
AC08	企业投入大量资源和精力开发新市场和顾客							
AC09	企业总能够在行业中率先运用新的方法或技术							
AC10	企业总是尝试运用新的管理方法和技术提升管理效率							

五 组织绩效测量

以下问项是对贵单位组织绩效的测量,请您根据您所掌握的企业实际情况对各个问项进行评价。"1"表示非常不同意,"7"表示非常同意,"1"至"7"之间表示您对本问项认同程度由低到高的变化,请您在您认可的数字下面画"√"。

序号	题项	非常不同意 1	比较不同意 2	基本不同意 3	不确定 4	基本同意 5	比较同意 6	非常同意 7
ME01	企业市场份额优于主要竞争对手							
ME02	企业销售增长水平优于主要竞争对手							
ME03	企业品牌影响力高于主要竞争对手							
ME04	企业产品在市场中处于优势地位							
ME05	相较于主要竞争对手,企业的顾客投诉率比较低							
ME06	相较于主要竞争对手,企业的顾客流失率比较低							
ME07	企业拥有很多长期顾客							
ME08	顾客常常为企业产品说好话							
BP01	企业对过去3年市场份额的变化比较满意							
BP02	企业过去3年的产品退货率、合同取消率都比较低							
BP03	企业产品的顾客满意度及企业本身的美誉度比较高							
BP04	企业对目前市场年销售额比较满意							
BP05	相较于行业平均水平,企业对投资回报率比较满意							
BP06	相较于行业平均水平,企业对销售利润率比较满意							
BP07	相较于行业平均水平,企业对产品毛利率比较满意							

您已经完成了本问卷,再次感谢您的帮助!

参考文献

[1] 陈国权、马萌：《组织学习：现状与展望》，《中国管理科学》2000年第1期。

[2] 蔡俊亚、党兴华：《商业模式创新对财务绩效的影响研究：基于新兴技术企业的实证》，《运筹与管理》2015年第2期。

[3] 崔楠、江彦若：《商业模式设计与战略导向匹配性对业务绩效的影响》，《商业经济与管理》2013年第2期。

[4] 邓新明：《中国民营企业政治管理、多元化战略与公司绩效》，《南开管理评论》2011年第4期。

[5] 耿新、张体勤：《企业家社会资本对组织动态能力的影响：以组织宽裕为调节变量》，《管理世界》2010年第6期。

[6] 惠朝旭：《企业家社会资本：基于经济社会学基础上的解释范式》，《理论与改革》2004年第3期。

[7] 江积海：《商业模式是"新瓶装旧酒"吗：学术争议、主导逻辑及理论基础》，《研究与发展管理》2015年第2期。

[8] 李晓华：《商业生态系统与战略性新兴产业发展》，《中国工业经济》2013年第3期。

[9] 李巍：《战略导向均衡对产品创新与经营绩效影响研究》，《科研管理》2015年第1期。

[10] 李巍：《营销动态能力的概念与量表开发》，《商业经济与管理》2015年第2期。

[11] 李巍、许晖：《管理者特质与民营企业出口绩效》，《管理科学》2013年第2期。

[12] 李巍：《制造型企业商业模式创新与经营绩效关系研究：基于

双元能力的视角》,《科技进步与对策》2016年第5期。

[13] 李巍:《中小企业创新均衡对竞争优势的影响机理研究:营销动态能力的调节效应》,《研究与发展管理》2015年第6期。

[14] 李路路:《社会资本与私营企业家:中国社会结构转型的特殊动力》,《社会学研究》1995年第6期。

[15] 李淑芬:《企业家社会资本与集群企业竞争力:研究框架与模型构建》,《山东社会科学》2012年第11期。

[16] 刘洋、魏江等:《组织二元性:管理研究的一种新范式》,《浙江大学学报》(人文社会科学版)2011年第11期。

[17] 时鹏程、许磊:《论企业家精神的三个层次及其启示》,《外国经济与管理》2006年第2期。

[18] 孙俊华、陈传明:《企业家社会资本与公司绩效关系研究:基于中国制造业上市公司的实证研究》,《南开管理评论》2009年第2期。

[19] 王雪冬、董大海:《商业模式创新概念研究述评与展望》,《外国经济与管理》2013年第11期。

[20] 王益锋、曹禺:《科技型小微企业商业模式创新影响因素分析》,《科技进步与对策》2013年第18期。

[21] 吴晓波、高忠仕、胡依苹:《组织学习与知识转移效用的实证研究》,《科学学研究》2009年第1期。

[22] 魏江、陈志辉、张波:《企业集群中企业家精神的外部经济性考察》,《科研管理》2004年第2期。

[23] 魏江、刘洋、应瑛:《商业模式内涵与研究框架建构》,《科研管理》2012年第5期。

[24] 许晖、李巍、王梁:《市场知识管理与营销动态能力构建:基于天津奥的斯的案例研究》,《管理学报》2011年第3期。

[25] 肖挺、刘华、叶芃:《高管团队异质性与商业模式创新绩效关系的实证研究:以服务行业上市公司为例》,《中国软科学》2013年第8期。

[26] 夏清华、娄汇阳:《商业模式刚性:组成结构及其演化机制》,

《中国工业经济》2014年第8期。

[27] 谢洪明：《市场导向与组织绩效的关系：组织学习与创新的影响：珠三角地区企业的实证研究》，《管理世界》2006年第2期。

[28] 亚历山大·奥斯特瓦德、伊夫·皮尼厄：《商业模式新生代》，机械工业出版社2011年版。

[29] 易加斌、谢冬梅、高金微：《高新技术企业商业模式创新影响因素实证研究：基于知识视角》，《科研管理》2015年第2期。

[30] 张玉利、李乾文：《公司创业导向、双元能力与组织绩效》，《管理科学学报》2009年第1期。

[31] Amit R. & Zott C., "Value creation in e-business", *Strategic Management Journal*, 2001, 22 (6/7): 493–520.

[32] Atuahene-Gima K., "Resolving the capability-rigidity paradox in new product innovation", *Journal of Marketing*, 2005, 69 (4): 61–83.

[33] Adler P. & Kwon S., "Social capital: Prospects for a new concept", *Academy of Management Review*, 2002, 27 (1): 17–40.

[34] Acquaah M., "Managerial ties and firm performance in a transition economy: The nature of a micro-macro link", *Strategic Management Journal*, 2007, 28 (12): 1235–1255.

[35] Barney J., "Firm Resources and Sustained Competitive Advantage", *Journal of Management*, 1999, 17 (1): 99–120.

[36] Benner J. & Tushman M., "Exploitation, exploration, and process management: The productivity dilemma revisited", *Academy of Management Review*, 2003, 28 (2): 238–256.

[37] Birkinshaw J. & Gibson C., "Building ambidexterity into the organization", *Sloan Management Review*, 2004, 45 (4): 47–55.

[38] Cao Q., Simsek Z. & Jansen J., "CEO social capital and entrepreneurial orientation of the firm bonding and bridging effects", *Journal of Management*, 2012, 12 (21): 75–91.

[39] Christensen M. , "The past and future of competitive advantage", *MIT Sloan Management Review*, 2001, 42 (2): 105 - 109.

[40] Chih - Peng Chu. , Ci - Rong L i. & Chen - Ju Lin, "The joint effect of project - level exploratory and exploitative learning in new product development", *European Journal of Marketing*, 2011, 45 (4): 531 - 550.

[41] Coleman J. , "Social capital in the creation of human capital", *American Journal of Sociology*, 1988, (S): 95 - 120.

[42] Christensen J. , "Innovative assets and interasset linkages: A resource - based approach to innovation", *Economics of Innovation & New Technology*, 1996, 4 (3): 193 - 210.

[43] Casadesus - Masanell R. & Ricart J. , "How to design a winning business model", *Harvard Business Review*, 2011 (1/2): 1 - 9.

[44] Chesbrough H. , "Business model innovation: Opportunities and barriers", *Long Range Planning*, 2010, 43 (2/3): 354 - 363.

[45] Clercq D. , Thongpapanl N. & Dimov D. , "Contextual ambidexterity in SMEs: The roles of internal and external rivalry", *Small Business Economics*, 2014, 42 (1): 191 - 205.

[46] Doz Y. & Kosonen M. , "Embedding strategic agility: A leadership agenda for accelerating business model renewal", *Long Range Planning*, 2010, 43 (2/3): 370 - 382.

[47] Day G. , "Closing the Marketing capabilities gap", *Journal of Marketing*, 2011, 75 (4): 183 - 195.

[48] Farth J. , Cannella A. & Lee C. , "Approaches to scale development in Chinese management research", *Management and Organization Review*, 2006, 2 (3): 301 - 308.

[49] Fiol C. & Lyles M. , "Organizational learning", *Academy of management review*, 1985, 10 (4): 803 - 813.

[50] Fang E. & Zou S. , "Antecedents and consequences of marketing dynamic capabilities in international joint ventures", *Journal of Inter-

national Business Studies, 2009, 40 (5): 742 - 761.

[51] Gatignon H. & Xuereb Jean - Marc, "Strategic orientation of the firm and new product performance", *Journal of Marketing Research*, 1997, 34 (1): 79 - 90.

[52] Gawer A. & Cusumano M., "Industry platforms and ecosystem innovation", *Journal of Product Innovation Management*, 2014, 31 (3): 417 - 433.

[53] Gibson C. & Birkinshaw J., "The antecedents, consequences, and mediating role of organizational ambidexterity", *Academy of Management Journal*, 2004, 47 (2): 209 - 226.

[54] Goodstein J., "Institutional pressures and strategic responsiveness: Employer involvement in work - family issues", *Academy of Management Journal*, 1994, 37 (2): 350 - 382.

[55] Hannan M. & Freeman J., "The population ecology of organizations", *American Journal of Sociology*, 1977, 82 (5): 929 - 964.

[56] Homburg C. & Pflesser C., "A multiple - layer model of market - oriented organizational culture: Measurement issues and performance outcomes", *Journal of Marketing Research*, 2000, 37 (4): 449 - 462.

[57] Hauser J., Tellis G. & Griffin A., "Research on innovation: A review and agenda for marketing science", *Marketing Science*, 2006, 25 (6): 687 - 717.

[58] Iansiti M. & Levien R., *Key Advantage: What the new dynamics of business ecosystems mean for strategy, innovation and sustainability*, Boston: Harvard Business School Press, 2004.

[59] Jaworski, B. and Kohli A., "Market orientation: Antecedents and consequences", *Journal of Marketing*, 1993, 57 (7): 53 - 70.

[60] Kyriakopoulos K. & Moorman C., "Tradeoffs in marketing exploitation and exploration strategies: The overlooked role of market orienta-

tion", *International Journal of Research in Marketing*, 2004, 21 (3): 219 –240.

[61] Kohli A. & Jaworski B., "Market orientation: The construct, research propositions, and managerial implications", *Journal of Marketing*, 1990, 54 (1): 1 –18.

[62] Knight G., "Entrepreneurship and marketing strategy: The SME under globalization", *Journal of International Marketing*, 2000, 8 (2): 12 –32.

[63] Koka R. & Prescott E., "Strategic alliance as social capital: A multidimensional view", *Strategic Management Journal*, 2002, 23 (2): 795 –816.

[64] Kreiser P., Patel P. & Fiet J., "The influence of changes in social capital on firm – founding activities", *Entrepreneurship Theory and Practice*, 2013, 37 (3): 539 –568.

[65] Klang D., Wallnofer M. & Hacklin F., "The business model paradox: A systematic review and exploration of antecedents", *International Journal of Management Review*, 2014, 16 (4): 454 –478.

[66] Lukas B. & Ferrell O., "The effect of market orientation on product innovation", *Journal of the Academy of Marketing Science*, 2000, 28 (2): 239 –247.

[67] Levitt B. & March J., "Organizational learning", *Annual Review of Sociology*, 1988, 14 (3): 319 –340.

[68] Lane P. & Lubatkin M., "Relative absorptive capacity and interorganizational learning", *Strategic Management Journal*, 1998, 19 (5): 461 –477.

[69] Lane P., Salk J. & Lyles M., "Absorptive capacity, learning, and performance in international joint ventures", *Strategic Management Journal*, 2001, 22 (12): 1139 –1161.

[70] Li Y., Chen H. & Peng M., "Managerial ties, organizational learning, and opportunity capture: A social capital perspective", *A-*

sia Pacific Journal of Management, 2014, 31 (1): 271 - 291.

[71] Li J., Poppo L. & Zhou K., "Do managerial ties in China always produce calue? Competition, uncertainty, and domestic vs. foreign firms", Strategic Management Journal, 2008, 29 (4): 383 - 400.

[72] Markoczy L., Sun L., Peng M., et al., "Social network contingency, symbolic management and boundary stretching", Strategic Management Journal, 2013, 34 (11): 1367 - 1387.

[73] March J., "Exploration and exploitation in organizational learning", Organization Science, 1991, 2 (1): 71 - 87.

[74] Miller D. & Friesen H., "Strategy making and environment: The third link", Strategic Management Journal, 1983, 4: 221 - 235.

[75] Mendelson H., "Organizational architecture and success in the information technology industry", Management Science, 2000, 46 (4): 513 - 529.

[76] Moore J., "Predators and prey: A new ecology of competition", Harvard Business Review, 1993, 71 (3): 75 - 86.

[77] Narver J. & Slater S., "The effect of market orientation on business profitability", Journal of Marketing, 1990, 54 (4): 20 - 35.

[78] Nahapiet J. & Ghoshal S., "Social capital, intellectual capital and the organizational advantage", Academy of Management Review, 1998, 23 (2): 242 - 266.

[79] Oliver C., "Strategic responses to institutional processes", Academy of Management Review, 1991, 16 (1): 145 - 179.

[80] O'Reilly C. & Tushman M., "Organizational Ambidexterity: Past, Present, and Future", The Academy of Management Perspectives, 2013, 27 (4): 324 - 338.

[81] Peng M. & Luo Y., "Managerial ties and firm performance in a transition economy: The nature of a micro - macro link", Academy of Management Journal, 2000, 43 (3): 486 - 501.

[82] Ritter T. , Wilkinson F. & Johnston W. , "Managing in complex business networks", *Industrial Marketing Management*, 2004, 33 (3): 175-183.

[83] Ragatz L. , Handheld R. & Scannell V. , "Success factors for integrating suppliers into new product development", *Journal Product Innovation Management*, 1997, 14 (3): 190-202.

[84] Raisch S. & Birkinshaw J. , "Organizational ambidexterity: Antecedents, outcomes, and moderators", *Journal of Management*, 2008, 34 (3): 375-409.

[85] Raisch S. , Birkinshaw J. & Probst G. , "Organizational ambidexterity: Balancing exploitation and exploration for sustained performance", *Organization Science*, 2009, 20 (4): 685-695.

[86] Sheng S. , Zhou K. & Li J. , "The effects of business and political ties on firm performance: Evidence from China", *Journal of Marketing*, 2011, 75 (1): 1-15.

[87] Schlegelmilch B. , Diamantopoulos A. & Kreuz P. , "Strategic innovation: The construct, its drivers and its strategic outcomes", *Journal of Strategic Marketing*, 2003, 11 (2): 117-132.

[88] Simsek Z. , "Organizational ambidexterity: Towards a multilevel understanding", *Journal of Management Studies*, 2009, 46 (4): 597-624.

[89] Sudhir K. , "The exploration - exploitation tradeoff and efficiency in knowledge production", *Marketing Science*, 2016, 35 (1): 1-9.

[90] Tsai W. & Ghoshal S. , "Social capital and value creation: The role of interfirm networks", *Academy of Management Journal*, 1998, 41 (4): 464-476.

[91] Teece D. , Pisano G. & Shuen A. , "Dynamic capabilities and strategic management", *Strategic Management Journal*, 1997, 18 (7): 509-533.

[92] Teece D., "Explicating dynamic capabilities: The nature and microfoundations of (sustainable) enterprise performance", *Strategic Management Journal* 2007, 28 (13): 1319 – 1350.

[93] Unger D. & Eppinger S., "Comparing product development processes and managing risk", *International Journal of Product Development*, 2009, 8 (4): 382 – 402.

[94] Voss. G. & Voss Z., "Strategic ambidexterity in small and medium – sized enterprises: Implementing exploration and exploitation in product and market domains", *Organization Science*, 2013, 24 (5): 1459 – 1477.

[95] Westlund H. & Bolton R., "Local social capital and entrepreneurship", *Small Business Economics*, 2003, 21 (2): 77 – 113.

[96] Zott C. & Amit R., "Business model design and the performance of entrepreneurial firms", *Organization Science*, 2007, 18 (2): 181 – 199.

[97] Zott C., Amit R. & Massa L., "The business model: Recent developments and future research", *Journal of Management*, 2011, 37 (1): 1019 – 1042.

[98] Zott C. & Amit R., "The fit between product market strategy and business model: Implications for firm performance", *Strategic Management Journal*, 2008, 29 (1): 1 – 26.

[99] Zott C. & Amit R., "Designing your future business model: An Activity System Perspective", *Long Range Planning*, 2010, 43 (2/3): 216 – 226.

[100] Zhou K., Yim C. & Tse D., "The effects of strategic orientations on technology – and market – based breakthrough innovations", *Journal of Marketing*, 2005, 69 (2): 42 – 60.

后　　记

依然清晰地记得我在博士学位论文致谢词中写下的那句话：做自己喜欢的事是快乐，喜欢自己做的事是幸福。毕业将近6年，我一直努力在专业研究中追寻这种快乐与幸福，从未忘却那份初心。制造业是中国国民经济与社会发展的产业基石，制造型企业是中国企业开拓创新的中流砥柱。在"后金融危机"与"中国经济新常态"时期，伴随着"工业4.0"和"中国制造2025"发展战略，中国制造型企业面临的全新机遇与挑战，是非常有趣且重要的研究议题。

本书所涉及的大部分研究是我在中国社会科学院从事博士后研究时完成的，得到了我的博士后合作导师罗仲伟教授的关心与指导。因在职从事博士后研究的缘故，我既不是"罗门"微信群发言最积极的成员，也不是与罗老师见面沟通最频繁的弟子。在与罗老师为数不多的交流中，我仍然感受到一股外在平和、内在强大的精神力量；为我带来启示的不仅是专业发展，还有人格完善。"上善若水、重剑无锋"既是罗老师给我留下的深刻印象，也是他带给我最大的精神财富。也许若干年后，我会忘记在博士后研究期间看过的那些文献，做过的那些研究，写过的那些论文；但是，罗老师给我带来的术道精神、为师胸怀，是指引我走好专业道路的重要力量。罗老师给予我的是，比知识更重要的科研方法与思想，比成就更重要的为人操守与情怀。

在完成博士后研究后，非常有幸地前往加拿大不列颠哥伦比亚大学（UBC）从事学术访问。在UBC学习与交流期间，我对本书的内容进行再次深度思考和系统完善，无论是研究框架与理论阐释，还是文献资料与内容结构，都希望能够更准确体现当前制造型企业研究新近特征，更加贴近最新的研究发展趋势。UBC及Sauder商学院也为这些目标的实现提供了非常优越的条件。感谢与我一同参加UBC访问项目的李昕女士，帮助我校正书稿并提出诸多有益的意见和建议，让我在探索与开发的"双元螺旋"中不断前进。异国他乡遇知音，既学亦友赴韶华。在 Sauder 商学院 David See – Chai Lam 图书馆一同学习与研讨的经历，必将成为彼此专业生涯中最美好的记忆之一。

因在宗申机车工业制造集团公司担任发展战略顾问的机缘，让我有机会近距离地了解制造型企业的生存现状与发展趋势。宗申机车总经理刘钢先生、人事行政总监鲁文利先生等公司主要负责人给予我许多机会，让我参与高层重要会议和研讨，并与各个部门负责人进行深入交流与沟通，使我对制造型企业商业模式创新有了更多实践研判和感性认识。在此，我向在专业研究中给予我无私帮助和大力支持的企业界人士表示最衷心的感谢。是你们让我的研究更加接近实践，让我有机会去实践南开大学商学院教给我"商以富国"的行动理念。

更重要的是，我要感谢家人对我专业研究的支持。无论是京渝奔波于中国社会科学院从事博士后研究，还是远渡重洋在 UBC 进行学术访问，家人的关爱与期盼总让我心怀感恩并砥砺前行。同时，重庆理工大学副校长廖林清教授在我的教学与科研工作中给予了一贯鼓励与支持，管理学院院长徐刚教授在我的工作中给予了无私的帮助，并对我偶尔的粗心与旁骛保持极大的宽容，MBA 教育中心主任邱冬阳教授，以及陈威教授为我提供许多与国内同行交流与学习的机会。对此，我深表谢意！此外，感谢中国社会科学出版社的李庆红编辑，为本书顺利出版展现出的专业水准与敬业精神。本书受到重庆理工大学优秀学术著作出版基金的资助，感谢学校学术委员会的各位专家对本书研究的认可与肯定。

孜孜以求的专业探寻就像一场旅行，重要的不是曾经历过什么，而是经历后铭刻在容颜上的那种从容，沉淀在骨子里的那份自信。对于专业洞见，重要的不是看见了什么，而是看见后思考并留下了什么。以梦为马，不负韶华。谨以此书，献给我在中国社会科学院及 UBC 的学习之旅！

李 巍

2018 年 1 月 25 日于加拿大温哥华